2017年广东省教育事业发展统计分析

● 主　编　卢晓中

● 副主编　卢　勃　　魏天翔

華南理工大學出版社
SOUTH CHINA UNIVERSITY OF TECHNOLOGY PRESS
·广州·

图书在版编目（CIP）数据

2017年广东省教育事业发展统计分析/卢晓中主编．—广州：华南理工大学出版社，2018.8
ISBN 978-7-5623-5719-3

Ⅰ．①2… Ⅱ．①卢… Ⅲ．①地方教育-教育事业-统计分析-广东-2017 Ⅳ．①G527.65

中国版本图书馆CIP数据核字（2018）第163892号

2017年广东省教育事业发展统计分析
卢晓中　主编

出 版 人：卢家明
出版发行：华南理工大学出版社
（广州五山华南理工大学17号楼，邮编510640）
http://www.scutpress.com.cn　E-mail：scutc13@scut.edu.cn
营销部电话：020-87113487　87111048（传真）
责任编辑：黄冰莹
印 刷 者：广州市天河区穗源印刷厂
开　　本：787mm×1092mm　1/16　印张：16.75　字数：301千
版　　次：2018年8月第1版　2018年8月第1次印刷
定　　价：93.00元

前　言

《大学》有云："苟日新，日日新，又日新。"新时期，新时代，随着教育事业的不断发展，教育数据变化日新月异。在此背景下，广东省教育统计学会与华南师范大学区域教育治理现代化研究中心组织力量，砥砺前行，秉持全面周详、客观公正、准确严谨的治学态度，共同编纂本书，旨在反映2017年全省各级各类教育发展状况。本书通过对教育统计的深入分析和研究，全面客观真实地反映了2017年教育统计事业发展的情况和取得的成果，为进一步推动教育统计事业的发展提供科学决策依据。

本书由六部分构成。第一部分概述广东省教育事业总体进展。第二至第五部分分述学前教育、义务教育、高中阶段教育与高等教育的基本情况。第六部分作为附录，将各级教育的相关数据以表格形式呈现出来，供读者查阅、参考。

本书在编写中着力强调并坚持以下原则：

（一）数据来源客观真实

本书以广东省教育厅发展规划处2017年最新教育事业统计数据为参照，择取若干典型指标，较为翔实地反映了各级各类教育的规模发展及普及水平、教师队伍发展情况、办学条件变化情况等。

（二）文字与图表相结合的展示方式

通过文字描述、彩色图表等多种形式力图全方位、多角度展示2017年全省各级各类教育事业发展的基本情况、教育事业发展的新特点与新变化，客观清晰反映目前教育事业发展的事实，为宏观管理和相关研究提供参考。

（三）对比性强

除对教育事业发展情况进行层次区分外，还对区域、城乡、地市的不同发展情况进行区分，继而深入地比较分析，使读者对教育事业发展情况更加明了。

本书作出以下特别说明：

（1）珠江三角洲、东翼、西翼、山区四地区划分：

珠江三角洲指广州、深圳、东莞、中山、珠海、江门、惠州、佛山、肇庆；东翼指汕头、汕尾、潮州、揭阳；西翼指湛江、茂名、阳江；山区指韶关、梅州、河源、清远、云浮。

（2）农村如无特殊说明均为“大农村”概念，指城乡分类除“主城区”外的其他地区。

（3）指标口径：进城务工人员随迁子女和农村留守儿童受教育情况的统计，指经教育行政部门审批、备案的学校的数据。

（4）由于数值按四舍五入取值，部分指标百分比加总后可能不等于100%。

本书作为广东省教育科研重大项目“广东省教育事业发展‘十三五’规划研究”的部分成果，得到其资助。特别感谢广东省教育厅发展规划处陈亚林处长、教育督导室张振超调研员等领导及专家对编写工作的大力支持与帮助。因数据量巨大，统计分析工作繁杂，书中有疏漏谬误之处敬请大家批评指正，联系电话020－85217721，电子邮件gdaoes@163.com。

广东省教育统计学会
华南师范大学区域教育治理现代化研究中心
2018年6月

目　录

第一部分　教育事业总体进展

2017 年，广东省各级各类教育蓬勃发展，教育公平进一步推进，入学机会继续扩大，教育质量逐步提高。学前教育规模有较大幅度增长，毛入园率上升较快；义务教育普及与巩固水平进一步提高；高中阶段教育规模略有减小，师资及办学条件进一步改善；高等教育规模适度增长，重点正转向结构优化与质量提高。

一、教育事业发展规划目标实现程度

教育事业统计数据显示，2017 年广东省各项教育事业发展顺利，《广东省中长期教育改革和发展规划纲要（2010—2020 年）》（下称《省教育规划纲要》）提出的后期（2020 年）发展目标实现程度较高，为未来《省教育规划纲要》的全面落实奠定了坚实基础。

1. 学前教育规模发展较快， 后期普及目标提前实现

《省教育规划纲要》提出要基本普及学前教育，到 2020 年，普及学前三年教育，学前三年毛入学率达 100% 以上。

各地积极贯彻落实广东省人民政府《关于加快学前教育发展的实施意见》，实施学前教育三年行动计划初见成效。2017 年，学前教育规模达到 441.41 万人，为 2020 年规划目标的 102.65%；学前教育三年毛入园率达到 109.08%，全省规范化幼儿园占比达 74.57%，比上年减少 3.23%，学前教育公共资源得到有效扩大。

2. 义务教育普及水平保持高位，后期目标已基本实现

《省教育规划纲要》提出巩固提高九年义务教育水平。到 2020 年，全面提高普及水平，全面提高教育质量，基本实现区域内均衡发展，确保适龄儿童少年接受良好义务教育。

2017 年，全省义务教育在校生为 1298.06 万人，为 2020 年规划目标的 99.85%，义务教育普及水平继续保持高位；小学学龄儿童入学率达 100%，初中（不包含职业初中）毛入学率为 110.94%；小学五年保留率为 100.16%，

小学毕业生升学率为96.04%，初中三年保留率为94.68%，巩固目标基本实现。全省公办义务教育标准化学校覆盖率达99.34%，比上年增加9.98%。

3. 高中阶段教育距后期规划发展目标略有差距

《省教育规划纲要》提出要加快普及高中阶段教育，逐年提高高中阶段教育毛入学率，促进普通高中与中等职业学校规模相当，全面满足初中毕业生接受高中阶段教育需求。

2017年，广东省高中阶段教育在校生规模为288.65万人，比上年减少15.30万人，比2020年规划目标少41.35万人，主要由于高中阶段（不包含技工学校与成人高中）学龄人口减少，特别是中等职业学校在校生大幅减少，比上年减少7.19万人。中等职业学校招生32.23万人，占高中阶段教育招生总数的34.52%；中等职业学校在校生99.39万人，占高中阶段教育在校生总数的34.43%。对比普通高中规模，中等职业学校规模较小。

2017年，广东省高中阶段教育毛入学率达96.48%，比2020年95%的规划目标高1.48%，后期目标实现度达101.56%。

4. 高等教育后期规划目标部分实现

《省教育规划纲要》提出高等教育大众化水平进一步提高，毛入学率达到38.71%。2017年，各种形式的高等教育在校总规模（不包含军事学校人数）达到280.58万人，为2020年规划目标的75.95%。普通本专科在校生为192.58万人，为2020年规划目标的101.36%，在校研究生10.29万人，为2020年规划目标的96.17%。

2013年底，根据2010年第六次全国人口普查数据，以及近年广东省高等教育发展，广东省教育厅向省人大提交了高等教育毛入学率规划目标值的调整修订建议。根据省人大常委会批准的广东省“十三五”规划纲要部分指标调整的决议，广东省高等教育毛入学率2017年目标值建议调整为50%。

2017年，广东省高等教育毛入学率为38.71%。《省教育规划纲要》教育事业规划实现情况见表1-1。

表 1－1　《省教育规划纲要》教育事业规划目标实现情况

类　别	《省教育规划纲要》目标			2017 年	2017 年目标实现程度（%）
	2009 年	2015 年	2020 年		
学前教育					
幼儿园在园人数（万人）	249.50	290.00	430	441.41	102.65
学前教育三年毛入学率（%）	77.30	全省 90，珠江三角洲发达地区 95	100 以上	109.08	109.08
九年义务教育					
在校生（万人）	1391.30	1170.00	1300	1298.06	99.85
小学学龄儿童入学率（%）	99.90	100	99.99	100	100
高中阶段教育					
在校生（万人）	377.90	440	330	288.65	87.47
毛入学率（%）	79.90	90.00	95 以上	96.48	101.56
职业教育					
中等职业学校在校生（万人）	185.50	220.00	155	99.39	64.12
高等教育					
在学总规模（万人）	208.30	286.00	262.08	280.58	92.14
在校研究生（万人）	6.60	12.00	10.7	10.29	96.17
普通本专科生	133.40	196.00	190	192.58	101.36
成人本专科生	46.30	58.00	61	65.31	107.07
毛入学率（%）	27.50	32.00	50（大约）	38.71	77.42

二、各级各类教育规模发展

2017 年，广东省共有各级各类学校 3.36 万所，比上年增加 894 所。其中幼儿园为 18 048 所，比上年增加 760 所；义务教育阶段为 13 794 所，比上年增加 137 所（小学为 10 258 所，比上年增加 80 所；初中阶段学校为 3536 所，比上年增加 57 所）；高中阶段学校为 1489 所，比上年减少 10 所（普通高中 1030 所，比上年减少 1 所；中等职业学校 459 所，比上年减少 9 所）；普通高等学校为 151 所，比上年增加 4 所；特殊教育学校为 133 所，比上年增加 6 所。

从学校层类构成来看，2017 年广东省各级各类学校中，幼儿园占 53.69%，义务教育学校占 41.04%，高中阶段学校占 4.43%，普通高等学校占 0.45%，特殊教育学校占 0.40%。

2017 年，广东省各级各类学历教育在校生为 2274.03 万人（包含特殊教育），比上年增加 53.96 万人。随着教育普及程度的提高，学前教育阶段和小学教育阶段在校生规模持续扩大。受学龄人口变化影响，初中和高中阶段在校生随之增加。详见表 1－2。

表 1－2　2013—2017 年广东省各级各类学历教育规模

单位：万人

年份	高等教育	高中阶段	初中教育	小学教育	学前教育
2013 年	244.35	448.95	404.79	807.94	354.58
2014 年	262.76	404.50	376.75	831.91	379.34
2015 年	235.25	322.62	355.32	868.88	402.28
2016 年	239.23	303.95	347.84	905.22	421.66
2017 年	241.49	288.65	356.10	941.96	441.41

（1）学前教育规模有较大幅度增长。2017 年，广东省共有幼儿园 1.80 万所，比上年增加 760 所；在园幼儿园人数 441.41 万人，比上年增加 197 507 人，增长 4.68%。

（2）特殊教育规模有较大幅度增长。2017 年，广东省特殊教育在校生为 4.41 万人，比上年增加 0.63 万人，增长 17%。

（3）义务教育规模有所扩大。2017 年，广东省义务教育阶段在校生为 1298.06 万人，比上年增加 45 万人；广东省小学在校生为 941.96 万人，比上年增加 36.74 万人，增长 4.06%；初中阶段在校生为 356.10 万人，比上年增加 8.26 万人，增长 2.37%。

（4）高中阶段教育规模继续缩小。2017 年，广东省高中阶段在校生为 288.65 万人，比上年减少 14.90 万人；其中，普通高中在校生为 189.27 万人，比上年减少 8.11 万人，下降 4.11%；中等职业学校在校生为 99.39 万人，比上年减少7.19万人，下降6.75%。

（5）高等教育规模有所扩大。2017年，广东省各种形式高等教育在校（含成人教育、网络教育）总规模达241.49万人，比上年增加2.26万人，增长0.94%。

从教育结构看，随着各级教育规模的快速发展和普及水平的逐步提高，高等教育、学前教育、小学和特殊教育规模略有扩大，高中阶段在校生规模略有缩小；受学龄人口下降影响，初中规模略有增加。2017年，各级各类在校生总数中，义务教育占57.08%，高中阶段教育占12.69%，高等教育占10.62%，学前教育占19.41%，特殊教育占0.19%（图1－1）。

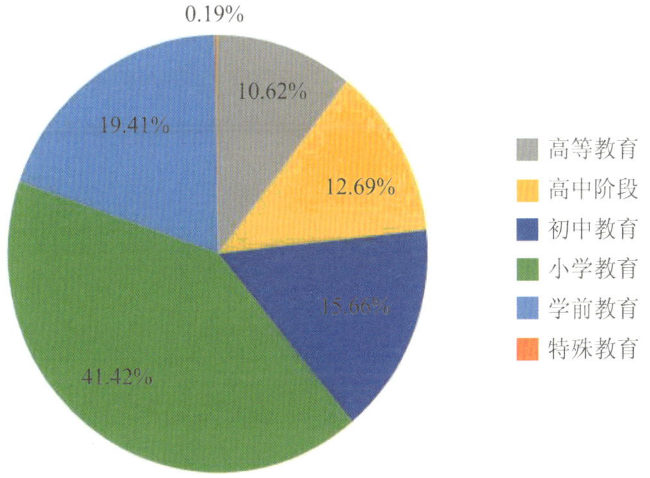

图1－1 2017年广东省各级各类教育在校生规模比重

各级教育普及水平不断提高，受教育机会进一步扩大。2017年，学前教育毛入园率达109.08%，比上年增加9.75%；义务教育普及水平处于高位，小学学龄儿童入学率达103.15%，比上年增加13.39%；初中阶段（不包含职业初中）毛入学率达117.56%，比上年增加12.19%；高中阶段（不包含技工学校与成人高中）毛入学率达130.85%，比上年增加33.96%；高等教育毛入学率达38.71%，比上年提高3.60%（图1－2）。

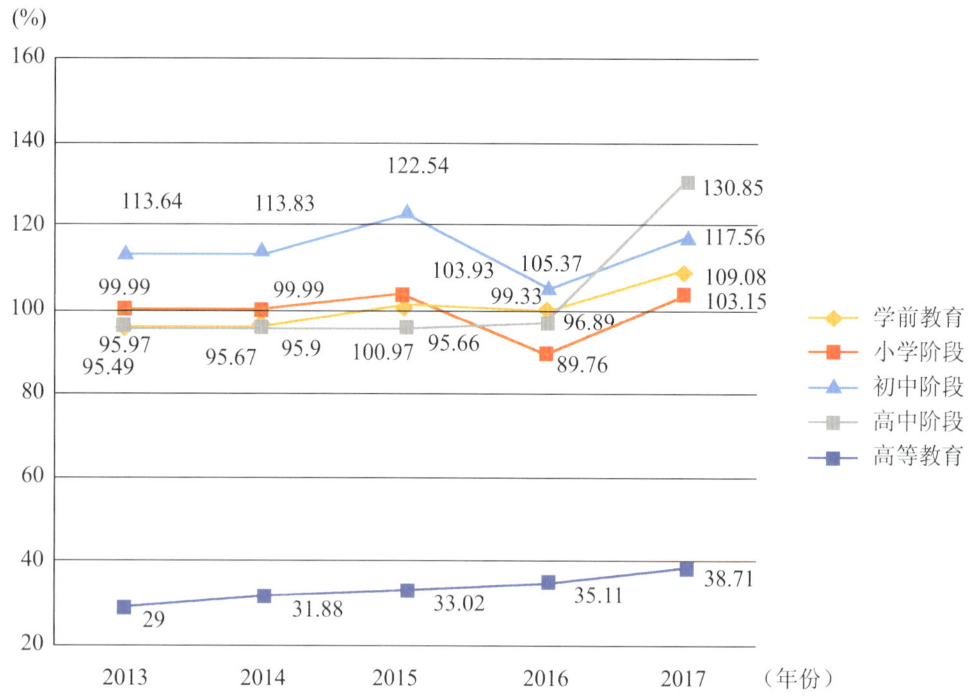

图 1－2　2013—2017 年广东省各级教育毛入学率

三、各级各类民办教育规模发展

广东省进一步贯彻落实《中华人民共和国民办教育促进法》及其实施条例，引导民办教育健康发展。各级民办教育规模均比上年有较大幅度增长，所占比重也进一步提高。非义务教育阶段民办教育规模快速增长，占同级教育的比重继续提高。2017 年，民办高等教育在校生 65.45 万人，比上年增长 1.69%，占广东省普通本专科在校生总数的 33.99%，比上年减少 1.91%；民办中职学校发展尤为迅速，2017 年，广东省民办中职学校在校生为 16.14 万人，比上年增长 1.64%，占广东省中职学校在校生总数的 16.24%，比上年提高 1.28%。见表 1－3。

表 1－3　2016 年、2017 年广东省各级各类民办教育规模及所占比重

各级教育	在校生规模（万人）		占同级教育的比重（%）	
	2016 年	2017 年	2016 年	2017 年
高等教育（不含成人）	64.37	65.45	35.90	33.99
高中阶段	35.83	37.68	11.80	13.07

续上表

各级教育	在校生规模（万人）		占同级教育的比重（%）	
	2016 年	2017 年	2016 年	2017 年
其中：普通高中	19.94	21.56	10.10	11.39
其中：中职学校	15.88	16.14	14.96	16.24
初中	74.41	78.78	21.39	22.12
小学	203.26	211.19	22.45	22.42
幼儿园	280.04	299.72	66.41	67.90

四、各级各类学校办学条件

2017 年，随着教育经费投入与资源配置水平的提高，各级各类学校办学条件进一步改善。

1. 专任教师

2017 年，广东省各级各类教育专任教师人数为 104.51 万人，比上年增加 5.46 万人。其中，特殊教育专任教师人数增长较快，由上年的 4069 人增加到 4451 人，增长 9.39%。

学前教育专任教师人数比上年有所增长，为 28.17 万人，比上年增加 2.52 万人。

义务教育阶段专任教师人数有所增长。小学专任教师人数为 50.78 万人，比上年增加 2.12 万人，增长 4.36%；初中阶段专任教师人数为 27.98 万人，比上年增加 3985 人，增长 1.45%。

高中阶段专任教师人数比上年略有增加。其中，普通高中专任教师人数为 15.14 万人，比上年减少了 0.13%；中等职业学校专任教师人数为 4.52 万人，比上年增加了 421 人，增长 0.94%。

高等教育专任教师人数有所减少，为 10.42 万人，减少 1.51%（图 1－3）。

单位：万人

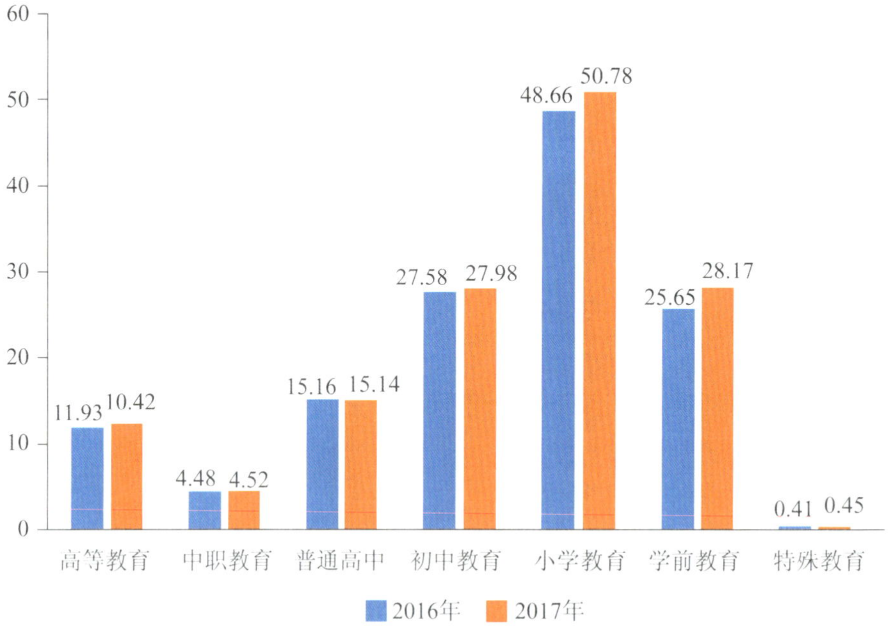

图 1－3　2016 年、2017 年广东省各级各类教育专任教师人数

2. **校舍面积**

2017 年，广东省各级各类学校拥有校舍建筑面积总量达 34 843. 79 万平方米，比上年增加 1502. 37 万平方米，增长 4. 51%。其中，幼儿园和小学校舍建筑面积增长最快，增幅分别高达 9. 21% 和 4. 89%。中职学校校舍建筑面积比上年增加 22. 80 万平方米，增长 1. 39%。见表 1－4。

表 1－4　2017 年广东省各级各类学校校舍面积情况

各级教育	校舍建筑总面积（万平方米）			生均校舍建筑面积（平方米）		
	2017 年	比上年增长	比上年增长（%）	2017 年	比上年增长	比上年增长（%）
普通高校	5770. 91	206. 55	3. 71	27. 73	0. 13	0. 47
普通高中	5100. 78	125. 82	2. 53	26. 95	1. 74	6. 90
中职学校	1665. 61	22. 80	1. 39	16. 82	1. 44	9. 36
初中	8815. 29	386. 85	4. 59	24. 76	0. 53	2. 17
小学	10014. 08	467. 28	4. 89	10. 63	0. 08	0. 77
幼儿园	3477. 13	293. 07	9. 21	7. 88	0. 33	4. 33
合计	34843. 79	1502. 37	4. 51	15. 58	0. 42	2. 78

注：高校和中等职业学校含独立产权和非学校产权独立使用两部分，仪器设备值等条件指标。下同。

3. 教学、科研仪器设备资产值

2017 年，广东省各级各类学校教学、科研仪器设备资产总值为 912.21 亿元，比上年增加 137.15 亿元，增长 17.70%。其中，普通高校和小学教学、科研仪器设备资产值增长较快，比上年分别增长 31.96%、11.95%，普通高中、中职学校、初中和小学生均教学、科研仪器设备值均比上年有所提高，分别为 5151.92 元、7597.44 元、4830.39 元、2215.46 元，比上年分别增长 11.56%、13.87%、8.57%、7.61%。如表 1－5 所示。

表 1－5　2017 年广东省各级各类学校教学科研仪器设备值情况

各级教育	总值（亿元）			生均（元）		
	2017 年	比上年增长	比上年增长（%）	2017 年	比上年增长	比上年增长（%）
普通高校	358.50	271.67	31.96	15671.59	3368.12	27.38
普通高中	97.15	6.36	6.98	5151.92	533.89	11.56
中职学校	75.51	4.40	6.18	7597.44	1000.71	13.87
初中	172.01	17.25	11.15	4830.39	381.28	8.57
小学	208.69	22.32	11.95	2215.46	156.58	7.61
合计	912.21	137.15	17.70	5024.67	664.11	15.23

注：普通高校和中职学校“总值”中含非产权独立使用部分，指学校租借用一年以上的教学科研仪器设备值，不含学校与其他单位共用的教学科研仪器设备值。

五、各级各类学校办学效益

2017 年，各级各类学校办学效益逐步提高，教师配置状况也有所改善。

1. 校均规模

2017 年，广东省初等、中等教育学校校均规模均有所减少。其中，小学校均规模为 918 人，比上年减少 24 人；初中（不包含职业初中）校均规模为 1007 人，比上年减少 78 人；普通高中校均规模为 1838 人，比上年减少 220 人；中等职业学校校均规模为 2157 人，比上年减少 293 人。如图 1－4 所示。

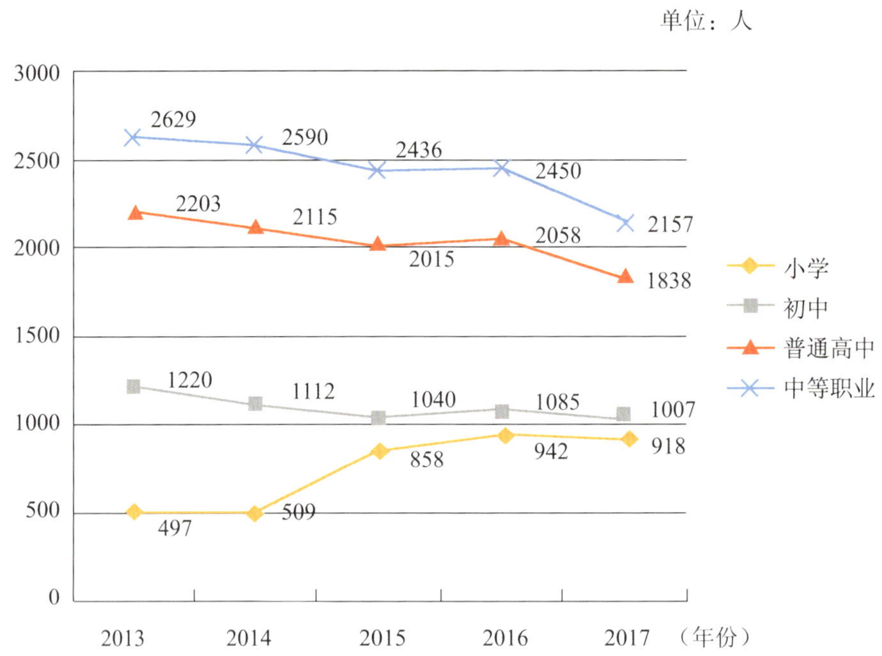

图 1－4　2013—2017 年广东省初等、中等教育学校校均规模变化情况

广东省普通高校校均规模为 12 753 人，比上年减少 124 人。其中，普通本科院校为 17 277 人，比上年减少 90 人；普通专科院校为 9426 人，比上年减少 175 人。如图 1－5 所示。

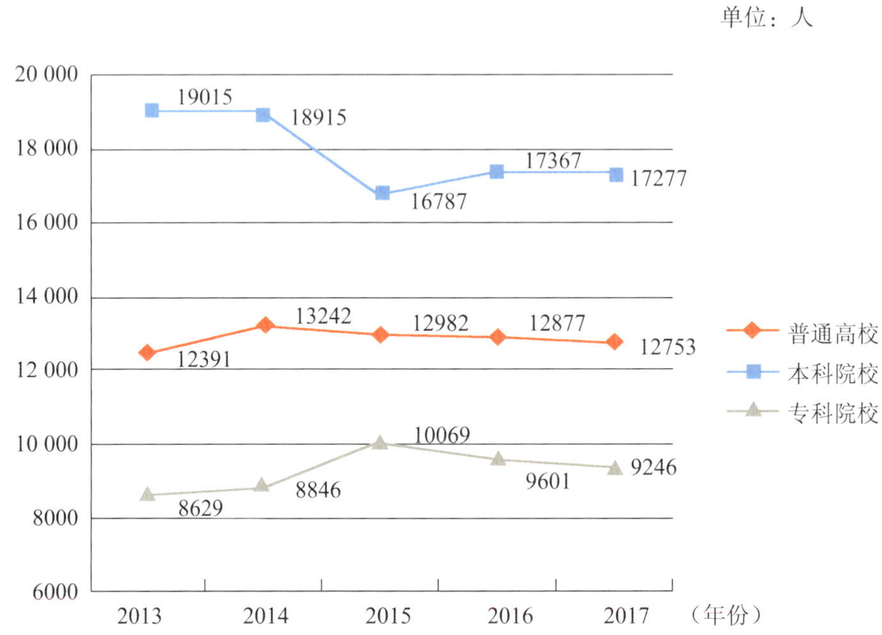

图 1－5　2013—2017 年广东省普通高校校均规模变化情况

2. 班额

基础教育学校平均班额相对稳定。2017 年，广东省小学平均班额为 39 人，与上年持平；初中平均班额为 46 人，比上年增加 1 人；普通高中平均班额为 50 人，与上年持平。小学、初中、普通高中 56 人及以上大班班额数比上年有所减少，分别减少 1116 个、90 个、917 个。如表 1 – 6 所示。

表 1 – 6　2016 年、2017 年广东省基础教育学校班额情况

类别	大班班额数（个）		超大班班额数（个）		平均班额（人）	
	2016 年	2017 年	2016 年	2017 年	2016 年	2017 年
普通高中	4993	4076	658	304	50	50
初中	1778	1688	68	29	45	46
小学	8905	7789	546	300	39	39

3. 生师比

从专任教师配置情况看，各级各类学校专任教师配置情况都有所改善，普通高校生师比为 18.60∶1，高中阶段生师比有所改善，普通高中生师比由上年的 13.02∶1 下降到 12.50∶1；中等职业学校生师比由上年的 23.71∶1 下降到 21.90∶1；初中生师比由上年的 12.61∶1 增加到 12.73∶1，小学生师比由上年的 18.60∶1 下降到 18.55∶1；学前教育生师比由上年的 16.44∶1 下降到 15.67∶1。如图 1 – 6 所示。

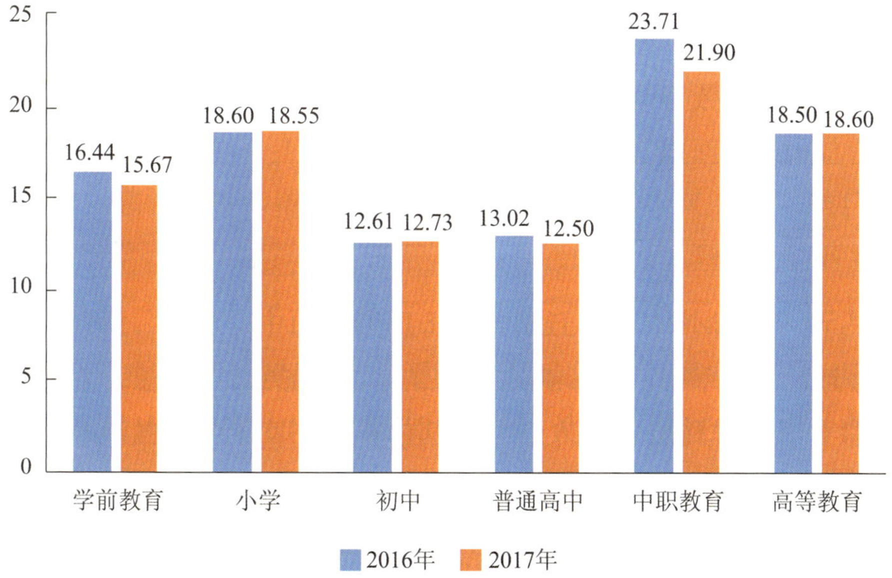

图 1 – 6　2016 年、2017 年广东省各级各类学校生师比情况

六、小　结

“十三五”期间，广东省坚持教育优先发展战略，加强顶层设计和总体规划，积极推进教育“创强争先建高地”中心工作，进一步强化教育的工作统筹、资金统筹和考核统筹。深化省级政府教育统筹综合改革，改变了条块分割模式，优化了资源配置，进一步扩大和落实了学校办学自主权，增强了教育管理的协同性、整体性和科学性，有力地促进了全省教育的协调发展，较大地提升了区域教育发展质量和水平。

首先，公共教育服务均等化提高，幼儿保教体系得到完善，学前教育毛入学率达117.72%，坚持实施九年义务教育，义务教育在校生为1298.06万人，为2020年规划目标的99.85%，义务教育实施得到加强，高中阶段教育在校生规模为288.65万人，比上年减少15.30万人，比2020年规划目标少41.35万人，高中阶段教育距后期规划发展目标略有差距，还应加强高中阶段教育的实施，切实高质量高水平地推进高中阶段教育的实施；高等教育大众化水平进一步提高，普通本专科在校生达192.58万人，在校生数量持续增加，为社会培养的高素质劳动力不断增加，不断地推进一流大学和一流学科建设，加快了高水平大学建设，建设若干国内一流、世界知名的高水平大学和学科。总体来讲，各级教育普及水平不断提高，受教育机会进一步扩大。

其次，教育发展基础能力得到明显提升，随着教育经费投入与资源配置水平的提高，各级各类学校办学条件进一步改善。其中，2017年，广东省各级各类学校专任教师人数为104.51万人，比上年增加5.46万人，广东省各级各类学校拥有校舍建筑面积总量达3.48亿平方米，比上年增加1502.37万平方米，增长4.51%，广东省各级各类学校教学、科研仪器设备资产总值为912.21亿元，比上年增加137.15亿元，增长17.70%，师资水平、办学水平得到明显提升。

最后，教育的现代化水平不断提高，不断推进教育现代化先进县（市、区）、先进市全覆盖水平，现代教育体系得到完善。

第二部分　学前教育

2017年，学前教育在经费投入、规模覆盖、办学质量、师资培训、管理体系等方面都获得了较大的发展，“入园难”问题逐步缓解。但是，学前教育城乡普惠性资源依然短缺，公办、民办教育比例不够协调，运行保障机制建设相对滞后，教师数量不足、职业吸引力不强，保育教育质量有待进一步提高。

一、学前教育规模发展与普及水平情况

1. 学前教育机构继续增加，山区和珠江三角洲地区增长较快

2017年，全省幼儿园数为18 048所，比上年增加760所，增长4.40%。从区域上来看，山区幼儿园数增幅最大，为6.09%；珠江三角洲地区增幅第二；东翼地区增幅第三；西翼增幅最小，为0.85%。如表2－1所示。

表2－1　2016年、2017年广东省学前教育机构数变化情况

地区	幼儿园数（所）		增长率（%）
	2016年	2017年	
广东省	17288	18048	4.40
珠江三角洲	7670	8117	5.83
东翼	2770	2876	3.83
西翼	4009	4043	0.85
山区	2839	3012	6.09

从类型上来看，2017年城区幼儿园数为10 216所，比上年增长4.75%；其中，城区公办和民办幼儿园数分别增长0.36%、5.83%。镇区及乡村幼儿园数比上年增长3.94%。如表2－2所示。

表 2－2　2016 年、2017 年广东省学前教育机构城乡分布情况

地区		幼儿园数（所）		增长率（%）
		2016 年	2017 年	
城区	公办	1938	1945	0.36
	民办	7815	8271	5.83
	合计	9753	10 216	4.75
镇区及乡村	公办	3009	2965	－1.46
	民办	4526	4867	7.53
	合计	7535	7832	3.94

分城市看，2017 年全省 21 个市幼儿园数有不同程度的增减（表 2－3），深圳、广州、揭阳和梅州，分别比上年增加了 104 所、82 所、74 所和 64 所，湛江、潮州和河源分别比上年减少了 8 所、4 所和 3 所。

表 2－3　2017 年广东省各地区学前教育机构数比上年增长的分档情况

数量（所）	珠江三角洲	东翼	西翼	山区
90 ～ 100	深圳			
60 ～ 90	广州 东莞	揭阳		梅州
30 ～ 60	佛山 惠州 肇庆			云浮 清远
0 ～ 30	珠海 中山 江门	汕头 汕尾	阳江 茂名	韶关
30 ～ 0		潮州	湛江	河源

分城乡看，2017 年全省普惠性幼儿园数量总体增长 30.10%，其中清远、汕头、深圳三市增长数量在 200 所以上。城区普惠性幼儿园在民办幼儿园中比例由 2016 年的 42.98% 上升至 51.86%，镇区及乡村该数据由 2016 年的 41.10% 上升至 51.39%。2017 年城区和镇区及乡村普惠性幼儿园增长情况如表 2－4 所示。

表 2－4　2016 年、2017 年广东省普惠性幼儿园变化情况（所）

地区	2016 年		2017 年		增长率（%）	
	城区	镇区及乡村	城区	镇区及乡村	城区	镇区及乡村
广东省	3359	1860	4289	2501	27.69	34.46
珠江三角洲	2700	712	3025	778	12.04	9.27
东翼	93	174	334	378	259.14	117.24
西翼	381	590	592	622	55.38	5.42
山区	185	384	338	723	82.70	88.28

2. 学前教育规模稳定增长，普及程度有所提升

2017 年，经过各地政府积极努力，办学空间得到了有效的拓宽。2017 年全省新入园（班）幼儿数为 202.47 万人，比上年增加 7.41 万人，增长 3.80%。如图 2－1 所示。超过《广东省发展学前教育三年行动计划》中全省学前教育毛入园率达到 86% 以上的目标，比 2016 年增长 9.68%。

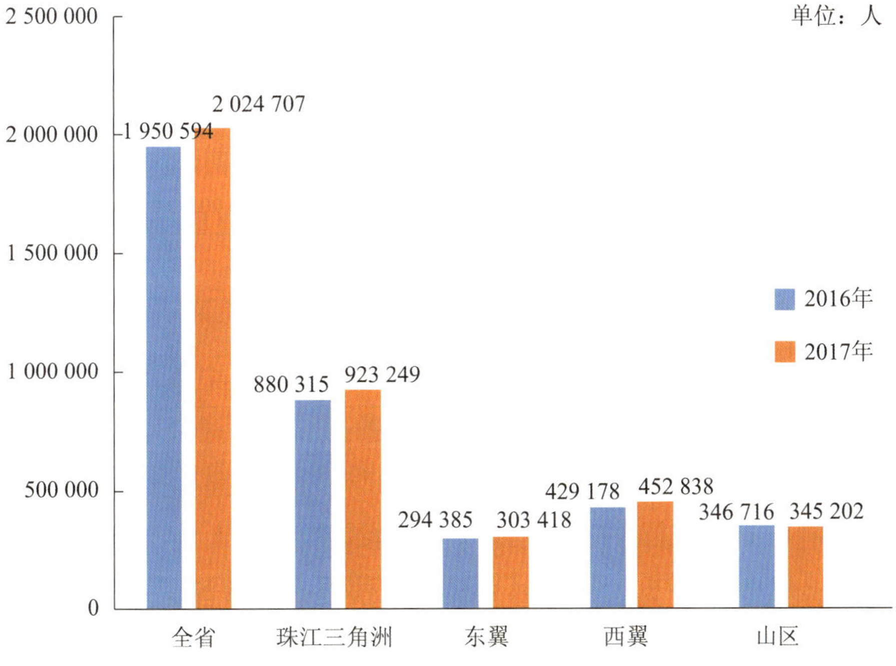

图 2－1　2016 年、2017 年广东省学前教育新入园（班）幼儿数变化情况

分区域看，2017 年珠江三角洲、东翼、西翼三个地区新入园幼儿数比

2016年分别增加了42 934人、9033人、23 660人，增长比例分别为4.88%、3.07%、5.51%，山区较2016年有所减少，减少了1514人。（各地市学前教育招生情况详见附表1－1）

2017年全省在园（班）幼儿数比上年增长4.68%。分城乡看，2017年城区在园幼儿数为2 629 441人（其中城乡结合区为847 332人），比上年增长5.38%，镇区及乡村在园幼儿数为1 784 703人，比上年增长3.67%。

分区域来看，珠江三角洲地区在园（班）幼儿数增幅最大。2017年，珠江三角洲地区在园（班）幼儿数比上年增长5.60%。如表2－5所示。

表2－5　2017年广东省分区域在园（班）幼儿数增长情况

单位：人

地区	2017年在园（班）幼儿数				比上年增长人数	增长率（%）
	城市		镇区及乡村	合计		
	城区	其中城乡结合区				
广东省	2 629 441	847 332	1 784 703	4 414 144	197 535	4.68
珠江三角洲	1 874 888	632 248	496 025	2 370 913	125 830	5.60
东翼	258 597	115 294	348 273	606 870	25 314	4.35
西翼	281 486	56 235	461 515	743 001	26 477	3.70
山区	214 470	43 555	478 890	693 360	19 914	2.96

从各地市看，韶关市学前教育在园（班）规模有所减小，相比上年减少1%，其余各市在园（班）规模均有不同程度的增长，汕尾市增幅最大为13.94%。（各地市学前教育在园（班）情况详见附表1－2）

3. 幼儿园在园（班）幼儿中非本地户籍生和省外户籍生均有所增加

2017年，我省幼儿园共有非本地户籍生1 500 085人，占全省在园（班）幼儿总数的33.98%。与上年相比，非本地户籍生数增加了28.67%。其中，2017年，我省幼儿园在园（班）幼儿中，省外户籍生数占全省在园（班）幼儿总数的16.74%。与上年相比，省外户籍生数增加了20.08万人，增加了37.32%。如表2－6所示。

表 2－6 2016 年、2017 年广东省幼儿园在园（班）幼儿的户籍与非户籍生情况

单位：人

类　别	2016 年	2017 年	比上年增长人数	增长率（%）
在园幼儿数	4 216 609	4 414 144	197 535	4. 75
非本地户籍生	1 165 822	1 500 085	334 263	28. 67
所占比例（%）	27. 65	33. 98	—	—
其中：省外户籍生	538 008	738 808	200 800	37. 32
所占比例（%）	12. 76	16. 74	—	—

全省各区域非本地户籍学前教育在园（班）幼儿数各不相同。2017 年，非本地户籍学前教育在园（班）幼儿数所占比例最高的是珠江三角洲，占广东省非户籍在园（班）幼儿数的 87. 02%，相比上年增加 3. 06%，而东翼、山区和西翼分别比上年降低 1. 43%、1. 07% 和 0. 57%。如图 2－2 所示。

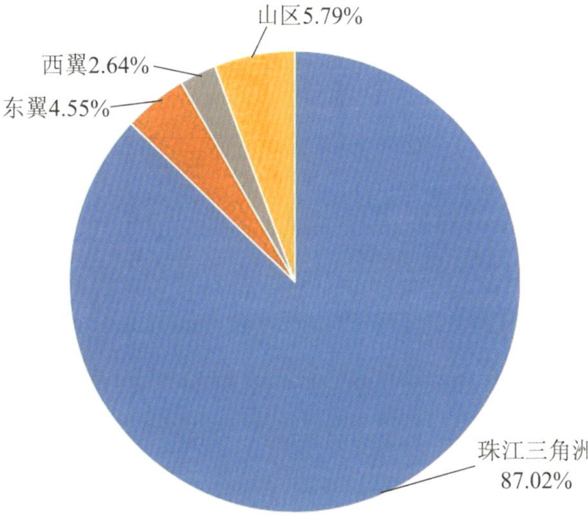

图 2－2 2017 年广东省各区域学前教育在园（班）幼儿中非本地户籍人数比例情况

4. **小学附设班幼儿园规模呈现下降趋势，西翼地区下降明显**

2017 年，全省小学附设班的在园（班）幼儿数为 29. 37 万人，比上年减少 28 902 人，下降 8. 96%。

从区域来看，2017 年各地区小学附设班幼儿园的规模均有所下降，其中西

翼地区小学附设班幼儿园的规模下降了21.53%，下降最多；东翼地区有所增长，增长了0.93%，附设班幼儿园的规模是全省最高的。如表2－7所示。

表2－7 2016年、2017年广东省分区域小学附设班幼儿园人数占学前教育总规模的变化情况

地区	2016年		2017年		比上年增长	
	在园（班）幼儿数（人）	占学前教育总规模比例（%）	在园（班）幼儿数（人）	占学前教育总规模比例（%）	在园（班）幼儿数（人）	比例（%）
珠江三角洲	50 473	1.20	47 168	1.07%	－3305	－6.55
东翼	97 417	2.31	98 320	2.23%	903	0.93
西翼	99 556	2.36	78 123	1.77%	－21 433	－21.53
山区	75 160	1.78	70 093	1.59%	－5067	－6.74

从各地市看，我省有小学附设班幼儿园的21个市中，18个市的小学附设班幼儿园在园（班）幼儿数均有变化。与上年相比，湛江、汕尾和揭阳小学附设班幼儿园在园（班）幼儿数分别增加1909人、1410人和15人；茂名、阳江和河源小学附设班幼儿园在园（班）幼儿数分别减少20 983人、2359人和1474人。人数变化情况如表2－8所示。（各地市学前教育小学附设班幼儿园在园（班）幼儿数情况详见附表1－3）

表2－8 2017年广东省分地市附设班幼儿园在园（班）幼儿人数的变化情况

增长范围	地　市
0～2000人	湛江、汕尾、揭阳、深圳、珠海、中山
－2000～0人	广州、佛山、汕头、韶关、河源、梅州、惠州、东莞、江门、肇庆、清远、潮州、云浮
－2000人以上	茂名、阳江

5. 小学教育招生中接受过学前教育的比重继续增长，珠江三角洲地区增幅较大

分城乡看，2017年全省城区小学招生中接受过学前教育的人数为977 293

人，比上年增加32 791人，增长3.47%。2017年我省镇区及乡村小学招生中接受过学前教育的人数比上年减少8464人，降低1.15%，如表2-9所示。

表2-9 2017年广东省分城乡小学招生中接受过学前教育的人数变化情况

单位：人

类别	2016年	2017年	增加	增长率（%）
城区	944 502	977 293	32 791	3.47
镇区及乡村	735 715	727 251	-8464	-1.15

从区域来看，珠江三角洲和西翼地区小学招生中接受过学前教育的人数有所增加，2017年比上年分别增长3.86%、0.26%，东翼和山区地区有所降低，分别降低3.08%、0.94%。如表2-10所示。

表2-10 2017年广东省分区域小学招生中接受过学前教育的人数与比例变化情况

地区	接受过学前教育的人数（人）			接受过学前教育的比例（%）	
	2017年	比上年增长人数	增长率（%）	2017年	比上年增长
珠江三角洲	915 591	34 050	3.86	97.92	-0.68
东翼	249 252	-7923	-3.08	95.75	0.36
西翼	273 874	715	0.26	97.88	-0.14
山区	265 827	-2515	-0.94	99.02	-0.56

从各地市看，我省21个市，2017年小学招生中接受过学前教育的人数与上年相比减少的有梅州、汕头、汕尾、揭阳、茂名、潮州和河源，其余14市人数均有所上升。如表2-11所示。小学招生中接受过学前教育的人数增长率超过5%的地市为佛山市、广州市和清远市。（各地市小学招生中接受过学前教育的人数情况详见附表1-4）

表 2－11　2017 年广东省分地市小学招生中接受过学前教育的人数变化情况

增长范围	地市				
5%以上	佛山	广州	清远		
0%～5%	深圳 惠州	东莞 肇庆	中山 湛江	珠海 阳江	江门 韶关
－5%～0	梅州	汕头	汕尾	揭阳	茂名
－10%～－5%	潮州	河源			

二、学前教育教师队伍发展情况

学前教育教师规模继续增长；教师学历水平继续提升，教师素质有所改善；学前教育教师培训以校级为主。

1. 学前教育专任教师规模持续增长，西翼地区增幅最大

2017 年，全省专任教师人数为 28.17 万人，比上年增加 25 199 人，增长 9.83%；在园幼儿数与专任教师数比为 15.67∶1。分城乡看，2017 年，城区学前教育专任教师数 185 990 人，比上年增长 8.29%；镇区及乡村学前教育专任教师数为 95 666 人，比上年增长 12.94%。分区域看，2017 年广东省各区域学前教育专任教师数量与上年相比均有较大幅度增长，其中西翼地区增幅最大，为 28.94%。如表 2－12 所示。

表 2－12　2017 年广东省各区域学前教育专任教师规模变化情况

单位：人

地区	城区	镇区及乡村	合计	比上年增长	增长率（%）
广东省	185 990	95 666	281 656	25 199	9.83
珠江三角洲	132 623	28 415	161 038	19 221	13.55
东翼	19 302	19 291	38 593	5839	17.83
西翼	19 813	24 754	44 567	10 003	28.94
山区	14 252	23 206	37 458	5844	18.49

分地市看，我省 21 个地市学前教育专任教师人数均有不同程度的增长，其中增幅超过30%的地市分别是汕尾和茂名 2 市。（各地市学前教育专任教师数情况详见附表 1－5）

2017 年，全省幼儿园园长数为 2.67 万人，比上年增加 1321 人，增长 5.21%；全省幼儿园保育员数 11.18 万人，增长 11.22%。全省幼儿园保健医生数为 13 687 人，其中珠江三角洲地区的幼儿园保健医生数达 9787 人，占全省幼儿园保健医生数的 71.51%。

2. 学前教育生师比略有下降，城乡、区域差距仍然显著

2017 年，全省学前教育生师比为 15.67∶1，比上年下降 0.77。其中，农村生师比为 18.66∶1，城市为 14.14∶1，城乡差距依然显著。与上年相比，珠江三角洲、东翼、西翼和山区生师比均有所下降，如表 2－13 所示。

表 2－13　2017 年广东省分区域学前教育生师比情况

地区	2016 年			2017 年			比上年增长
	城市	农村	合计	城市	农村	合计	
广东省	14.53∶1	20.32∶1	16.44∶1	14.14∶1	18.66∶1	15.67∶1	－0.77
珠江三角洲	14.27∶1	17.71∶1	14.89∶1	14.14∶1	17.46∶1	14.72∶1	－0.17
东翼	13.76∶1	20.91∶1	16.35∶1	13.40∶1	22.09∶1	15.72∶1	－0.63
西翼	16.21∶1	22.95∶1	19.79∶1	14.21∶1	18.64∶1	16.67∶1	－3.12
山区	15.91∶1	22.27∶1	19.89∶1	15.05∶1	20.64∶1	18.51∶1	－1.38

3. 学前教育教师学历水平及幼儿教育专业毕业的教师比例有所提升

2017 年，全省学前教育专任教师中专科及以上学历比例为 76.04%，比上年增长 6.83%。分城乡看，2017 年，广东省农村专任教师中专科及以上学历比例为 70.71%，比城市低 8.07%，城乡间差距依然较大。分区域看，全省各区域该比例均有提升。2017 年，珠江三角洲地区专任教师中专科及以上学历比例达 80.92%，比上年增长 5.38%；东翼地区增幅最大为 11.53%，但专任教师中专科及以上学历比例依然为四个地区中最低。如表 2－14 所示。

表 2－14　2016 年、2017 年广东省分区域学前教育专任教师中专科及以上学历比例变化情况（%）

地区	2016 年			2017 年			比上年增长
	城市	农村	合计	城市	农村	合计	
广东省	72.24	63.04	69.21	78.78	70.71	76.04	6.83
珠江三角洲	75.78	74.47	75.54	81.83	76.66	80.92	5.38
东翼	53.55	49.44	51.56	65.75	60.42	63.09	11.53
西翼	66.58	58.38	62.23	73.25	72.96	73.09	10.86
山区	72.34	63.77	66.98	75.72	69.59	71.92	4.94

学前教育专任教师中幼儿教育专业毕业的比例有所增长。2017 年，学前教育专任教师中幼儿教育专业毕业的比例为 85.35%，比上年增长 7.65%。分区域看，珠江三角洲地区增长幅度最大，比上年增长 11.32%；西翼地区有所下降，比上年降低 5.27%，如图 2－3 所示。分地市看，学前教育专任教师中幼儿教育专业毕业的比例比上年有所降低的地市为潮州、茂名、珠海、汕尾和湛江。增幅超过 30% 的地市为汕头。（各地市学前教育专任教师中幼儿教育专业毕业数情况详见附表 1－6）

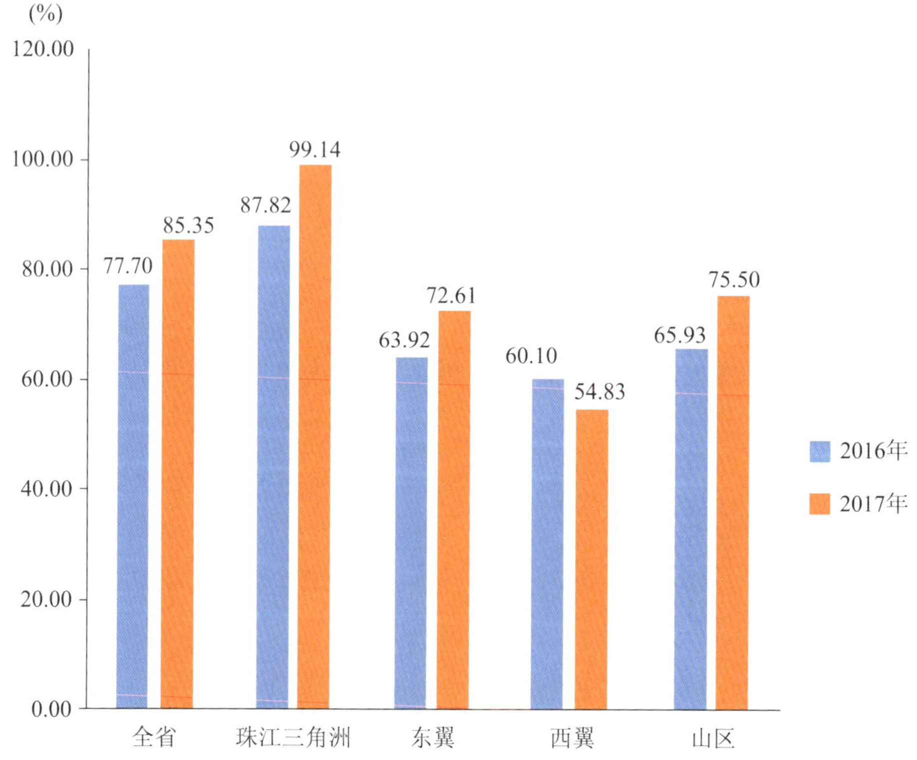

图 2－3　2016 年、2017 年广东省各区域学前教育专任教师中幼儿专业毕业的比例变化情况

学前教育研究生、本科毕业、专科毕业学历专任教师人数有所提高，高中毕业及高中以下毕业专任教师人数有所下降。专科毕业和高中毕业专任教师人数变化较大。分区域看，珠江三角洲地区专科层次和本科层次的专任教师人数增长幅度最大，且高中毕业层次的专任教师人数减少最多；山区高中以下毕业层次专任教师人数均有所增加，如图 2－4 所示。

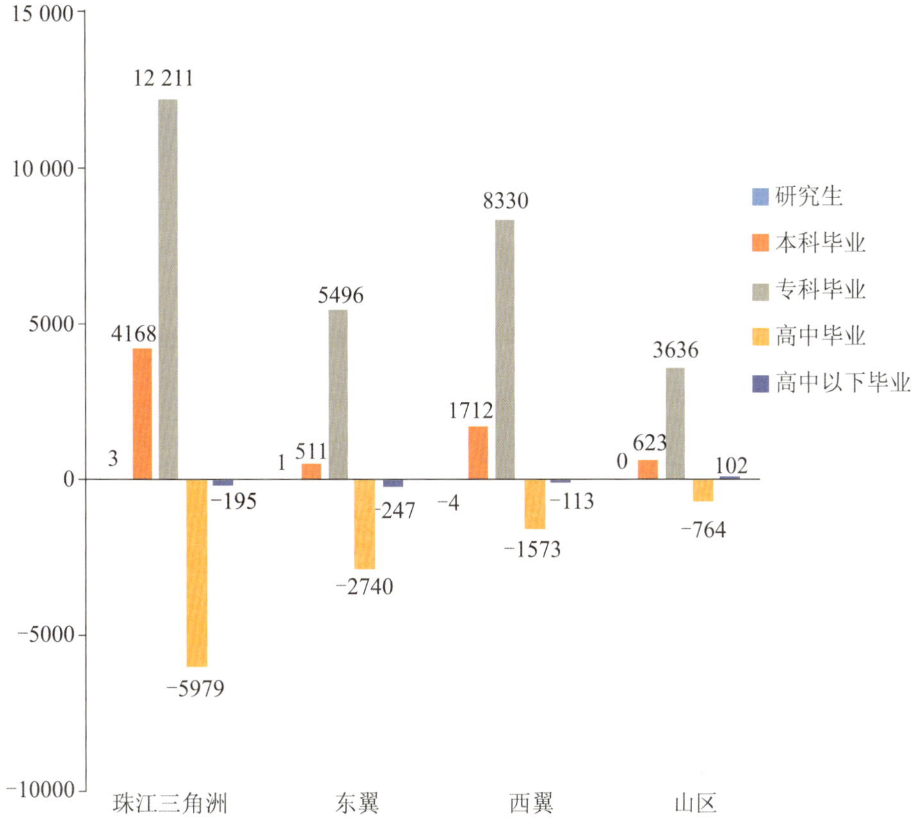

图 2－4　2017 年广东省分区域学前教育各层次学历专任教师人数变化情况

4. **培训以校级培训为主，培训时间以“一个月以内”的比例最高**

2017 年，全省幼儿园专任教师共接受国内培训 2 382 722 次，人均培训次数为 8.46，比上年增加 0.48 次。从培训类型看，幼儿园教师接受的培训中校级培训所占比例最高。2017 年，全省接受校级培训的幼儿园专任教师人数占总培训人次的 74.34%；其次是县级培训；省级培训和国家级培训所占的比例较低，如图 2－5 所示。分区域看，珠江三角洲、东翼和山区地区专任教师接受各级各类培训的人次比例结构类似，西翼地区省级培训比例大于市级培训，从培训时间看，一个月以内的比例相对较高，如图 2－6 所示。

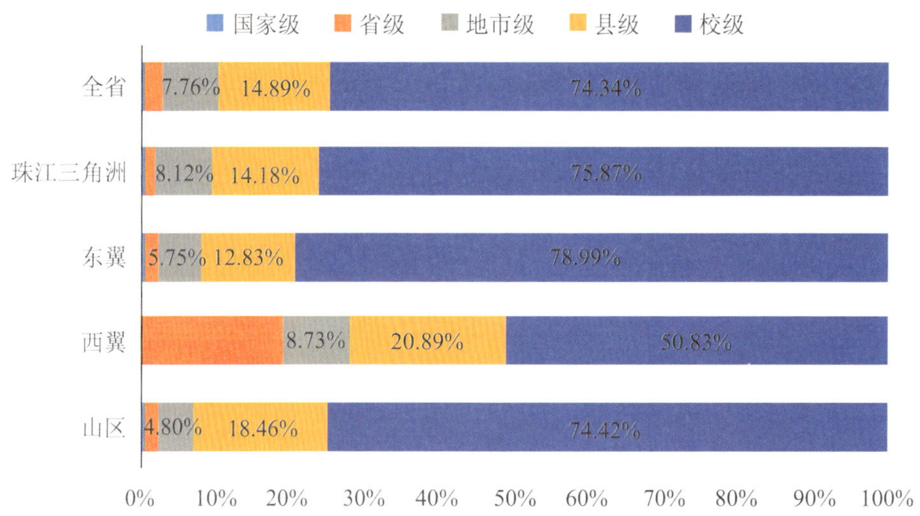

图 2－5　2017 年广东省分区域幼儿园专任教师参加国内各级各类培训总人次比例情况

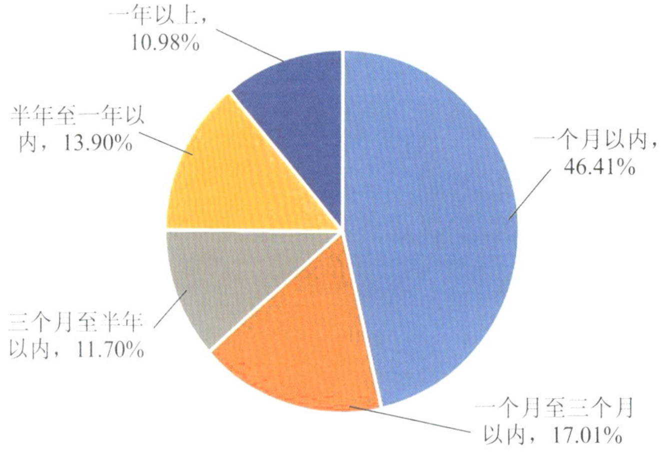

图 2－6　2017 年广东省幼儿园专任教师参加国内各级各类培训时间比例情况

5. 幼儿园代课教师城乡差距逐步缩小

2017 年，全省学前教育岗位教师中代课教师的比例为 0.07%。分城乡看，全省农村代课教师占岗位教师比例为 0.14%，比城市高 0.11%。分区域看，山区该比例较高，为 0.27%，珠江三角洲地区该比例为 0.01%。如图 2－7 所示。此外，2016 年珠江三角洲、东翼、西翼和山区农村学前教育岗位中代课教师的比例比城市分别高－0.13%、－0.05%、0.63% 和 0.48%；2017 年，该数据分别为 0.04%、－0.04%、0.19% 和 0.07%，区域间的城乡差距逐步缩小，如表 2－15 所示。

表 2-15 2016 年、2017 年广东省分区域学前教育岗位中代课教师比例情况

地 区	2016 年			2017 年		
	城市	农村	农村比城市	城市	农村	农村比城市
珠三角	0.34%	0.21%	-0.13%	0.00%	0.04%	0.04%
东翼	0.10%	0.05%	-0.05%	0.10%	0.06%	-0.04%
西翼	1.05%	1.68%	0.63%	0.00%	0.19%	0.19%
山区	0.46%	0.94%	0.48%	0.22%	0.29%	0.07%

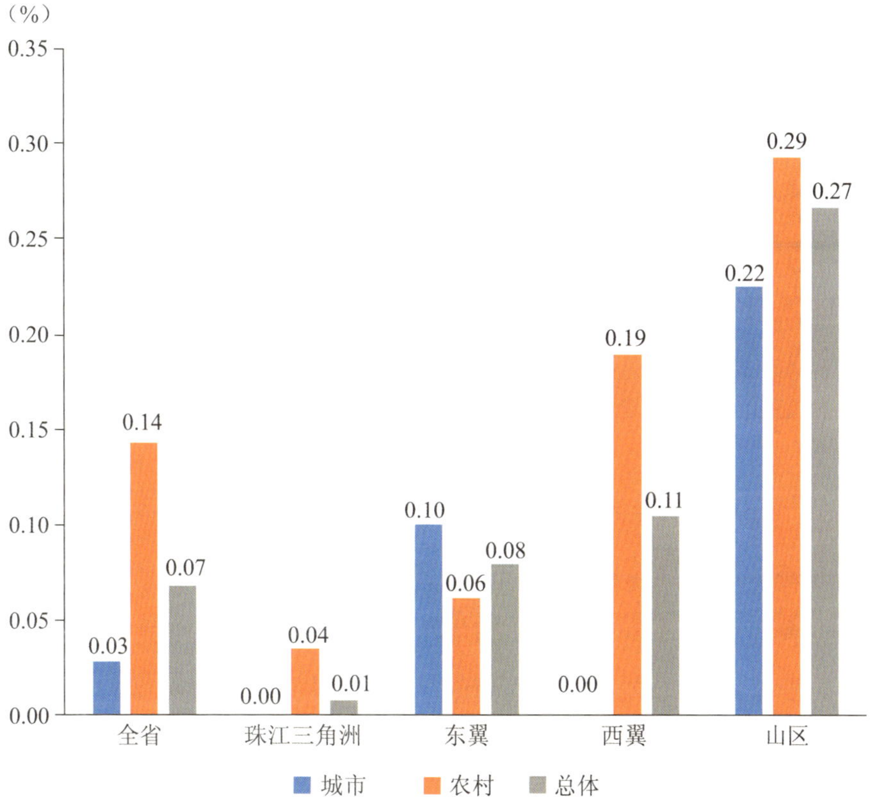

图 2-7 2017 年广东省分区域学前教育代课教师占岗位教师的比例情况

三、幼儿园办学条件变化情况

2017 年，幼儿园校舍总面积增长较快，但生均校舍面积增长较慢，农村生均活动室面积仍未达标。

1. 幼儿园生均校舍面积略有增长

2017 年，全省幼儿园校舍总面积达到 3477.13 万平方米，比上年增长 9.20%。幼儿园生均校舍面积为 7.88 平方米，比上年增加 0.33 平方米。2016

年比2015年增加了0.28平方米，增长趋势较稳定。分区域来看，全省生均校舍面积均呈上升态势，其中山区地区增长最多，比上年增加0.54平方米，珠江三角洲地区为四个区中最低，如图2－8所示。

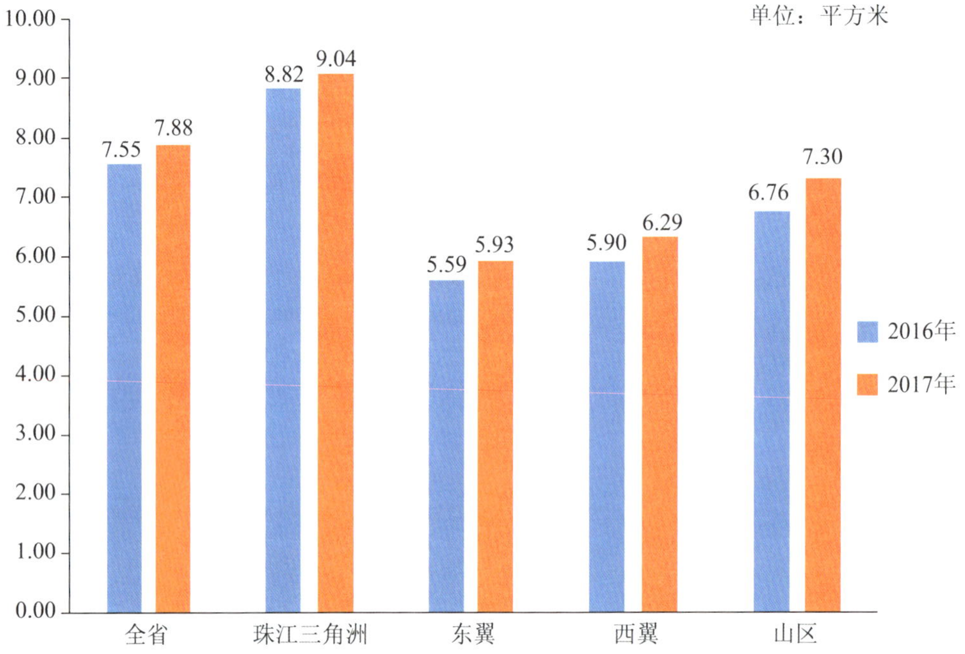

图2－8　2016年、2017年广东省分区域幼儿园生均校舍面积变化情况

分城乡看，城市幼儿园的生均校舍面积仍高于农村。2017年，全省城市幼儿园生均校舍面积为8.84平方米，达到《城市幼儿园建筑面积定额（试行）》规定的8.8平方米的最低标准，农村幼儿园生均校舍面积仅为6.46平方米，如表2－16所示。

表2－16　2016年、2017年广东省分城乡幼儿园生均校舍面积情况

单位：平方米

项　目	年　份		增　加
	2016	2017	
校舍占地面积	31 840 596.55	34 771 268.15	2 930 671.60
生均校舍面积	7.55	7.88	0.33
城市校舍面积	21 509 557.45	23 244 636.59	1 735 079.14
城市生均校舍面积	8.62	8.84	0.22
农村校舍面积	10 331 039.10	11 526 631.56	1 195 592.46
农村生均校舍面积	6.00	6.46	0.46

分地市来看，2017 年我省大部分地市幼儿园生均校舍面积，相比上年有所增加（表 2 - 16）。其中生均校舍面积增加超过 0.50 平方米的地市有梅州、韶关、清远和茂名 4 市。生均校舍面积与上年相比有所减少的城市为深圳。（各地市幼儿园生均校舍占地面积情况详见附表 1 - 7）

表 2 - 17　2017 年广东省分地市幼儿园生均校舍面积变化情况

单位：平方米

增加范围	地　市							
0.50 以上	梅州	韶关	清远	茂名				
0～0.50	潮州	汕尾	惠州	江门	阳江	揭阳	珠海	汕头
	广州	云浮	湛江	肇庆	河源	中山	佛山	东莞
0 以下	深圳							

2. 幼儿园生均活动室面积较去年略有增长

2017 年，全省幼儿园活动室总面积为 14 068 369.74 平方米，比上年增长 9.13%；生均活动室面积为 3.19 平方米，与上年相比增加 0.13 平方米。

分区域来看，2017 年珠江三角洲、东翼、西翼和山区幼儿园生均活动室面积均略有增加。其中，山区地区增幅最大，比上年增加了 0.21 平方米，珠江三角洲增幅为四区域中最低，如表 2 - 18 所示。

表 2 - 18　2016 年、2017 年广东省分区域幼儿园生均活动室面积情况

单位：平方米

地区	年　份		增加
	2016	2017	
广东省	3.06	3.19	0.13
珠江三角洲	3.55	3.65	0.10
东翼	2.33	2.48	0.15
西翼	2.41	2.52	0.11
山区	2.74	2.95	0.21

分城乡看，2017 年全省城市幼儿园活动室面积为 9 487 091.09 平方米，比

上年增长8.23%；城市幼儿园生均活动室面积为3.61平方米，比上年增加0.10平方米，达到了《城市幼儿园建筑面积定额（试行）》中幼儿园生均活动室面积应达到3平方米的规定。农村幼儿园活动室面积为4 581 278.65平方米，比上年增长11.04%，其中，生均活动室面积为2.57平方米，比上年增加0.17平方米。如表2－19所示。

表2－19 2016年、2017年广东省分城乡幼儿园生均活动室面积情况

单位：平方米

项目	年份		增加
	2016	2017	
活动室总面积	12 891 114.88	14 068 369.74	1 177 254.859
生均活动室面积	3.06	3.19	0.13
城市活动室面积	8 765 499.01	9 487 091.09	721 592.079
城市生均活动室面积	3.51	3.61	0.10
农村活动室面积	4 125 615.87	4 581 278.65	455 662.78
农村生均活动室面积	2.40	2.57	0.17

分地市来看，2017年我省大部分地市学前幼儿园生均活动室面积，与上年相比有所增加。其中生均活动室面积增加数超过0.20平方米的地市有韶关、东莞、清远、珠海、梅州和潮州6市。深圳市学前幼儿园生均活动室面积有所减少，与上年相比减少0.07平方米。如表2－20所示。（各地市幼儿园生均活动室面积情况详见附表1－8）

表2－20 2017年广东省分地市幼儿园生均活动室面积增减情况

单位：平方米

增长范围	地市				
0.20以上	韶关	清远	珠海	梅州	潮州
	东莞				
0～0.20	广州	中山	江门	惠州	佛山
	肇庆	汕头	揭阳	汕尾	湛江
	茂名	阳江	河源	云浮	
0以下	深圳				

3. 幼儿园生均户外场地面积与上年相比有所增长

2017 年，全省幼儿园户外场地总面积为 26 427 369.06 平方米，比上年增长 7.94%；生均户外场地占地面积为 5.99 平方米，比上年增加 0.18 平方米。

分区域来看，2017 年全省各地区生均户外场地面积，与上年相比均有所增加。其中，山区增幅最大，增加 0.40 平方米。珠江三角洲地区生均户外场地占地面积仍最大，东翼地区则仍然最小，且与其他地区的差距较大。如表 2－21 所示。

表 2－21　2016 年、2017 年广东省分区域幼儿园生均户外场地占地面积情况

单位：平方米

地区	年份		增加
	2016	2017	
广东省	5.81	5.99	0.18
珠江三角洲	6.89	6.95	0.06
东翼	3.63	3.80	0.17
西翼	4.78	5.09	0.31
山区	5.16	5.56	0.40

分城乡来看，城市幼儿园生均户外场地面积高于农村幼儿园生均户外场地面积。2017 年，城市幼儿园生均户外场地面积为 6.21 平方米，比上年增加 0.13 平方米；农村幼儿园生均户外场地面积为 5.67 平方米，比上年增加 0.27 平方米。如表 2－22 所示。

表 2－22　2016 年、2017 年广东省分城乡幼儿园生均户外场地占地面积情况

单位：平方米

项目	年份		增加
	2016	2017	
户外场地总面积	24 482 976.13	26 427 369.07	1 944 392.94
生均户外场地面积	5.81	5.99	0.18
城市户外场地面积	15 180 036.30	16 316 692.65	1 136 656.35
城市生均户外场地面积	6.08	6.21	0.13
农村户外场地面积	9 302 939.83	10 110 676.42	807 736.59
农村生均户外场地面积	5.40	5.67	0.27

分地市来看，2017 年我省各地市学前幼儿园生均户外场地占地面积与上年相比，大部分有所增加，个别有所减少。生均户外场地占地面积增长超过 10% 的地市为茂名、韶关和梅州；生均户外场地占地面积呈下降趋势的地市有深圳、珠海、湛江和肇庆。如表 2－23 所示。（各地市幼儿园生均户外场地占地面积情况详见附表 1－9）

表 2－23　2017 年广东省分地市幼儿园生均户外场地占地面积变化情况

增长范围	地　市					
10% 以上	茂名	韶关	梅州				
0 ～ 10%	阳江	云浮	汕尾	江门	汕头	惠州	中山
	广州	佛山	潮州	东莞	河源	清远	揭阳
0 以下	深圳	珠海	湛江	肇庆			

4. 幼儿园生均图书数较上年有所增长

2017 年，全省幼儿园图书总藏量大幅度增加，图书总藏量为 43 570 740 册，比上年增长 10.89%；幼儿园生均图书数也有所增加，比上年增加 0.55 册。

分区域来看，2017 年珠江三角洲、东翼、西翼和山区生均图书数均呈上升态势，山区增幅最大，增加了 0.77 册，西翼为四个地区中生均数量最低。如表 2－24 所示。

表 2－24　2016 年、2017 年广东省分区域幼儿园生均图书情况

单位：册

地　区	年　份		增　加
	2016	2017	
广东省	9.32	9.87	0.55
珠江三角洲	10.33	10.78	0.45
东翼	8.32	8.83	0.51
西翼	7.21	7.90	0.69
山区	9.03	9.80	0.77

分城乡来看，城市幼儿园的生均图书数仍高于农村。2017 年，全省城市幼儿园生均图书数为 10.55 册，比上年增加 0.47 册；农村幼儿园生均图书数为 8.86 册，比上年增加 0.65 册。如表 2－25 所示。

表 2－25 2016 年、2017 年广东省分城乡幼儿园生均图书情况

单位：册

项 目	年 份		增 加
	2016	2017	
图书总藏量	39 291 633	43 570 740	4 279 107
生均图书	9.32	9.87	0.55
城市图书	25 159 888	27 750 093	2 590 205
城市生均图书	10.08	10.55	0.47
农村图书	14 131 745	15 820 647	1 688 902
农村生均图书	8.21	8.86	0.65

从各地市来看，2017 年全省各地市学前幼儿园生均图书数与上年相比，大部分都有所增加。生均图书增加数超过 1 册的地市有韶关、茂名和河源 3 市；生均图书数与上年相比有所减少的城市为珠海和中山。如表 2－26 所示。（各地市幼儿园生均图书情况详见附表 1－10）

表 2－26 2017 年广东省分地市幼儿园生均图书情况

单位：册

增长范围	地 市						
1 册及以上	韶关	茂名	河源				
0～1 册	清远	云浮	阳江	汕头	江门	梅州	揭阳
	广州	湛江	惠州	东莞	潮州	汕尾	肇庆
	深圳	佛山					
0 册及以下	珠海	中山					

四、小结

2017 年广东省大力推进《广东省教育发展“十三五”规划》学前教育发

展目标的落实，学前教育事业得以蓬勃发展。2017年广东省学前教育已经提前完成《广东省教育发展“十三五”规划》的部分目标。

办学规模方面，2017年广东省学前教育在园幼儿数已达441万，提前达到了《广东省教育发展“十三五”规划》中到2020年学前教育幼儿数达到430万人的目标值。2017年学前教育毛入园率为109.08%，超额完成《广东省教育发展“十三五”规划》中到2018年学前三年毛入园率达到100%以上的目标值。“十三五”规划提出要扩大公益普惠性学前教育资源和规范化幼儿园覆盖面，全省公办幼儿园和普惠性民办幼儿园比例达80%以上，规范化幼儿园比例提高到80%以上。2017年全省公办幼儿园和普惠性民办幼儿园比例达到64.83%，规范化幼儿园比例为74.71%，与“十三五”规划标准还存在一定差距，政府应有效引导，不断扩大公办幼儿园和普惠性民办幼儿园建设，构建高品质公益性普惠性学前教育服务体系，有序地扩大学前教育资源。

师资队伍建设方面，2017年学前教育专任教师人数有了较大幅度的提升，生师比达到15.67∶1，城乡差距仍然较大。教师学历水平继续提升，全省学前教育专任教师中专科及以上学历比例为76.04%，教师素质有所提高，学前教育教师培训以校级为主，幼儿园代课教师城乡差距逐步缩小，但在满足我省对学前教育质量发展的要求上还有很大的发展空间。

办学条件方面，幼儿园校舍总面积增长较快，但生均校舍面积增长较慢，农村生均活动室面积仍未达标，全省幼儿园户外场地总面积为26 427 369.07平方米。与上年相比有所增长，全省幼儿园图书总藏量大幅度增加，图书总藏量为43 570 740册，幼儿园生均图书数为9.87册，城市幼儿园的生均图书数仍高于农村。

学前教育任重而道远，2018年紧扣《广东省教育发展“十三五”规划》目标，政府不断加大财政投入，继续实施学前教育三年行动计划，合理规划和布局幼儿园，加快发展公办幼儿园和普惠性民办幼儿园，扩大规范化幼儿园覆盖面，继续发展教师培训，提高教师素质，改善办学条件，促进我省幼儿园健康、合理、高效发展。

第三部分 义务教育

2017 年，全省义务教育在规模发展、办学质量、师资队伍建设、办学条件改进等方面都取得了较大进展，义务教育普及程度与巩固水平都有所提高，发展规模趋于稳定，进城务工人员随迁子女教育得到重视，教师队伍建设不断完善。但由于区域间经济发展的不均衡，义务教育发展区域间差异显著，同时农村留守儿童数量仍不断增加，留守儿童教育问题亟需重视，部分地区义务教育办学条件虽然得到改善，但仍有待加强。

一、义务教育普及程度与巩固水平

1. 义务教育普及程度继续保持高位

2017 年，小学学龄儿童（含非广东省户籍儿童和非学龄儿童）入学率达到 103. 15%，提前实现了 99. 99% 的目标。广东省初中普及程度较上年同样有所上升，2017 年，广东省初中阶段毛入学率为 117. 56%，比上年增长了 12. 19%，如图 3 – 1 所示。

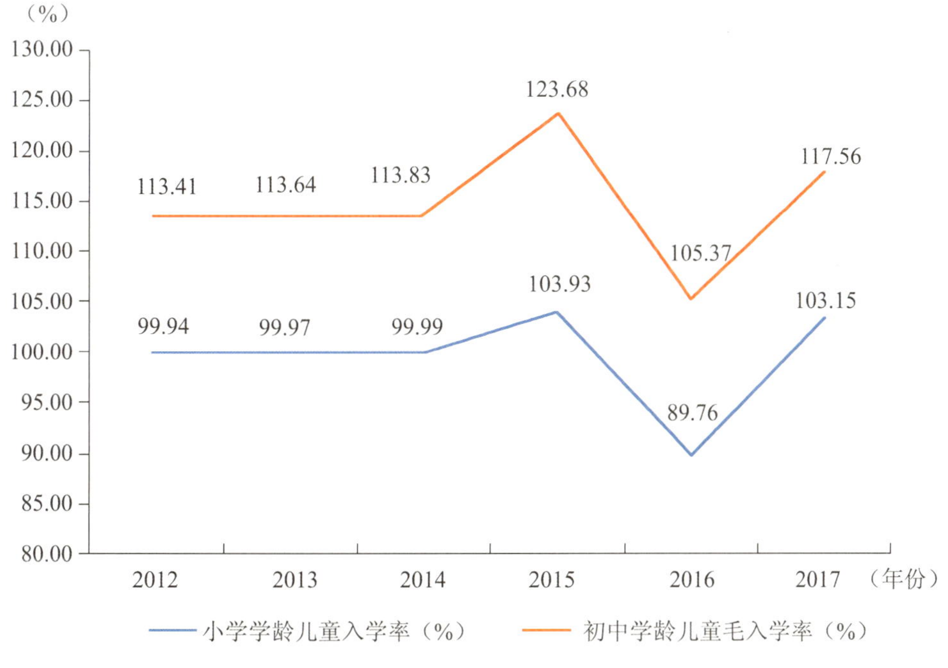

图 3 – 1　2012—2017 年广东省义务教育普及水平

2. 义务教育巩固水平有待提高

2017年，广东省小学五年保留率为100.16%，圆满达成100%的目标。2017年，广东省初中三年巩固率为93.22%，比上年下降0.45%。广东省小学毕业生升学率为96.04%，比上年增长了0.07%。如图3－2所示。

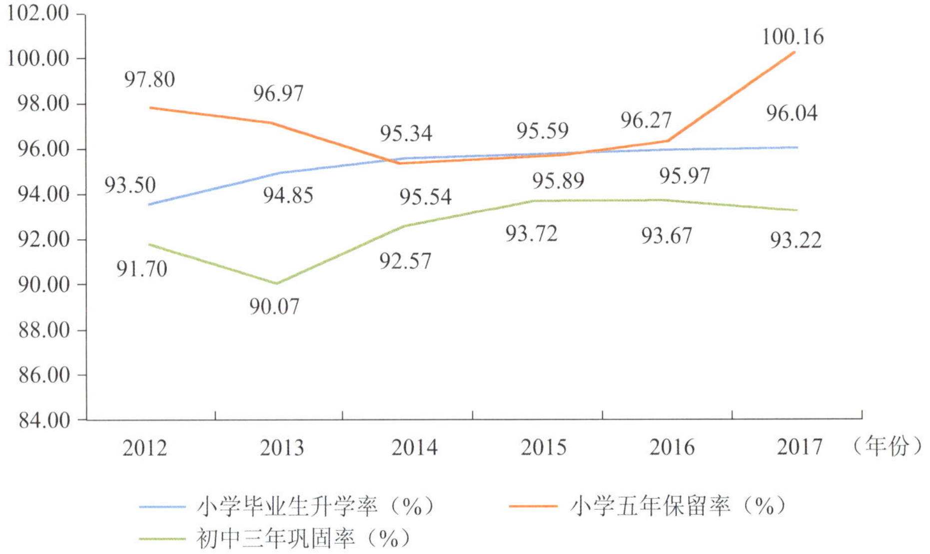

图3－2　2012—2017年广东省义务教育巩固情况

二、义务教育规模发展

1. 小学招生人数六年持续增长，初中招生人数有所回升

受学龄人口变化影响，小学招生人数连续六年呈增长趋势。2017年，广东省小学招生174.37万人，比上年增加3.19万人，增长了1.86%。初中阶段招生数为126.68万人，比上年增加4.87万人，上升了4.00%，如图3－3所示。

分城乡看，2017年广东省小学阶段城市招生规模为99.83万人，农村招生数为74.54万人。如表3－1所示。分区域来看，珠江三角洲小学阶段招生规模最大，为93.50万人，东翼小学阶段招生规模最小，为26.03万人；分城乡看，珠江三角洲城市招生规模远超农村，其他地区农村招生规模则远超城市；分地市来看，2017年增幅最大的地市是肇庆市、佛山市、珠海市，分别增加了18.30%、10.01%和7.19%；降幅最大的地市是江门市和潮州市，分别减少了12.45%和9.20%。（分地市小学招生情况详见附表2－1）

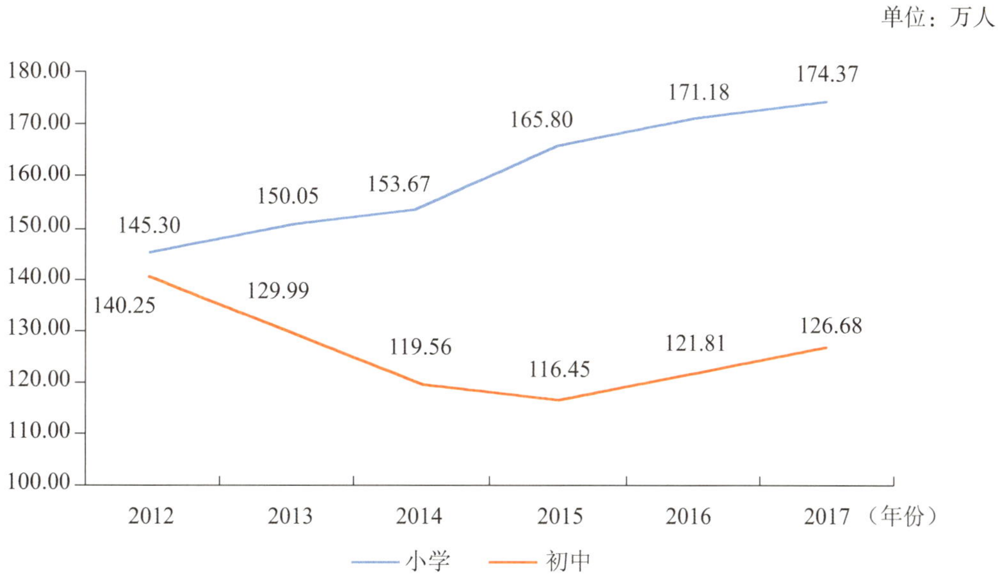

图 3－3　2012—2017 年广东省义务教育阶段招生规模变化情况

表 3－1　2017 年广东省义务教育招生情况

单位：万人

地　区	小　学				初　中			
	城市	农村	合计	比上年增长（%）	城市	农村	合计	比上年增长（%）
广东省	99.83	74.54	174.37	1.86	72.23	54.45	126.68	4.00
珠江三角洲	71.52	21.98	93.50	4.57	48.14	14.89	63.03	5.70
东翼	9.68	16.35	26.03	－2.45	8.70	13.36	22.06	1.20
西翼	10.45	17.53	27.98	3.95	8.88	12.27	21.15	1.54
山区	8.18	18.67	26.85	－3.71	6.51	13.94	20.45	4.60

2017 年广东省初中阶段招生规模为 126.68 万人，比上年增加 4.87 万人。分城乡看，2017 年广东省初中阶段城市招生数共 72.23 万人，农村招生数 54.45 万人，占比 42.98%。如表 3－1 所示。分区域看，珠江三角洲初中阶段招生规模最大，为 63.03 万人，山区初中阶段招生规模最小，为 20.45 万人。分城乡看，珠江三角洲城市招生规模为 48.14 万人，远超过东翼、西翼、山区。分地市看，肇庆市、阳江市和深圳市增幅最大，分别增长了 14.96%、8.52% 和 7.67%；江门市、茂名市和汕尾市均下降，分别减少

了7.58%、1.98%和1.95%；其他地市均有增长。（分地市初中阶段招生情况详见附表2－2）

2. 小学在校生规模略有增长，初中则持续下降

2017年小学在校生总规模延续上年增长的趋势，达到941.96万人，比上年增加36.74万人，增长了4.06%。分区域看，珠江三角洲地区小学在校生占全省小学在校生比例最大，为52.94%，最低为山区，占比15.43%。分地市看，各市小学在校生规模均比去年有所增长。其增长最多的是清远市，增长了7.11%。如图3－4与表3－2所示。（分地市小学在校生情况详见附表2－3）

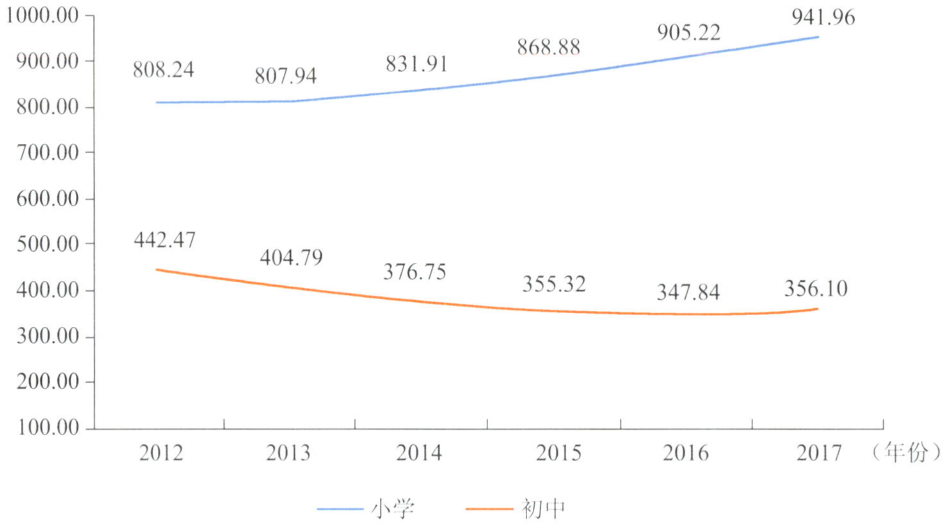

图3－4　2012—2017年广东省义务教育在校生规模变化情况

2017年，初中在校生为356.10万人，比上年增加8.26万人，增长了2.37%。分区域看，珠江三角洲的初中在校生人数比去年增加了4.70%；山区的初中在校生人数比去年增加了3.96%；而东翼和西翼都下降了，分别下降了1.28%和1.34%。农村初中在校生中，珠江三角洲地区的在校生规模最大，为41.29万人，占全省农村初中在校生的比例为26.26%。如图3－4与表3－2所示。分地市来看，阳江市初中在校生人数增幅最大，增加了7.36%；湛江市初中在校生人数降幅最大，减少了2.93%。（分地市初中阶段在校生情况详见附表2－4）

表 3－2　2017 年广东省义务教育在校生情况

单位：万人

地区	小学				初中			
	城市	农村	合计	比上年增长（%）	城市	农村	合计	比上年增长（%）
广东省	512.59	392.63	941.96	4.06	198.89	157.21	356.10	2.37
珠江三角洲	381.20	117.47	498.67	4.49	130.86	41.29	172.15	4.70
东翼	56.18	92.97	149.15	1.66	24.88	39.21	64.09	－1.28
西翼	56.50	92.29	148.79	4.60	25.28	36.78	62.06	－1.34
山区	43.40	101.95	145.35	4.58	17.86	39.94	57.80	3.96

三、进城务工人员随迁子女与农村留守儿童发展情况

《广东省教育发展“十三五”规划》提出，在“十三五”时期，全省要实现 1300 万农业转移人口市民化，异地务工人员随迁子女受教育问题将会非常突出。要不断扩大优质教育资源覆盖面，切实改善异地务工人员随迁子女、留守儿童、家庭经济困难学生、学习困难学生、残障儿童受教育状况，全面推进教育精准扶贫，促进教育公平。

1. 义务教育阶段近八成随迁子女在校生为小学生

2017 年，广东省义务教育阶段随迁子女达 446.09 万人，与上年相比，增加了 14.15 万人，其中，小学随迁子女人数占全省义务教育阶段随迁子女人数比例为 77.00%。

分区域看，在珠江三角洲地区学校就读的随迁子女 365.31 万人，占全省 82.00%；在东翼地区和山区学校就读的随迁子女人数相近，分别占全省的 8.00% 和 6.00%，而在西翼地区学校就读的随迁子女最少，仅占全省的 4.00%。与去年相比，东翼义务教育阶段随迁子女人数比例略有增加，珠江三角洲、山区和西翼均略有减少。如图 3－5 所示。

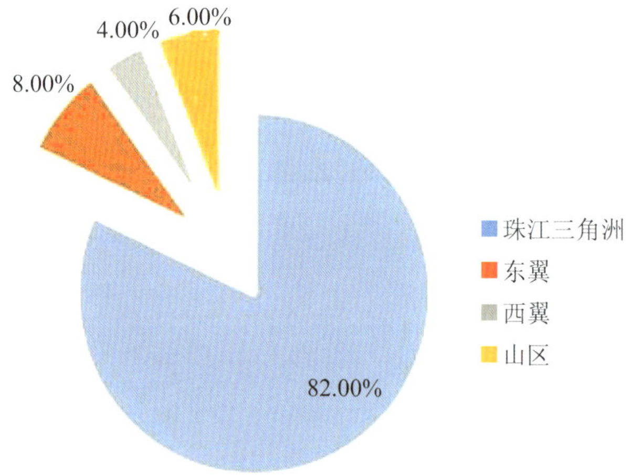

图3－5　2017年广东省义务教育阶段随迁子女在校生情况

2. 义务教育随迁子女在校生八成集中在城市，小学明显高于初中

2017年，在城市就读的义务教育阶段随迁子女有368.87万人。分区域看，除小学阶段珠江三角洲和西翼农村地区以及初中阶段西翼和山区农村地区有所下降以外，各地区与上年相比均有所增加，其中珠江三角洲小学随迁子女最多，为282.77万人，如表3－3和表3－4所示。

表3－3　2017年小学阶段义务教育随迁子女在校生情况

单位：万人

地　区	小　学								
	2016年			2017年			增长率（%）		
	城市	农村	合计	城市	农村	合计	城市	农村	合计
广东省	274.34	58.84	333.18	283.01	59.46	342.46	3.16	1.05	2.79
珠江三角洲	232.63	43.24	275.88	239.60	43.16	282.77	3.00	－0.18	2.50
东翼	17.18	6.71	23.89	17.75	7.49	25.24	3.32	11.50	5.64
西翼	10.91	2.37	13.28	10.98	2.18	13.16	0.65	－8.03	－0.90
山区	13.61	6.52	20.13	14.67	6.63	21.30	7.79	1.68	5.81

表 3－4　2017 年初中阶段义务教育随迁子女在校生情况

单位：万人

地区	初中								
	2016 年			2017 年			增长率（%）		
	城市	农村	合计	城市	农村	合计	城市	农村	合计
广东省	81.09	17.66	98.76	85.87	17.76	103.63	5.90	0.57	4.93
珠江三角洲	66.45	12.22	78.66	70.20	12.34	82.54	5.64	1.01	4.93
东翼	6.26	2.01	8.27	6.64	2.08	8.72	6.08	3.57	5.47
西翼	3.89	0.98	4.87	4.02	0.93	4.95	3.45	－5.34	1.68
山区	4.50	2.46	6.96	5.01	2.41	7.42	11.34	－2.13	6.58

3. 进城务工人员随迁子女超八成集中在珠江三角洲地区，总体规模增长较大

2017 年，广东省义务教育阶段进城务工人员随迁子女达 322.12 万人，比上年增加 4.65 万人，增长 1.46%。分区域看，在珠江三角洲地区学校就读的进城务工人员随迁子女达到 265 万人，比上年增长 0.80%，占全省进城务工人员随迁子女数的 82.27%；在东翼地区学校就读的进城务工人员随迁子女占全省的 7.05%，比上年增加 0.18%；在西翼地区就读的随迁子女占全省的 4.13%，比上年下降 0.09%；山区进城务工人员随迁子女占全省的 6.55%，比上年上升 0.45%。如图 3－6 所示。

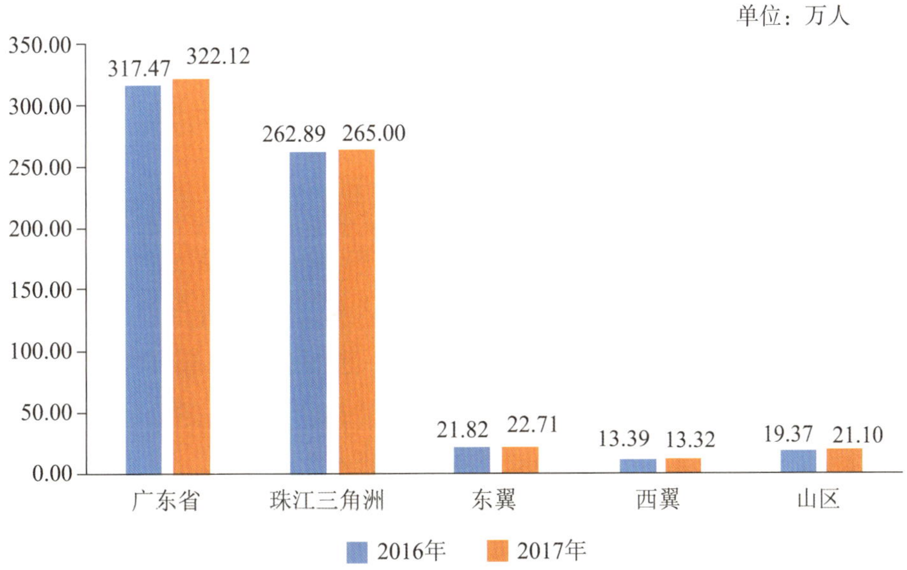

图 3－6　2016 年、2017 年广东省义务教育阶段进城务工人员随迁子女人数

4. 初中阶段进城务工人员随迁子女在校生除西翼地区有所下降和山区增速较慢于小学以外，其他地区增速均快于小学

2017 年，广东省进城务工人员随迁子女有 248.04 万人在小学就读，比上年增加 3.08 万人，增长 1.26%。分区域看，珠江三角洲小学随迁子女最多，为 204.69 万人，比上年增长 0.49%；东翼地区为 17.42 万人，增长 3.69%；西翼地区为 10.21 万人，增长 1.49%；山区为 15.71 万人，增长 9.17%。如表 3－5 所示。

2017 年，广东省进城务工随迁子女有 74.08 万人在初中就读，比上年增加了 1.57 万人，增长 2.16%，增速比小学稍快。东翼地区增长最快，比上年增长了 5.18%；西翼初中阶段随迁子女人数比去年减少了 6.63%。如表 3－5 所示。

表 3－5　分学段义务教育阶段进城务工人员随迁子女情况

单位：万人

地区	2016 年		2017 年		增长率（%）	
	小学	初中	小学	初中	小学	初中
广东省	244.96	72.51	248.04	74.08	1.26	2.16
珠江三角洲	203.70	59.19	204.69	60.30	0.49	1.88
东翼	16.80	5.02	17.42	5.28	3.69	5.18
西翼	10.06	3.32	10.21	3.10	1.49	-6.63
山区	14.39	4.97	15.71	5.39	9.17	8.45

5. 进城务工人员随迁子女占在校生总数的比例较去年有增有减，但幅度不大

2017 年，广东省义务教育阶段进城务工人员随迁子女占在校生总人数的比例为 24.82%，比上年减少了 0.52%。其中，小学阶段随迁子女占在校生总规模的比例为 26.33%，珠江三角洲地区仍然最高，为 41.05%，比上年减少了 1.63%；西翼地区最低，为 6.86%，比上年减少了 0.21%。初中阶段随迁子女占在校生总人数的比例为 20.80%，珠江三角洲地区最高，达 35.03%，比上年减少了 0.97%；西翼最低，为 5.00%，比上年减少了 0.28%。如表 3－6 所示。

表 3-6 义务教育阶段进城务工人员随迁子女在校生人数比例（%）

地区	2016 年			2017 年			增长率		
	小学	初中	合计	小学	初中	合计	小学	初中	合计
广东省	27.06	20.85	25.34	26.33	20.80	24.82	-0.73	-0.05	-0.52
珠江三角洲	42.68	36.00	40.97	41.05	35.03	39.50	-1.63	-0.97	-1.47
东翼	11.45	7.73	10.31	11.68	8.25	10.65	0.23	0.52	0.34
西翼	7.07	5.28	6.52	6.86	5.00	6.32	-0.21	-0.28	-0.20
山区	10.36	8.95	9.95	10.81	9.32	10.39	0.45	0.37	0.44

6. 进城务工人员随迁子女外省迁入的比例高于省内流动；珠江三角洲和东翼地区以外省流入为主，西翼地区和山区以省内流动为主

总体而言，义务教育阶段的进城务工人员随迁子女中外省迁入的比例高于省内流动，但因地而异。2017 年，在广东省义务教育阶段就读的进城务工人员随迁子女中，外省迁入的占 55.38%。其中，珠江三角洲地区进城务工人员随迁子女以外省迁入为主，2017 年为 59.54%，比上年下降了 0.11%；东翼地区进城务工人员随迁子女也以外省迁入为主，所占比例为 51.87%，比上年下降了 3.24%；西翼地区和山区进城务工人员随迁子女则以省内流动为主，分别占 80.81% 和 70.20%，但西翼地区的比上年下降了 1.47%，山区的比上年增长了 1.39%。如表 3-7 所示。

表 3-7 义务教育阶段进城务工人员随迁子女来源情况（%）

地区	2016 年		2017 年		比上年增长	
	外省迁入	省内流动	外省迁入	省内流动	外省迁入	省内流动
广东省	55.84	44.16	55.38	44.62	-0.46	0.46
珠江三角洲	59.65	40.35	59.54	40.46	-0.11	0.11
东翼	55.11	44.89	51.87	48.13	-3.24	3.24
西翼	17.72	82.28	19.19	80.81	1.47	-1.47
山区	31.19	68.81	29.80	70.20	-1.39	1.39

2017年，在广东省小学阶段就读的进城务工人员随迁子女中，外省迁入所占比例为56.29%；初中阶段就读者中，该比例为52.35%。其中，在珠江三角洲地区小学外省迁入所占比例最高，达60.45%；在西翼地区小学、初中阶段就读者中，省内其他县迁入所占比例都是最高，分别高达81.21%和79.52%。如图3－7所示。

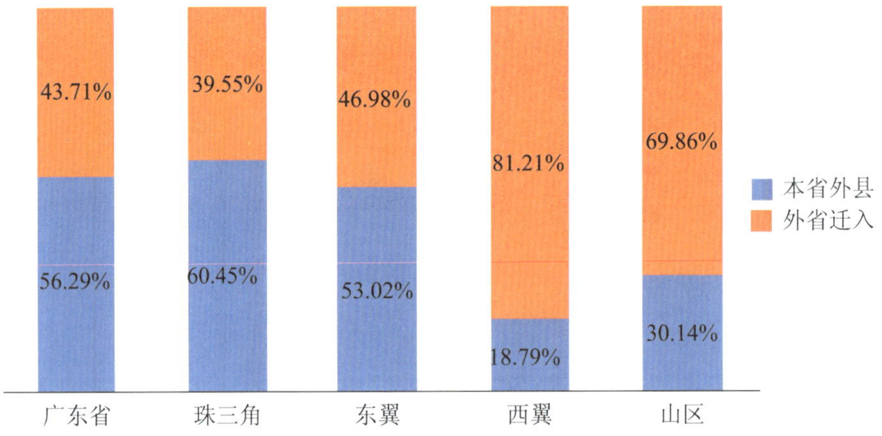

（a）小学进城务工人员随迁子女来源

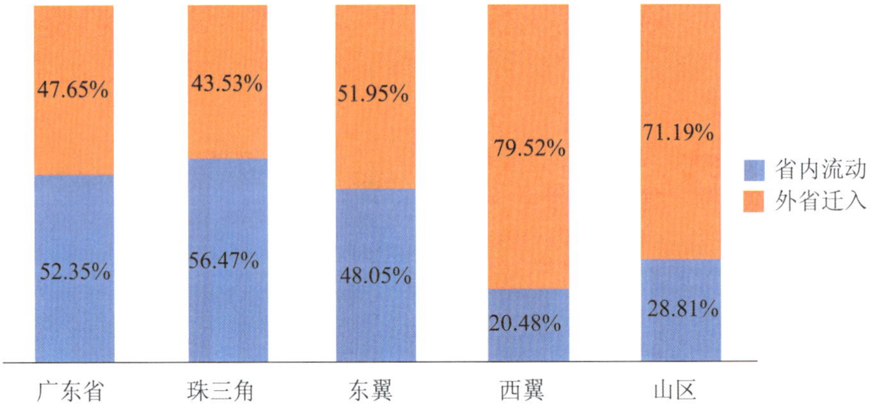

（b）初中进城务工人员随迁子女来源

图3－7　2017年小学、初中阶段进城务工人员随迁子女来源

分地市来看，在小学阶段，东莞、中山、江门、潮州4市的随迁子女中外省迁入所占比例较高，分别占本市进城务工随迁子女的71.08%、68.93%、69.60%、61.45%。湛江、茂名、梅州、河源4市的随迁子女中从省内其他县迁入所占比例较高，分别占本市进城务工随迁子女的88.86%、79.77%、

77.92%、75.67%，如表3－8所示。（分地市小学阶段进城务工人员随迁子女来源情况详见附表2－5）

表3－8 2017年广东省小学阶段进城务工人员随迁子女来源情况（%）

分档	珠江三角洲		东翼		西翼		山区	
	外省迁入	省内其他县迁入	外省迁入	省内其他县迁入	外省迁入	省内其他县迁入	外省迁入	省内其他县迁入
80～100						湛江		
60～80	东莞 中山 江门		潮州	汕尾		茂名		河源 梅州 清远 云浮
40～60	广州 深圳 珠海 佛山 惠州 肇庆	广州 深圳 珠海 佛山 惠州 肇庆	揭阳 汕头	潮州 汕头 揭阳	阳江	阳江	韶关	韶关
20～40		东莞 中山 江门	汕尾		湛江 茂名		河源 梅州 清远 云浮	
0～20								

在初中阶段，东莞、中山、江门3市的随迁子女中外省迁入所占比例较高，分别占本市进城务工随迁子女的67.56%、65.29%、70.78%。梅州、湛江、茂名3市的随迁子女中从省内其他县迁入所占比例较高，分别占本市进城务工随迁子女的84.38%、87.84%、81.64%，如表3－9所示。（分地市初中阶段进城务工人员随迁子女来源情况详见附表2－6）

表3－9　2017年广东省初中阶段进城务工人员随迁子女来源情况（%）

分档	珠江三角洲		东翼		西翼		山区	
	外省迁入	省内其他县迁入	外省迁入	省内其他县迁入	外省迁入	省内其他县迁入	外省迁入	省内其他县迁入
80～100						茂名 湛江		梅州
60～80	东莞 江门 中山			汕尾				云浮 清远 河源
40～60	广州 深圳 珠海 佛山 惠州 肇庆	广州 深圳 珠海 佛山 惠州 肇庆	揭阳	潮州 汕头 揭阳	阳江	阳江	韶关	韶关
20～40		东莞 江门 中山	汕头 汕尾 潮州				云浮 清远 河源	
0～20					茂名		梅州	

7. 广东省义务教育阶段在校生中农村留守儿童在校生数比上年有所增加

进城务工人员的逐年增多，引出一系列社会问题，在其子女接受义务教育部分除了随迁子女在迁入地的户籍和就读问题以外，备受关注的就是“留守儿童”问题。以“留守儿童”问题为例，社会各界都展开了相应的调查，以调整相应政策更好服务于民，推进教育公平。据统计，2017年，广东省义务教育阶段在校生中农村留守儿童有82.94万人，比上年减少4.77万人，下降了5.44%，如图3－8所示。从图3－8中可以看出，2017年广东省农村留守儿童在校生数有所减少。

2017年小学在校生中，广东省农村留守儿童为57.42万人，比上年减少2.76万人，下降4.59%。其中，西翼地区小学留守儿童人数下降最快，但是人数仍是最多，2017年达到23.48万人，如表3－10所示。

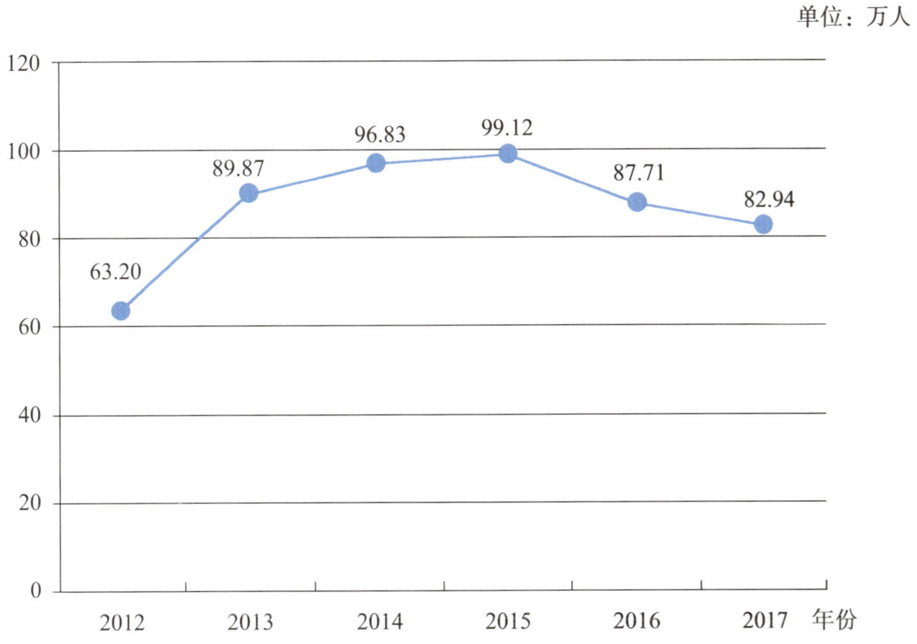

图 3－8 2012—2017 年广东省农村留守儿童在校生人数

初中在校生中，2017 年农村留守儿童有 25.52 万人，比上年减少 2.01 万人，下降 7.30%。西翼地区初中留守儿童最多，虽比上年有所减少，但 2017 年仍有 10.83 万人，占全省农村初中留守儿童的 42.44%。

表 3－10 2016—2017 年广东省分区域小学、初中农村留守儿童在校生人数

单位：万人

地区	小学			初中		
	2016 年	2017 年	增长（%）	2016 年	2017 年	增长（%）
广东省	60.18	57.42	－4.59	27.53	25.52	－7.30
珠江三角洲	7.86	7.87	0.13	4.19	3.79	－9.55
东翼	2.90	2.74	－5.52	1.36	1.25	－8.09
西翼	25.34	23.48	－7.34	11.65	10.83	－7.04
山区	24.07	23.33	－3.07	10.33	9.65	－6.58

四、义务教育教师队伍发展情况

2017 年，广东省义务教育阶段专任教师规模略有变化。小学专任教师为 50.78 万人，比上年增加了 2.13 万人；初中专任教师为 27.98 万人。另外，小学代课教师有560人，比上年减少4360人；中学代课教师有269人，比上年减少2422人。

1. **小学阶段生师比持续下降，初中阶段则有所上升**

2017年，广东省小学生师比与初中生师比相比，下降明显。广东省小学生师比从18.60∶1下降为16.24∶1，其中，农村小学生师比为15.75∶1，明显低于城市，并且城市小学生师比下降幅度大于农村生师比下降幅度。珠江三角洲、东翼、西翼、山区各地区小学生师比都在下降，西翼小学阶段生师比由上年的19.87∶1下降为15.60∶1，下降幅度最大，山区小学阶段生师比下降幅度最小。如表3－11所示分地市来看，广东省各市小学生师生比均比去年有所下降，其中下降幅度最大的是茂名市，下降幅度最小的是云浮市，广东省教师配置状况在不断改善。（分地市小学阶段生师比详见附表2－7）

表3－11　2017年广东省分区域、分城乡义务教育学校生师比

地区	小学			初中		
	城市	农村	合计	城市	农村	合计
广东省	16.62∶1	15.75∶1	16.24∶1	13.66∶1	11.71∶1	12.73∶1
珠江三角洲	16.65∶1	17.14∶1	16.77∶1	13.84∶1	12.72∶1	13.55∶1
东翼	16.23∶1	15.60∶1	15.83∶1	12.72∶1	11.89∶1	12.20∶1
西翼	16.17∶1	15.28∶1	15.60∶1	13.85∶1	11.67∶1	12.47∶1
山区	17.51∶1	14.91∶1	15.60∶1	13.49∶1	10.72∶1	11.44∶1

2017年，初中生师比由上年的12.62∶1上升为12.73∶1。广东省城市初中生师比为13.66∶1，明显高于农村的11.71∶1，如表3－11所示。初中生师比除了汕头、汕尾、东莞、江门、茂名和揭阳6市外，其他各市都在上升，可见，初中教师配置有待改善。（分地市初中阶段生师比详见附表2－8）

2. **山区、东翼、西翼地区义务教育教师学历层次提升较快，初中区域差距依然较大**

义务教育教师学历合格率保持在较高水平，城乡差距已不明显。2017年，小学及初中教师学历合格率为99.99%，小学教师未达到高中及以上学历人数为42人，初中教师未达到大专以上学历人数为110人。

义务教育高一级学历教师比例大幅提升。2017年，广东省小学大专及以上学历教师比例达到97.41%，比上年提高1.06%。其中，城市小学为99.03%，农村小学为95.57%，相差3.46%；分区域看，东翼和山区地区小学大专及以上学历教师比例提升较快，分别比上年提高1.61%和1.96%，如图3-9所示。分地市来看，广东省各市小学大专及以上学历教师比例均达到90%以上，其中深圳、中山、东莞和佛山高达99%以上。（分地市小学阶段大专及以上学历教师比例详见附表2-9）

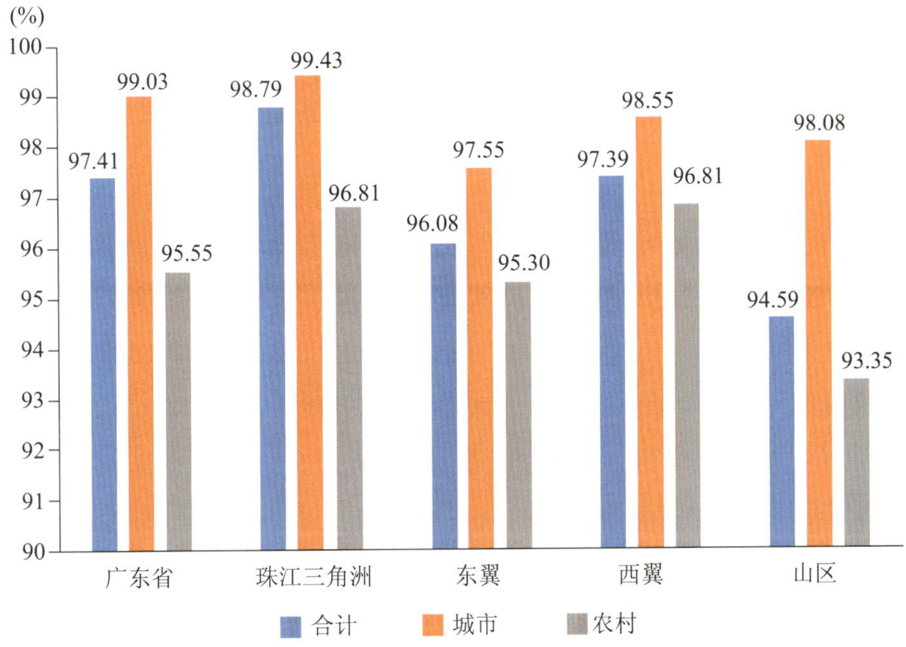

图3-9 2017年广东省分区域、分城乡小学大专及以上学历教师比例

2017年，广东省初中阶段本科及以上学历教师比例达到86.95%，比上年提高了4.17%。其中，城市初中为90.82%，农村初中为82.75%，相差8.07%，如图3-10所示。分区域看，东翼、西翼、山区初中本科及以上学历教师比例分别比上年提升3.35%、6.31%、5.62%，与珠江三角洲地区差异有所缩减，但整体来看，区域间差距依然较大。韶关、汕尾、潮州和揭阳4市初中教师该比例还未达到80%，而东莞、江门、肇庆、中山、佛山、珠海、深圳和广州达到了90%以上。（分地市初中阶段本科及以上学历教师比例详见附表2-10）

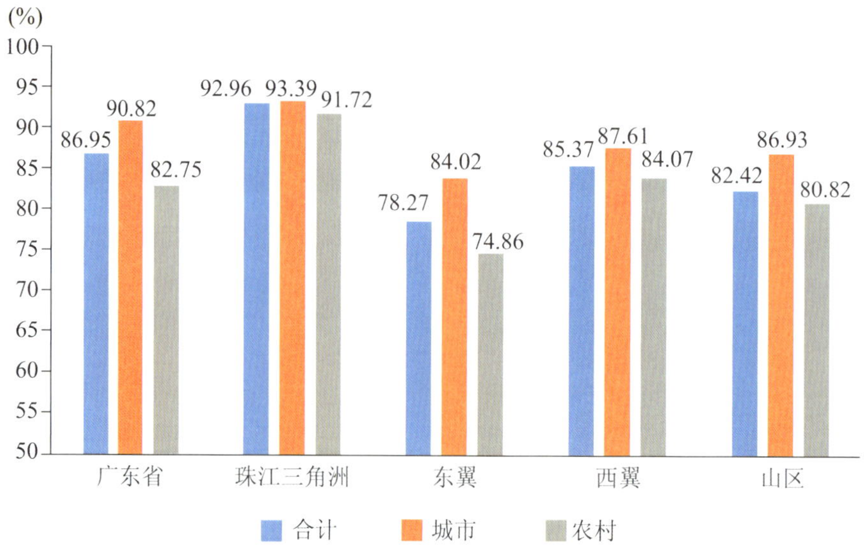

图3－10　2017年广东省分区域、分城乡初中本科及以上学历教师比例

3. 义务教育学校中级及以上职称教师比例变化较大，区域差距和城乡差距仍较大

2017年，广东省小学中级及以上职称教师比例为48.18%。其中城市小学为40.84%，农村小学为56.66%，相差15.82%。分区域看，珠江三角洲地区小学，中高级职称教师比例为34.73%，分别比东翼、西翼和山区低25.97%、25.76%和41.48%，珠江三角洲地区该指标农村比城市高出7.15%，如图3－11所示。分地市来看，韶关、河源、梅州、江门、阳江、肇庆、清远、潮州、

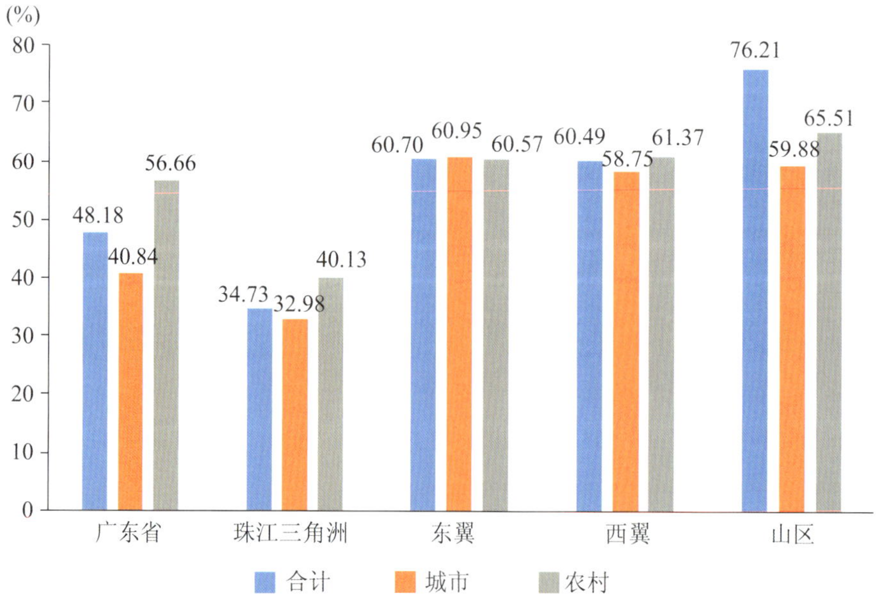

图3－11　2017年广东省分区域、分城乡小学中级及以上职称教师比例

揭阳和云浮 10 市中级及以上职称教师比例达到 60%。（分地市小学中级以上职称教师比例详见附表 2－11）

2017 年，广东省初中中级及以上职称教师比例为 60.83%，比上年上升 0.32%。其中城市初中为 58.26%，农村初中为 63.62%，相差 5.36%。分区域看，山区初中，中高级职称教师比例为 74.74%，分别比珠江三角洲、东翼和西翼高 16.12%、19.40% 和 16.59%，如图 3－12 所示。分地市来看，深圳和东莞 2 市初中中级及以上职称教师比例尚未达到 50%。（分地市初中中级及以上职称教师比例详见附表 2－12）

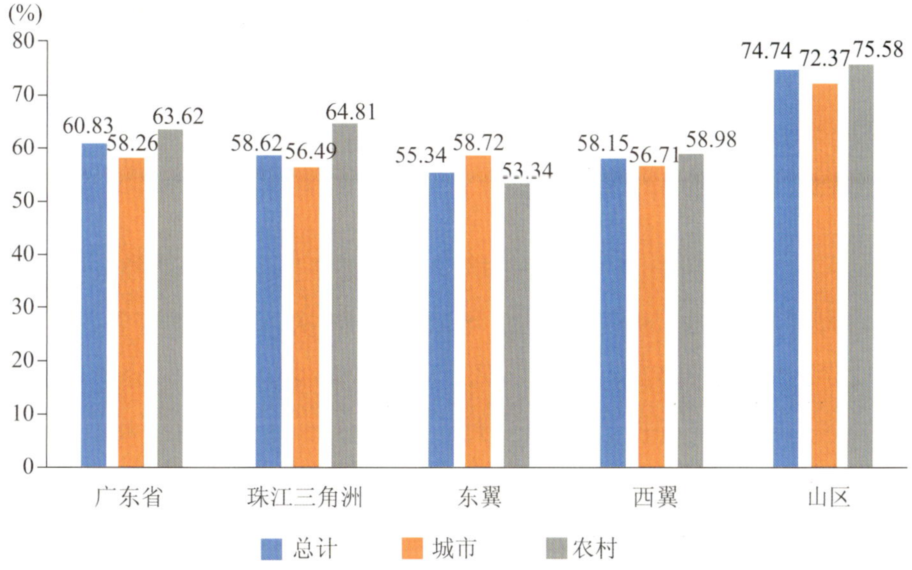

图 3－12　2017 年广东省分区域、分城乡初中中级及以上职称教师比例

4. 义务教育学校教师人均年培训次数有所增长，大部分培训时间在一个月以内，类型以校级和县级培训为主

2017 年，广东省小学教师人均年培训次数为 5.42 次，比上年减少 0.2 次，其中城市小学为 6.50 次，比上年减少 0.77 次，农村小学为 4.06 次，比上年增加 0.24 次，城乡差异仍然较大。分区域看，珠江三角教师人均年培训次数最高，为 7.10 次，东翼地区小学教师人均年培训次数最低，为 2.98 次，小学教师人均培训次数区域差异显著，如图 3－13 所示。

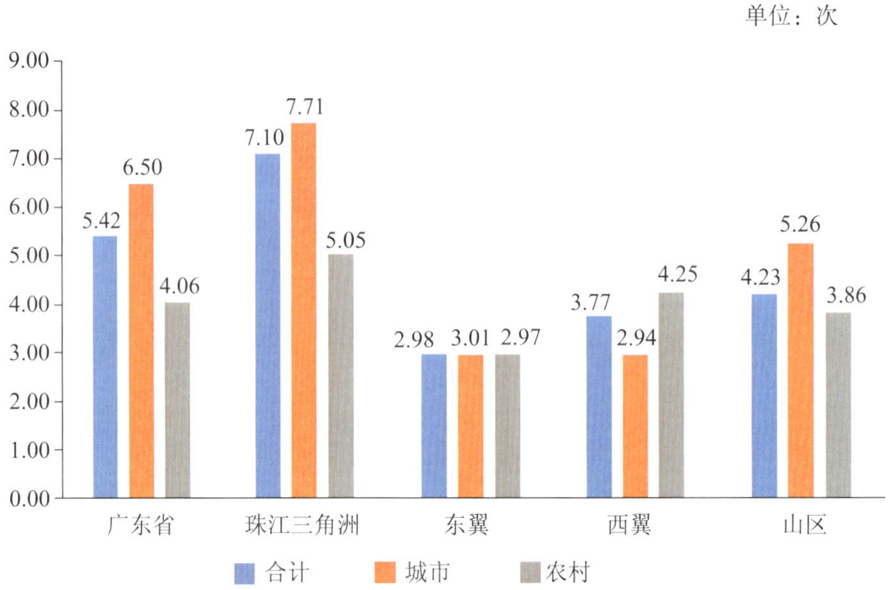

图 3－13　2017 年广东省分区域、分城乡小学教师人均年培训次数

2017 年，广东省初中教师人均年培训次数整体呈现下降趋势。广东省初中教师人均年培训次数为 3.43 次，比上年减少 1.49 次，城市初中为 3.44 次，比上年减少 2.42 次；农村初中为 3.42 次，比上年减少 0.45 次。分区域看，珠江三角洲地区初中教师培训次数降幅最大，为 3.98 次，比上年下降 2.63 次，东翼地区初中教师培训次数最低，仅为 2.27 次。分城乡看，西翼城乡初中教师培训次数差异最大，其他地区城乡差异不明显，如图 3－14 所示。

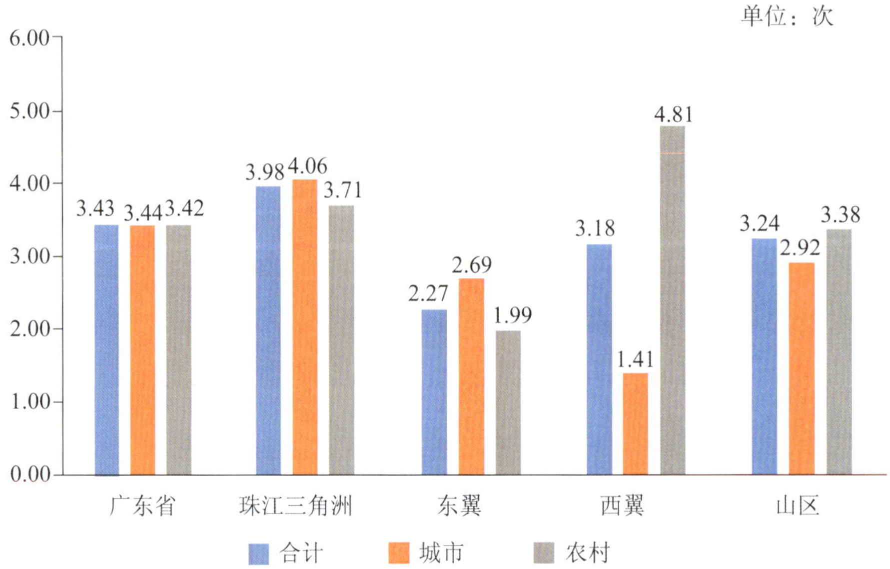

图 3－14　2017 年广东省分区域、分城乡初中教师人均年培训次数

从培训时间看，义务教育学校教师的培训主要是一个月以内的培训。2017年，全省小学教师接受一个月以内培训次数占培训总次数的比例为69.10%，初中为69.13%。分区域看，除西翼，珠江三角洲、东翼和山区初中教师培训中，一个月以内的培训所占比例均超过65%，其中山区初中教师培训中，一个月以内的培训所占比例均超过了80%，如表3－12所示。

表3－12 2017年广东省义务教育学校教师培训时间的分配情况（%）

地区	1个月以内	1至3个月	3个月至半年	半年至1年	1年及以上	合计
小学						
广东省	69.10	17.82	6.12	5.15	1.81	100
珠江三角洲	69.74	15.00	6.74	6.26	2.26	100
东翼	76.07	14.94	4.62	3.83	0.54	100
西翼	49.87	41.60	5.54	2.06	0.93	100
山区	78.22	13.29	4.44	2.96	1.09	100
初中						
广东省	69.13	18.83	6.62	4.15	1.27	100
珠江三角洲	69.95	15.56	7.83	4.81	1.85	100
东翼	77.52	11.44	3.80	6.87	0.37	100
西翼	48.01	43.06	6.71	1.75	0.47	100
山区	81.28	12.19	3.99	2.00	0.54	100

从培训类型看，义务教育学校教师的培训仍以校级、县级培训为主。2017年，全省小学教师接受校级培训次数占培训总次数的比例为49.74%，比上年下降1.74%，小学教师接受县级培训次数占培训总次数比例为27.85%，比上年下降0.49%。如图3－15所示。

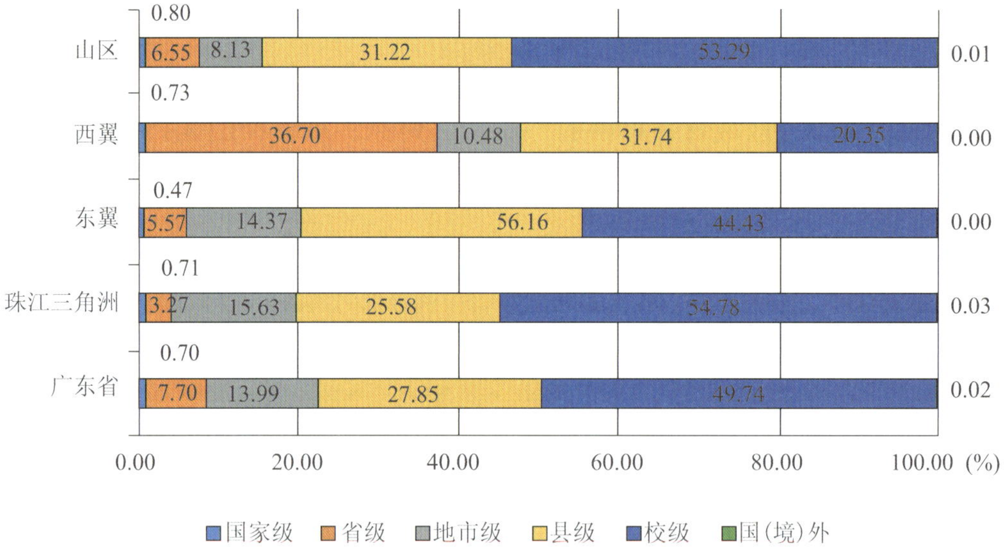

图 3－15　2017 年广东省小学教师培训类型的构成

2017 年，全省初中教师接受校级培训次数占培训总次数的比例为 44.39%，比上年下降 1.41%，初中教师接受县级培训次数占培训总次数的比例为 24.39%。比上年下降 0.17%。分区域看，除西翼，珠江三角洲、东翼和山区义务教育学校教师校级培训次数占培训总次数的比例均超过 40%。如图 3－16 所示。

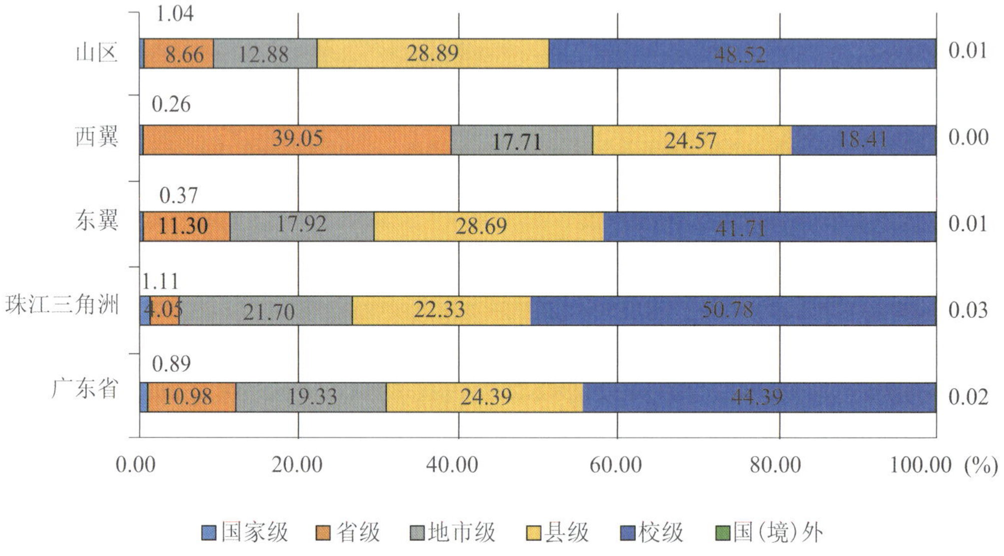

图 3－16　2017 年广东省初中教师培训类型的构成

五、义务教育学校办学条件变化情况

各级政府积极贯彻“新增教育经费主要用于农村”的政策，农村义务教育保障新机制顺利推进，农村义务教育投入大幅增加，农村小学、初中基本办学条件得到明显改善。但是，义务教育学校办学条件的城乡和区域差距依然较大。

1. 义务教育生均占地面积小学略有减少，初中有所增加

2017 年，广东省义务教育校舍总面积达到 427 216 411.50 平方米，比上年增加 20 458 094 平方米，增长 5.03%。其中小学生均占地面积为 25.07 平方米，初中生均占地面积为 53.66 平方米。分城乡看，无论是小学还是初中，农村义务教育的生均占地面积都高于城市。2017 年，广东省义务教育小学生均占地面积城市和农村分别为 17.14 平方米和 35.59 平方米。广东省义务教育初中生均占地面积城市和农村分别 43.12 平方米和 67.01 平方米，如表 3 – 13 所示。

表 3 – 13　2016—2017 年广东省义务教育分城乡生均占地面积情况

单位：平方米

项目	年份				增长	
	2016		2017			
	小学	初中	小学	初中	小学	初中
占地总面积	230 898 213.20	175 860 104.30	236 117 764.80	191 098 646.70	5 219 551.60	15 238 542.40
生均占地面积	25.51	50.56	25.07	53.66	−0.44	3.10
城市占地面积	89 006 845.04	82 481 947.95	92 111 972.51	85 753 381.84	3 105 127.47	3 271 433.89
城市生均占地面积	17.36	43.27	17.14	43.12	−0.22	−0.15
农村占地面积	141 891 368.20	93 378 156.34	144 005 792.30	105 345 264.90	2 114 424.10	11 967 108.56
农村生均占地面积	36.13	59.39	35.59	67.01	−0.54	7.62

分区域来看，广东省生均占地面积比去年略有上升，其中东翼和山区地区均略有减少，分别比上年减少0.21平方米和2.00平方米，珠江三角洲和西翼地区略有增加，分别比上年增加4.77平方米、3.63平方米，如图3－17所示。

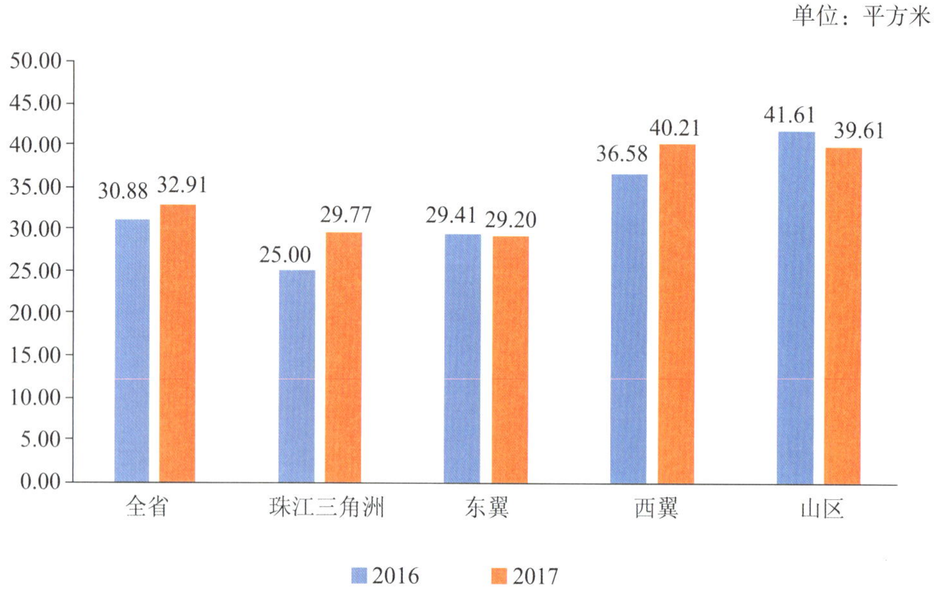

图3－17　2016—2017年广东省分区域义务教育生均占地面积变化情况

分地市来看，2017年广东省小学分地市义务教育生均占地面积，相比上年有增有减，如表3－14所示。其中生均占地面积减少超过1平方米的地市有湛江、韶关、云浮和清远4市。生均占地面积与上年相比有所增加的城市为汕尾、河源、珠海、深圳、惠州、茂名和潮州。（分地市义务教育小学生均占地面积情况详见附表2－13）

表3－14　2017年广东省分地市义务教育小学生均占地面积变化情况

单位：平方米

增长范围	地　市						
0以上	河源	珠海	深圳	惠州	茂名	汕尾	潮州
－1～0	肇庆 阳江	揭阳 汕头	广州 梅州	中山	江门	佛山	东莞
－1以下	韶关	云浮	湛江	清远			

2017年，广东省初中分地市义务教育生均占地面积，相比上年有所增加。

如表 3－15 所示。其中，生均占地面积增加超过 10 平方米的地市有东莞、深圳、佛山和中山，生均占地面积减少的地市有 10 个市。（分地市义务教育初中生均占地面积情况详见附表 2－14）

表 3－15 2017 年广东省分地市义务教育初中生均占地面积变化情况

单位：平方米

增长范围	地市					
10 以上	东莞	深圳	佛山	中山			
0～10	云浮	广州	汕头	江门	阳江	茂名	惠州
－5～0	湛江	珠海	揭阳	清远	肇庆		
－5 以下	潮州	汕尾	韶关	河源	梅州		

2. 义务教育寄宿生人数有所增加，生均宿舍面积比上年有所减少

2017 年，广东省小学寄宿生规模达 44.16 万人，比上年增加 2.87 万人，增长 6.95%；小学寄宿生占在校生的比例为 4.96%，小学城市寄宿生占小学寄宿生的比例为 53.43%。广东省小学寄宿生生均宿舍面积为 15.24 平方米，与上年相比，增加了 0.33 平方米，符合《广东省义务教育规范化学校标准（试行）》生均 4 平方米的标准。其中，西翼地区生均宿舍面积最低，为 9.57 平方米，比东翼地区少 23.73 平方米，地区间差异仍较大，如图 3－18 所示。

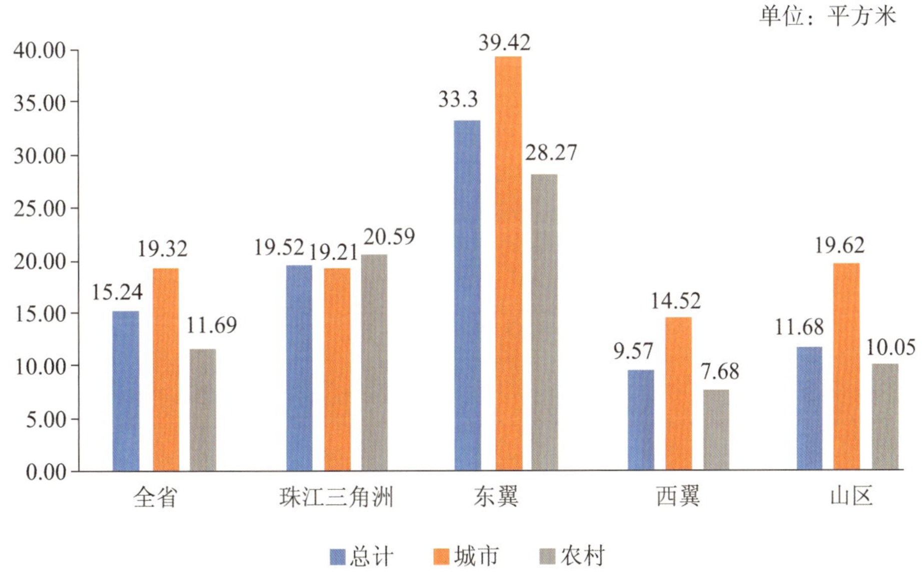

图 3－18 2017 年广东省分区域、分城乡小学寄宿生生均宿舍面积

分地市来看，小学生均宿舍面积最高的是汕头，最低的是云浮，为4.08平方米，除云浮，其他各市均达到4.5平方米以上。分地市情况如表3-16所示。（分地市小学寄宿生生均住宿面积详见附表2-15）

表3-16　2017年广东省部分地区小学寄宿生生均住宿面积变化情况

单位：平方米

增长范围	地市
10以上	梅州　肇庆
0～10	汕头　韶关　湛江　佛山　东莞　清远　茂名　阳江
-10～0	潮州　河源　中山　云浮　汕尾　惠州　揭阳　广州
-10以下	珠海　深圳　江门

2017年，广东省初中寄宿生规模达128.39万人，比上年增加10.38万人，增加8.80%。初中寄宿生占在校生的比例为39.91%，初中城市寄宿生占初中寄宿生比例为46.08%。广东省初中寄宿生生均宿舍面积为11.59平方米，比上年减少0.26平方米，符合《广东省义务教育规范化学校标准（试行）》中规定的生均4.5平方米的标准。其中西翼8.79平方米，比东翼地区少10.41平方米，区域差异显著，如图3-19所示。

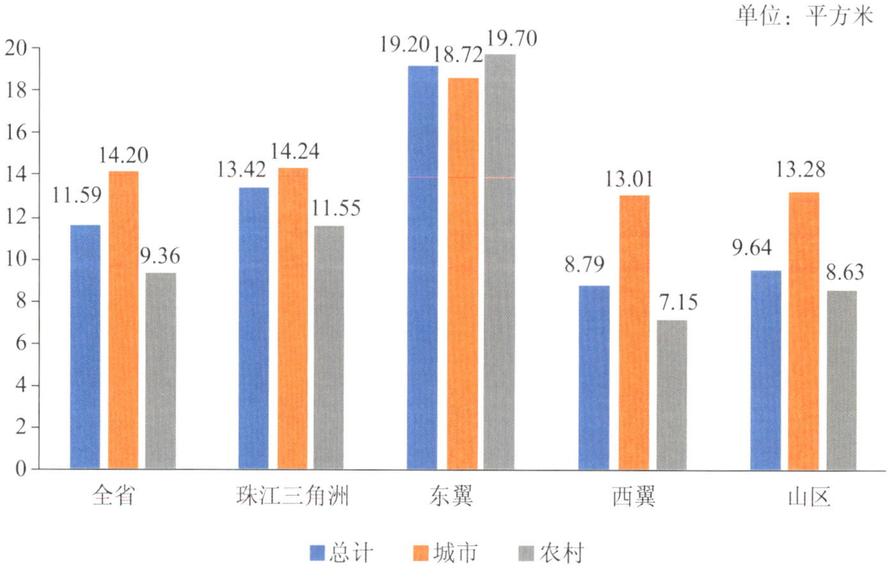

图3-19　2017年广东省分区域、分城乡初中寄宿生生均宿舍面积

分地市来看，佛山、韶关、河源、阳江、清远、茂名和云浮等市初中生均宿舍面积未达到10平方米以上，其他地市均达到4.5平方米以上；与上年相比，梅州、江门、潮州、佛山和茂名初中寄宿生宿舍面积略有上升。如表3－17所示。（分地市初中阶段寄宿生生均住宿面积详见附表2－16）

表3－17 2017年广东省部分地区初中寄宿生生均住宿面积变化情况

单位：平方米

增长范围	地市						
0以上	梅州	江门	潮州	佛山	茂名		
－1～0	惠州 清远	河源	东莞	湛江	阳江	云浮	韶关
－1以下	广州	中山	揭阳	汕头	肇庆	汕尾	珠海	深圳

3. 义务教育运动场地面积总体有所增加，各区域生均运动场地面积有增有减

2017年，广东省义务教育生均运动场地面积为10.03平方米，比上年减少0.07平方米。其中，广东省义务教育小学生均运动场地面积为8.50平方米，比上年减少0.03平方米；初中生均运动场地面积为14.65平方米，比上年增加0.22平方米。

分城乡看，无论是小学还是初中，城市义务教育的生均运动场地面积都低于农村。2017年，广东省小学城市义务教育生均运动场地面积为6.05平方米，比上年增加0.15平方米；初中城市生均运动场地面积为13.67平方米，比上年增加0.84平方米；小学农村义务教育生均运动场地面积为11.76平方米，比上年减少0.05平方米；初中农村义务教育生均运动场地面积为16.62平方米，比上年增加0.24平方米。如表3－18所示。

表3－18　2016—2017年广东省分城乡义务教育生均运动场地面积变化情况

单位：平方米

项　目	年　份				增　长	
	2016年		2017年			
	小学	初中	小学	初中	小学	初中
运动场地占地面积	76 643 092. 15	50 215 281. 73	80 092 406. 14	52 117 560. 75	3 449 313. 99	1 902 279. 02
生均运动场地面积	8. 47	14. 43	8. 50	14. 65	0. 03	0. 22
城市运动场地面积	30 258 506. 21	24 458 790. 27	32 488 702. 75	26 049 242. 31	2 230 196. 54	1 590 452. 04
城市生均运动场地面积	5. 90	12. 83	6. 05	13. 67	0. 15	0. 84
农村运动场地面积	46 384 585. 93	25 756 497. 46	47 603 703. 39	26 128 318. 43	1 219 117. 46	371 820. 97
农村生均运动场地面积	11. 81	16. 38	11. 76	16. 62	－0. 05	0. 24

分区域来看，除山区，广东省义务教育生均运动场地面积略有上升。2017年，西翼小学生均运动场地面积最高，为11. 22平方米，比上年增加0. 04平方米；山区初中生均运动场地面积最高，为17. 68平方米，比上年减少0. 57平方米；珠三角地区小学最少，为6. 84平方米，比上年增加0. 12平方米。如表3－19所示。

表 3 - 19 2016—2017 年广东省义务教育生均运动场地面积变化情况

单位：平方米

地区	年份				增长	
	2016 年		2017 年			
	小学	初中	小学	初中	小学	初中
广东省	8.47	14.44	8.50	14.65	0.03	0.21
珠三角	6.72	14.17	6.84	14.41	0.12	0.24
东翼	8.74	12.21	8.75	12.47	0.01	0.26
西翼	11.18	14.06	11.22	14.58	0.04	0.52
山区	11.39	18.25	11.19	17.68	-0.20	-0.57

分地市来看，2017 年，广东省义务教育小学生均运动场地面积与上年相比，只有深圳、珠海、潮州、梅州、湛江、茂名和东莞 7 市有增加（表 3 - 20），深圳小学生均运动场地面积增幅最大，增加了 1.21 平方米，其他地市都有所减少，清远小学生均运动场地面积降幅最大，减少了 0.56 平方米。（分地市义务教育小学生均运动场地面积情况详见附表 2 - 17）

表 3 - 20 2017 年广东省分地市义务教育小学生均运动场地面积变化情况

单位：平方米

增长范围	地市									
0.3 以上	潮州	梅州	深圳							
0 ～ 0.3		茂名	湛江	东莞	珠海					
-0.3 ～ 0	揭阳		阳江	江门	汕尾	惠州	河源	佛山	汕头	广州
-0.3 以下	云浮	清远	肇庆	中山	韶关					

2017 年，广东省义务教育初中生均运动场地面积与去年相比有增有减，其中，生均运动场地面积增加的有深圳、茂名、汕头、湛江、揭阳、广州、珠海、惠州、肇庆和梅州 10 市；生均运动场地面积减少 0.5 平方米以上的有佛山、河源、韶关、江门和中山 5 市。如表 3 - 21 所示。（分地市义务教育初中生均运动场地面积情况详见附表 2 - 18）

表3－21　2017年广东省分地市义务教育初中生均运动场地面积变化情况

单位：平方米

增长范围	地市						
0以上	深圳	茂名	汕头	湛江	揭阳	广州	珠海
	惠州	肇庆	梅州				
0～－0.5	汕尾	潮州	阳江	东莞	清远	云浮	
－0.5以下	佛山	河源	韶关	江门	中山		

4. 义务教育生均图书数较上年有所增长

2017年，广东省义务教育图书总藏量为510 747 986册，比上年增加约4.24千万册，增长9.05%；其中，小学增加约1.47千万册，初中增加约2.77千万册；广东省义务教育生均图书数也有所增加，比上年增加1.96册；其中，小学增加0.43册，初中增加6.41册。

分城乡来看，小学和初中城市义务教育的生均图书数略低于农村。2017年，广东省小学城市义务教育生均图书数为29.41册，比上年增加0.36册；初中城市义务教育生均图书数为64.29册，比上年增加0.75册。小学农村义务教育生均图书数为29.48册，比上年增加0.52册；初中农村义务教育生均图书数为54.75册，比上年增加0.93册。如表3－22所示。

表3－22　2016—2017年广东省分城乡义务教育生均图书情况

单位：册

项目	年份				增长	
	2016年		2017年			
	小学	初中	小学	初中	小学	初中
图书总藏量	262 605 665	205 739 631	277 284 699	213 927 851	14 679 034	8 188 220
生均图书	29.01	59.15	29.44	60.08	0.43	0.93
城市图书	148 882 057	121 119 785	158 006 335	127 853 392	9 124 278	6 733 607
城市生均图书	29.05	63.54	29.41	64.29	0.36	0.75
农村图书	113 723 608	84 619 846	119 278 364	86 074 459	5 554 756	1 454 613
农村生均图书	28.96	53.82	29.48	54.75	0.52	0.93

分区域来看，2017 年广东省义务教育生均图书数，东翼和西翼小学和初中生均图书数均呈上升态势；其中，东翼地区小学和初中生均图书数增幅最大；珠江三角洲小学生均图书数增幅最小，初中生均图书数减少了 0.26 册。此外，山区小学生均图书数最高，为 30.00 册；珠三角地区初中生均图书数最高，为 63.10 册。如表 3－23 所示。

表 3－23 2016—2017 年广东省分区域义务教育生均图书情况

单位：册

地区	年份				增长	
	2016		2017			
	小学	初中	小学	初中	小学	初中
广东省	29.01	59.15	29.44	60.08	0.43	0.93
珠三角	29.69	63.36	29.89	63.10	0.20	-0.26
东翼	28.24	57.08	29.35	60.21	1.11	3.13
西翼	26.82	53.24	27.46	55.51	0.64	2.27
山区	29.73	55.78	30.00	55.83	0.27	0.05

从各地市来看，2017 年广东省各地市义务教育小学生均图书数与上年相比有增有减。如表 3－24 所示。其中，生均图书增加数超过 1 册的地市有汕头、潮州、河源和湛江 4 市；生均图书数与上年相比有所减少的地市为江门、中山、广州、清远和珠海 5 市。（分地市义务教育小学生均图书情况详见附表 2－19）

表 3－24 2017 年广东省分地市义务教育小学生均图书情况

单位：册

增长范围	地市
1 册及以上	汕头 潮州 河源 湛江
0～1 册	阳江 揭阳 东莞 梅州 深圳 汕尾 茂名 云浮 佛山 惠州 韶关 肇庆
0 册及以下	江门 中山 广州 清远 珠海

2017 年，广东省初中分地市义务教育生均图书数，相比上年均有所增加，

其中，生均图书增加数超过 4 册的地市有汕头和茂名 2 市，生均图书减少超过于 1 册的地市有汕尾、阳江、韶关、惠州和中山 5 市。如表 3－25 所示。（分地市义务教育初中生均图书情况详见附表 2－20）

表 3－25　2017 年广东省分地市义务教育初中生均图书变化情况

单位：册

增长范围	地　市							
4 以上	汕头	茂名						
0～4	深圳	东莞	肇庆	湛江	河源	梅州	潮州	揭阳
0～－1	广州	珠海	佛山	云浮	江门	清远		
－1 以下	汕尾	阳江	韶关	惠州	中山			

5. 义务教育生均教学仪器设备值有所减少，城乡差距依然较大

2017 年，广东省小学生均教学仪器设备值为 2215.46 元（图 3－20），比上年增加 156.58 元，其中，城市小学比上年增加 193.00 元，农村小学则比上年增加 98.95 元。分区域来看，东翼、珠江三角洲地区、西翼、山区均比上年有所增加。

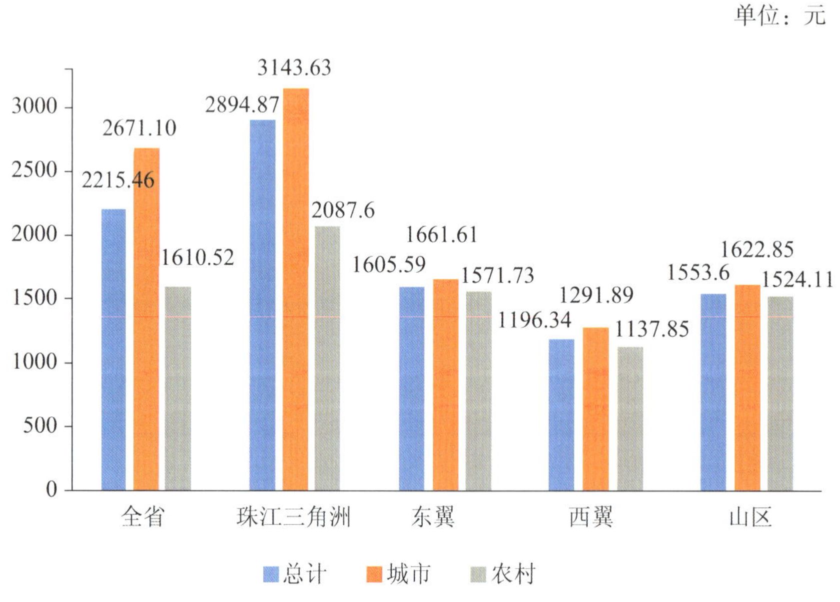

图 3－20　2017 年小学分区域、分城乡生均教学仪器设备值

分地市来看，深圳小学生均教学仪器设备值最高，为 5 222.73 元，除惠

州、茂名和东莞之外，其他各地市均比上年有所增加（表3－26），增幅最大的是深圳市，增加了725.02元。（分地市小学生均仪器设备值详见附表2－21）

表3－26　2017年广东省分地市小学教学仪器设备值变化情况

单位：元

增长范围	地　市							
200以上	阳江	深圳	汕头	中山	梅州			
100～200	肇庆	潮州	江门	韶关	湛江			
0～100	揭阳	云浮	佛山	清远	珠海	河源	汕尾	广州
0以下	惠州	茂名	东莞					

2017年，广东省初中生均教学仪器设备值为4830.39元。分区域来看，各区域初中生均教学仪器设备值都有所增加，其中，珠三角区域各市初中生均教学仪器设备值都很高。如图3－21所示。

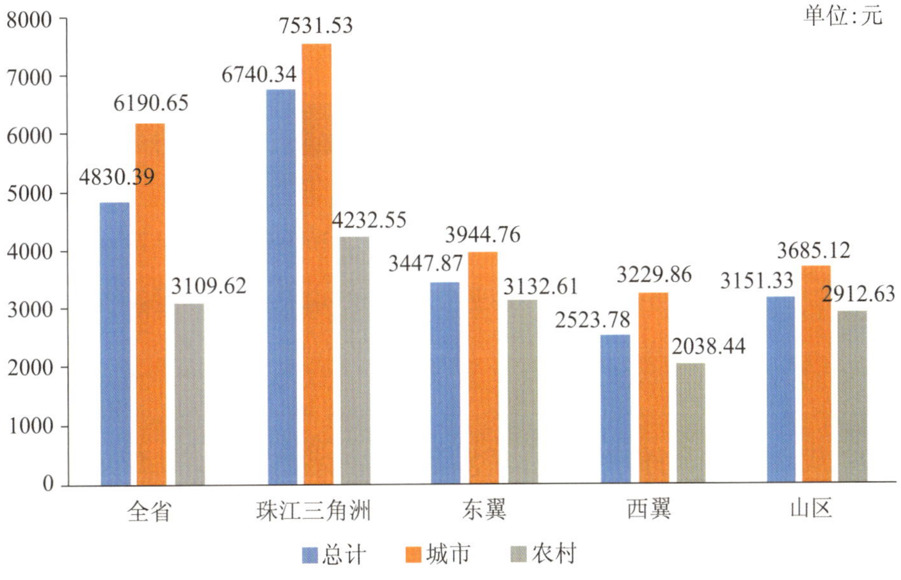

图3－21　2017年初中分区域、分城乡生均教学仪器设备值

分地市来看，各市初中生均教学仪器设备值与去年相比有增有减，分地区情况如表3－27所示。（分地市初中阶段生均仪器设备值详见附表2－22）。

表 3－27　2017 年广东省分地市初中教学仪器设备值变化情况

单位：元

增长范围	地市
400 以上	阳江　梅州　汕头　深圳
100～400	江门　佛山　肇庆　揭阳　惠州　茂名　韶关　汕尾　潮州　中山　广州
0～100	河源　湛江　清远
0 以下	云浮　珠海　东莞

6. 义务教育信息化水平逐步提高，区域间仍存在一定差距

小学、初中每百名学生拥有计算机台数不断增加，地区间差异有所缩小。2017 年，广东省小学每百名学生拥有计算机台数由上年的 15.14 台增加为 19.93 台，初中由上年的 28.37 台增加为 36.93 台，如表 3－28 所示。

表 3－28　广东省每百名学生拥有计算机台数

单位：台

地区	2016 年		2017 年		增长率（%）	
	小学	初中	小学	初中	小学	初中
广东省	15.14	28.37	19.93	36.93	4.79	8.56
珠三角	14.92	32.38	18.94	40.95	4.02	8.57
东翼	18.79	28.32	23.99	37.18	5.20	8.86
西翼	12.93	20.96	19.86	29.51	6.93	8.55
山区	14.28	24.98	19.21	32.61	4.93	7.63

分地市看，各地市小学每百名学生拥有计算机台数均在 15 台以上，其中，深圳市最高，为 27.44 台，东莞最低，仅为 15.08 台，与上年相比，各地市均有所增加（表 3－29）。另外，初中每百名学生拥有计算机台数均在 25 台以上，其中深圳市最高，为 68.03 台，与上年相比，各地市除中山市有所减少以外，其他地市均有所增加，如表 3－30 所示。（分地市义务教育学校每百名学生拥有教学用计算机台数详见附表 2－23）

表 3－29 2017 年小学分地市每百名学生拥有教学用计算机变化情况

单位：台

增长范围	地市						
5 以上	汕头	汕尾	韶关	揭阳	清远	深圳	肇庆
	梅州						
3～5	广州	阳江	佛山	东莞	江门	湛江	
0～3	潮州	云浮	中山	河源	珠海	茂名	惠州

表 3－30 2017 年初中分地市每百名学生拥有教学用计算机台数增减情况

单位：台

增长范围	地市						
10 以上	广州	汕头	阳江	深圳			
6～10	东莞	清远	揭阳	河源	韶关	云浮	珠海
6 以下	湛江	潮州	汕尾	佛山	肇庆	江门	惠州
	中山						

7. 义务教育大班额问题得到一定程度地缓解，小学与初中均达到省规范化学校标准

2017 年，广东省义务教育平均班额为 41 人，与上年持平。分区域看，珠江三角洲平均班额最大，为 45 人，西翼平均班额最小，为 37 人。与 2016 年相比，各地区平均班额均与上年持平，其中西翼减少 4 人。如表 3－31 所示。

2017 年，广东省小学平均班额为 39 人，与上年持平，达到了广东省义务教育规范化学校标准规定的小学班额不超过 46 人的标准。分区域看，西翼小学平均班额最小，为 34 人，珠江三角洲地区平均班额最大，为 44 人，区域差距较大。与 2016 年相比，珠江三角洲和东翼都与去年持平，西翼减少了 4 人，山区比上年增加 1 人。

2017 年，广东省初中平均班额为 46 人，已达到广东省义务教育规范化学校标准规定的不超过 50 人的标准。分区域看，西翼、东翼、山区与去年持平，珠江三角洲增加 1 人。

表3－31　义务教育平均班额统计情况

单位：人

地区	2016年			2017年		
	小学	初中	合计	小学	初中	合计
广东省	39	45	41	39	46	41
珠江三角洲	44	45	45	44	46	45
东翼	35	45	38	35	45	38
西翼	38	47	41	34	47	37
山区	35	45	37	36	45	38

城区及镇区大班额现象仍较普遍，东翼和西翼地区尤为突出。2017年，全省小学大班额数为0.78万，其中城区6447个，镇区1105个，乡村237个。全省小学56人及以上大班额的比例为3.26%，与上年相比，轻微下降了0.61%。其中，城市为5.40%，农村为1.12%。如表3－32所示。

表3－32　2017年义务教育阶段大班额比例（%）

地区	小　学			初　中		
	城市	农村	合计	城市	农村	合计
广东省	5.40	1.12	3.26	3.27	0.80	2.16
珠江三角洲	6.45	2.89	5.51	4.65	1.47	3.88
东翼	0.57	0.04	0.21	0.00	0.02	0.01
西翼	3.35	0.00	1.03	3.49	0.00	0.35
山区	6.16	1.54	2.63	0.96	0.74	0.80

分区域看，珠江三角洲地区小学大班额比例最高，为5.51%。与2016年相比，珠三角城市大班额比例下降最多，为0.81%。分地市来看，深圳、韶关、河源、江门和肇庆5市小学大班额比例增加，各地市变化情况有增有减。（分地区小学大班额比例详见附表2－24）

2017年，全省初中大班额数为0.17万，其中城区2392个，镇区216个，乡村27个。全省初中56人及以上大班额比例为2.16%，比上年降低了0.16%，其中城区为4.61%，镇区为1.96%，乡村为1.27%。分区域看，珠三角的比例最高，为3.88%，东翼最低，为0.01%。与2016年相比，珠江三角洲和西翼初中大班额比例减少，东翼和山区初中大班额比例增加。城市大班额现象突出，也反映出义务教育资源配置的均衡问题仍有待改进。分地市来看，东莞大班额比例达10%以上，中山、肇庆、汕头、汕尾、潮州、揭阳、广州、湛江、茂名、梅州、清远等市该比例则低至1%以下。（分地市初中阶段大班额比例详见附表2－25）

六、小结

《广东省教育发展“十三五”规划》指导引领全省各级各类教育的健康发展，是全省教育改革与发展的纲领性文件。在“十三五”规划的统领下，2017年广东省义务教育的发展在办学规模、办学条件、办学质量和师资队伍建设等方面已取得一定成果。

首先，办学规模方面，2017年，中小学在校生数1298万人，已提前达到“十三五”规划中“2018年义务教育在校生数达到1280万人”的目标；小学适龄儿童入学率为103.15%，已提前达到“2018年小学适龄儿童入学率99.99%的”目标；小学五年保留率为100.16%，超额完成98.50%的阶段性目标。随着适龄人口规模结构的改变、人口生育政策的调整、新型城镇化加快推进，我省中小学在校生人数呈增长趋势。但东翼和西翼初中在校生人数有所下降。“十三五”规划中提出，实现基本公共教育服务均等化。要坚持九年义务教育，实现城乡义务教育均衡发展。实现县域均衡，建立健全“以县为主”的义务教育发展责任制，基本均衡县比例达100%，探索市域义务教育均衡发展，推进义务教育现代化学校建设。

其次，办学条件方面，“十三五”规划中提出“合理配置教育资源，科学规划义务教育学校设置，全面提升义务教育学校办学条件，有效扩大城镇教育资源，解决‘大班额’问题。”2017年，义务教育生均占地面积、生均图书和生均仪器设备值小学都偏少，小学教育资源比较紧缺；广东省小学和初中大班额比例都有所下降，小学大班额比例减少了0.61%，初中减少了0.16%，义务教育大班额问题得到一定程度的缓解；小学、初中每百名学生拥有的计算机台数不断增加，义务教育信息化水平快速提高，大力推进义务教育现代化学校建设；义务教育城乡差距较大，义务教育均衡优质标准化水平有待继续提升。

最后，师资队伍建设方面，小学专任教师50.78万人，小学生师比为

16.24∶1，初中专任教师27.98万人，初中生师比为12.73∶1，中小学教师配置有待完善，需要进一步落实“十三五”规划中提出的深入实施中小学新一轮“百千万人才培养工程”。义务教育学校教师人均培训次数偏低，小学教师人均培训次数为5.42次，初中教师人均培训次数为3.43次，培训时间在一个月以内，以校级和县级培训为主，培训质量不高。“十三五”规划中提出“促进教师教育和教师专业发展。深化教师教育改革，推进教师职前教育与职后专业发展有效衔接。”目前，义务教育教师培训仍需加强，教师专业化发展有待提升。

第四部分　高中阶段教育

2017 年广东省全面落实《国家教育规划纲要》《省教育规划纲要》，进一步普及高中教育的目标，高中教育普及水平稳定提升，高中办学条件得到进一步改善，图书数量和设备资产得到进一步提高，招生规模有所减少，全省高中阶段[1]教师数量和质量都得到提升。总体来说，高中阶段教育普及水平进一步提高。随着学龄人口的减少，整体规模略有减少，中职教育在校生明显减少，地区间高中教育发展的均衡性仍有待提高。

一、高中阶段教育规模与普及水平发展情况

1. 高中阶段招生规模有所减少

2017 年，全省高中阶段教育共招生 93.37 万人，比上年减少 6.15 万人，下降 6.18%。如表 4－1 所示。

表 4－1　2016 年、2017 年广东省分区域高中阶段教育招生规模变化情况

单位：万人

地区	2016 年	2017 年	增加	增长率（%）
广东省	99.52	93.37	－6.15	－6.18
珠江三角洲	47.41	45.23	－2.18	－4.60
东翼	18.92	16.92	－2.00	－10.57
西翼	17.46	16.13	－1.33	－7.62
山区	15.59	14.96	－0.63	－4.04
附设中职班	0.14	0.12	0.02	－14.29

分区域来看，2017 年全省高中阶段教育招生规模均有所下降。其中，东翼地区高中阶段教育招生 16.92 万人，比上年减少 10.57%，降幅最大；山区高中阶段教育招生 14.96 万人，比上年减少 0.63 万人，降幅为 4.04%，珠江三

① 无特殊说明，本文中高中阶段教育包括普通高中和中等职业教育（未含技工学校）

角洲地区高中教育阶段招生 45.23 万人，比上年减少 2.23 万人，降幅为 4.60%，这两个地区的高中教育阶段招生规模降幅均低于全省平均水平；西翼高中阶段教育招生规模比上年减少 7.62%，降至 16.13 万人。

分地市来看，全省 21 个地市，除中山市和韶关市 2 个地市外，高中阶段教育招生规模均有所减小。其中，汕尾市降幅最大，达到 13.34%；深圳市高中阶段教育招生规模与上年基本持平（分地市高中阶段教育规模变化情况详见附表 3－1）。

2017 年，全省普通高中教育招生人数为 61.14 万人，比上年减少 3.19 万人，下降 4.96%。如表 4－2 所示。

分区域看，2017 年全省各区域普通高中教育招生规模均有所减少。其中，珠江三角洲普通高中教育招生人数在各区域中最多，为 27.05 万人，比上年减少了 6303 人，下降 2.28%；东翼地区普通高中教育招生为 12.31 万人，比上年减少 8257 人；西翼地区普通高中教育招生为 11.41 万人，比去年减少 12 274 人，减幅最大。山区地区普通高中教育招生规模在各区域中最小，招生数为 10.37 万人，比上年减少 5075 人，下降 4.66%。

分城乡看，2017 年全省城区普通高中教育招生 42.60 万人，比上年减少 1.62 万人，下降 3.67%；镇区及乡村普通高中教育招生 18.54 万人，比上年减少 1.57 万人，下降 7.81%，下降幅度明显大于城区。

表 4－2　2017 年广东省普通高中教育招生规模变化情况

单位：万人

地区	2017 年			比上年增长（%）		
	城区	镇区及乡村	合计	城区	镇区及乡村	合计
广东省	42.60	18.54	61.14	－3.67	－7.81	－4.96
珠江三角洲	22.44	4.61	27.05	－0.61	－9.64	－2.28
东翼	6.73	5.58	12.31	－4.76	－8.06	－6.29
西翼	8.53	2.88	11.41	－10.05	－8.70	－9.72
山区	4.89	5.48	10.37	－3.79	－5.44	－4.66

2017 年，全省中等职业教育招生人数为 32.23 万人，比上年减少 2.96 万人，下降 8.41%。

分区域看，2017 年全省各区域中等职业教育招生规模均有所下降。其中，东翼地区中等职业教育招生人数为4.61万人，比上年减少1.18万人，下降20.38%，下降幅度在各区域中最大。西翼地区中等职业教育招生人数为4.73万人，比上年减少0.10万人，下降2.07%，下降幅度在各区域中最小。如表4-3所示。

表4-3　2016年、2017年广东省中等职业教育招生规模变化情况

单位：万人

地区	2016年	2017年	增长数量	增长率（%）
广东省	35.19	32.23	-2.96	-8.41
珠江三角洲	19.73	18.18	-1.55	-7.84
东翼	5.79	4.61	-1.18	-20.38
西翼	4.83	4.73	-0.10	-2.07
山区	4.71	4.58	-0.13	-2.76
附设中职班	0.13	0.13	-0.00	-0.00

2017年，全省中等职业教育学校共招收农民学生153人，同比上年人数大幅下降。其中汕头市招收57人，深圳市招生4人，清远市招收4人，潮州市招收82人，包括广州市在内的17个地市并未招收农民学生。

2. 高中阶段教育在校生规模比上年有所减少

2017年，高中阶段教育在校生总规模为288.65万人，比上年减少15.30万人，下降了5.03%。

分区域来看，2017年全省各区域高中阶段教育在校生规模均有所减小。其中，东翼地区在校生规模为57.03万人，比上年减少5.21万人，下降8.38%，在所有区域降幅最大；降幅最小的地区为珠江三角洲地区，其在校生规模为136.62万人，比上年减少4.21人，下降2.99%。如表4-4所示。

表4-4　2016年、2017年广东省分区域高中阶段在校生规模变化情况

单位：万人

地区	2016年	2017年	增长数量	增长率（%）
广东省	303.95	288.65	-15.30	-5.03
珠江三角洲	140.83	136.62	-4.21	-2.99

续上表

地区	2016 年	2017 年	增长数量	增长率（%）
东翼	62.24	57.03	-5.21	-8.38
西翼	53.52	50.05	-3.47	-6.48
山区	46.96	44.57	-2.39	-5.09
附设中职班	0.40	0.38	-0.02	-5.00

分地市来看，全省21个地市高中阶段教育在校生规模除深圳市、东莞市外均有所减少。降幅最大的是揭阳市，比上年下降10.27%，中山市在校生规模比上年下降0.91%，降幅最小。

2017年，全省普通高中在校生规模为189.27万人，比上年减少8.1万人，下降4.11%，如表4-5所示。

表4-5　2017年广东省分区域分城乡普通高中教育在校生规模变化情况

单位：万人

地区	2017 年			比上年增长（%）		
	城区	镇区及乡村	合计	城区	镇区及乡村	合计
广东省	130.24	59.03	189.27	-2.81	-6.84	-4.11
珠江三角洲	67.18	14.26	81.44	0.44	-6.81	-0.91
东翼	20.94	18.13	39.07	-5.21	-7.32	-6.20
西翼	27.19	9.87	37.06	-7.64	-7.77	-7.67
山区	14.94	16.75	31.69	-4.27	-5.78	-5.08

分区域看，2017年全省各区域普通高中教育在校生规模均有不同程度的减少。其中，山区地区普通高中教育在校生规模最小，为31.69万人，比上年减少1.69万人，下降5.08%；在各区域中西翼地区下降幅度最大，其普通高中教育在校生规模为37.06万人，比上年减少3.08万人，下降7.67%；下降幅度最小的是珠江三角洲地区，其普通高中教育在校生人数为81.44万人，比上年减少7465人，下降0.91%。（分地市高中教育学生规模变化情况详见附表3-2）

分城乡看，2017年全省城区普通高中教育在校生规模为130.24万人，比上年减少3.77万人，减少了2.81%；镇区及乡村普通高中教育在校生规模为

59.03 万人，比上年减少 4.33 万人，下降 6.84%。

2017 年，全省中等职业教育在校生规模为 99.39 万人，比上年减少 7.20 万人，下降 6.75%。如表 4－6 所示。

分区域看，2017 年全省各区域中等职业教育在校生规模均有所下降。其中，东翼中等职业教育在校生规模为 17.96 万人，比上年减少 2.63 万人，下降 12.78%，下降幅度在各区域中最大。西翼地区中等职业教育在校生规模为 12.99 万人，比上年减少 0.39 万人，下降 2.93%，下降幅度在各区域中最小（分地市中等职业教育学生规模变化情况详见附表 3－3）。

表 4－6　2016 年、2017 年广东省分区域中等职业教育在校生规模变化情况

单位：万人

地区	2016 年	2017 年	增加数量	增长率（%）
广东省	106.59	99.39	－7.20	－6.75
珠江三角洲	58.64	55.18	－3.46	－5.90
东翼	20.59	17.96	－2.63	－12.78
西翼	13.38	12.99	－0.39	－2.93
山区	13.58	12.88	－0.70	－5.12
附设中职班	0.40	0.38	－0.02	－0.05

3. 普通高中学校数量基本稳定，中等职业教育学校数量有所减少

2017 年，全省普通高中学校规模为 1029 所，比上年减少 2 所，减少－0.10%。如表 4－7 所示。

表 4－7　2017 年广东省分区域普通高中公办、民办学校规模变化情况

单位：所

地区	2017 年			比上年增长（%）		
	公办	民办	合计	公办	民办	合计
广东省	838	191	1029	－1.30	4.95	－0.10
珠江三角洲	339	118	457	－1.17	3.51	0.00
东翼	201	33	234	－0.99	0.00	－0.85
西翼	135	23	158	－4.26	21.05	－0.63
山区	163	17	180	－0.62	6.25	1.12

分区域来看，2017年全省各区域普通高中学校规模除珠江三角洲和山区外均有不同程度的减少，珠江三角洲地区普通高中学校规模与上年持平，为457所；山区地区学校规模为180所，比上年增加2所，增长1.12%，增长幅度在各区域中最大。

分举办者类型看，2017年全省公办普通高中学校规模为838所，比上年减少11所，下降1.30%；民办普通高中学校规模为191所，比上年增加9所，增长4.95%。全省各区域中，仅有山区地区公办、民办普通高中学校规模有所增大。

2017年，全省中等职业学校共459所，比上年减少9所，下降1.92%。按举办者类型看，2017年全省公办中等职业教育学校343所，比上年减少7所，下降2%；民办中等职业教育学校116所，比上年减少2所，下降1.69%。

二、高中阶段教育教师队伍发展情况

1. 全省普通高中专任教师数有所减少，中等职业教育专任教师数增加

2017年，全省普通高中专任教师规模为15.14万人，相比上年减少177人，降低了0.12%。如表4－8所示。

表4－8　2017年广东省分区域、分城乡普通高中教育专任教师规模变化情况

单位：万人

地区	2017年			比上年增长（%）		
	城区	镇区及乡村	合计	城区	镇区及乡村	合计
广东省	10.29	4.85	15.14	0.97	－2.35	－0.12
珠江三角洲	5.36	1.15	6.51	3.01	－3.84	1.74
东翼	1.59	1.41	3.00	－1.45	－2.10	－1.75
西翼	2.17	0.80	2.97	－1.42	－0.98	－1.30
山区	1.20	1.47	2.67	－0.32	－2.16	－1.34

分区域看，2017年全省各区域普通高中教育专任教师规模仅珠江三角洲地区有所增加。其中，珠江三角洲地区普通高中教育专任教师规模为6.51万人，相比上年增加1113人，增长1.74%；东翼地区普通高中教育专任教师规模为3.00万人，比上年减少了536人，下降1.75%，在各区域中降幅最大。

分城乡看，2017 年全省城区普通高中教育专任教师规模为 10.29 万人，比上年增加 988 人，增长 0.97%；镇区及乡村普通高中教育专任教师规模为 4.85 万人，比上年减少 1165 人，下降 2.35%。

分地市来看，全省共有 10 个地市普通高中教育专任教师人数比上年有所增加。其中，深圳市增幅最大，达到 5.32%。

2017 年，全省中等职业教育专任教师规模为 4.52 万人，比上年增加 421 人，上升 0.94%。如图 4－1 所示。

从区域看，2017 年全省各区域中等职业教育专任教师规模两个地区有所增加。其中，珠三角地区中等职业教育专任教师人数为 2.71 万人，比上年增加 826 人，增长 3.15%；山区地区中等教育专任教师规模为 0.70 万人，比上年增加 82 人，增长 1.19%；东翼地区中等职业教育专任教师人数为 0.53 万人，下降 6.50%，下降幅度最大。在各区域中，西翼地区下降幅度最小，为 1.97%。

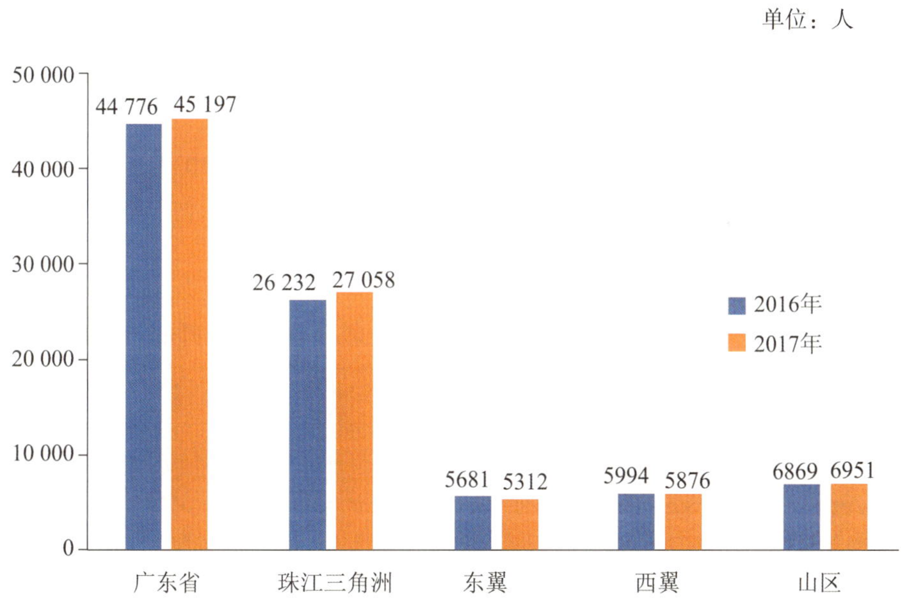

图 4－1　2016 年、2017 年广东省分区域中等职业教育专任教师规模变化情况

2. 中等职业教育双师型教师比进一步提高，达到国家规定标准

2017 年，全省中等职业教育双师型教师比为 41.05%，比上年降低 0.64%，但达到了《中等职业教育设置标准》提出的双师型教师不低于 30% 的标准。如图 4－2 所示。

从区域看，2017 年全省各区域中等职业教育双师型教师比仅山区地区和东翼地区有所增加，山区地区中等职业教育双师型教师增幅较大，达到了 42.87%，较上年增加了 1.34%；珠江三角洲地区中等职业教育双师型教师比降幅最大，较上年下降了 1.29%。

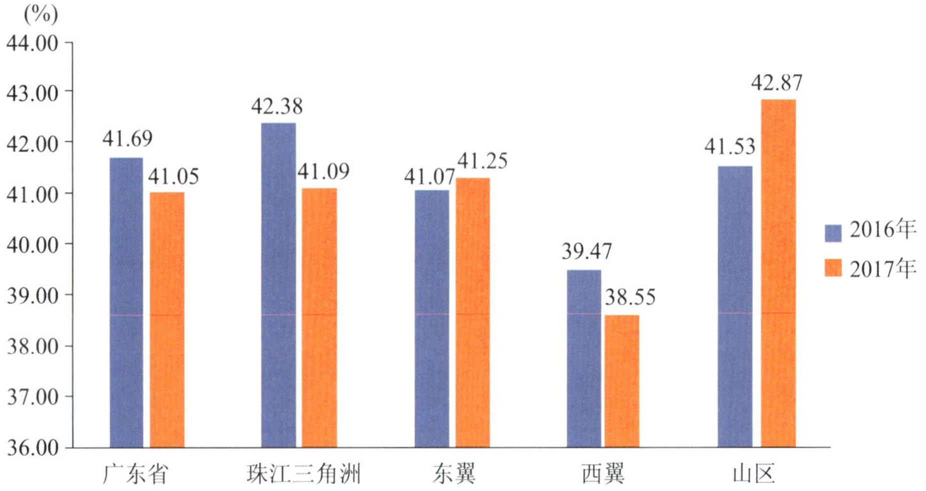

图 4－2　2016 年、2017 年广东省分区域中职双师型教师比例

分地市看，2017 年全省 21 个地市中仅有东翼的汕尾市的中等职业教育双师型教师比例低于 30%，其余 20 个地市均达到国家设置标准。如表 4－9 所示。

表 4－9　2017 年广东省分地市中等职业教育双师型教师占比情况

分　档	地　区			
	珠江三角洲	东翼	西翼	山区
50% ～60%	珠海、中山、江门、肇庆			河源、清远
40% ～50%	佛山	汕头、潮州、揭阳	阳江、茂名	云浮
30% ～40%	广州、深圳、惠州、东莞		湛江	韶关、梅州
20% ～30%		汕尾		

3. 全省普通高中生师比继续下降，城乡区域间差异较小；中等职业教育生师比略有下降，但距离国家标准仍有较大差距

2017 年，全省普通高中教育生师比为 12.50∶1，比上年下降 0.52%。分区域看，2017 年全省各区域普通高中教育生师比均有所下降。其中，东翼地区普通高中教育生师比最高，为 13.02∶1；生师比最低的是山区地区，为 11.87∶1。与上年相比，全省各区域生师比改善程度最大的是西翼地区，减少 0.86%。

分地市看，2017 年全省超过一半地市的普通高中教育生师比高于广东省平均，包括汕头、佛山、惠州、汕尾、东莞、江门、中山、阳江、湛江、清远、云浮、揭阳 12 市。其中，东莞市生师比最高，为 13.81∶1；师生比最低的是梅州市，为 10.82∶1。（分地市普通高中专任教师配备情况详见附表 3－4）

分城乡看，2017 年全省城乡普通高中教育生师比与上年相比均有所下降，各区域之间、城区与镇区及乡村之间差距均较小。其中，城区普通高中教育生师比为 12.65∶1，比上年下降 0.49%；镇区及乡村普通高中教育生师比为 12.17∶1，比上年下降 0.59%。如表 4－10 所示。

表 4－10　2017 年广东省分区域分城乡普通高中教育生师比变化情况

单位：万人

地区	2017 年			比上年增长（%）		
	城区	镇区及乡村	合计	城区	镇区及乡村	合计
广东省	12.65∶1	12.17∶1	12.50∶1	－0.49	－0.59	－0.52
珠江三角洲	12.53∶1	12.50∶1	12.52∶1	－0.32	－0.40	－0.33
东翼	13.16∶1	12.87∶1	13.02∶1	－0.52	－0.73	－0.62
西翼	12.71∶1	11.92∶1	12.49∶1	－0.86	－0.88	－0.86
山区	12.47∶1	11.38∶1	11.87∶1	－0.52	－0.44	－0.47

2017 年，全省中等职业教育生师比为 21.90∶1，比上年下降 1.90%，与教育部《中等职业教育设置标准》规定的 20∶1 仍有差距。

分区域看，2017 年全省各区域中等职业教育生师比均有所下降。其中，东翼地区中等职业教育生师比最高，达到 33.80∶1，与生师比最低的山区相差 15.27；与上年相比，东翼地区生师比变化最大，比上年下降了 2.44%。如表

4-11所示。

表4-11 2016年、2017年广东省分区域中等职业教育生师比变化情况

地区	2016年	2017年	比上年增长（%）
广东省	23.80:1	21.90:1	-1.90
珠江三角洲	22.41:1	20.39:1	-2.02
东翼	36.24:1	33.80:1	-2.44
西翼	22.48:1	22.10:1	-0.38
山区	19.98:1	18.53:1	-1.45

分地市来看，深圳、韶关、佛山、中山、梅州、汕尾、江门、潮州、河源、茂名、清远等11个地市的中等职业教育生师比仍低于20:1，而揭阳市的生师比高达47.89:1，明显高于其他城市。（分地市中等职业教育（机构）教师配备情况详见附表3-5）

4. **全省高中阶段教育专任教师学历合格率相比上年有所提高**

2017年，全省普通高中专任教师学历合格率[①]为99.02%，比上年增加了0.16%，如表4-12所示。

表4-12 2017年广东省普通高中教育专任教师学历合格率变化情况（%）

地区	2017年			比上年增加		
	城区	镇区及乡村	合计	城区	镇区及乡村	合计
广东省	99.27	98.57	99.02	0.01	0.51	0.16
珠江三角洲	99.57	99.93	99.58	0.14	0.41	0.13
东翼	98.73	97.57	98.19	-0.21	0.31	0.04
西翼	99.02	99.42	99.13	-0.25	0.57	-0.02
山区	99.10	97.98	98.48	0.21	0.76	0.52

分区域看，2017年全省各区域中珠江三角洲地区普通高中教育专任教师的

① 本节专任教师学历合格率：本科及以上学历教师比例

学历合格率最高，为 99.58%；东翼地区专任教师学历合格率为 98.19%，合格率最低。

分城乡看，2017 年全省城区普通高中教育专任教师学历合格率为 99.27%，比上年增加 0.01%；镇区及乡村专任教师学历合格率为 98.57%，比上年增加 0.51%；城乡之间专任教师学历合格率存在差距，但差距较小。

2017 年，全省中等职业教育专任教师学历合格率为 92.96%，比上年增加 1.13%。如表 4－13 所示。

分区域看，2017 年全省各区域中珠江三角洲地区中等职业教育专任教师的学历合格率最高，达到 94.16%，比上年增加 0.12%；山区地区中等职业教育专任教师的学历合格率为 89.10%，合格率最低，但比上年增加 4.24%。

表 4－13 2016 年、2017 年广东省中等职业教育专任教师学历合格率变化情况（%）

地区	2016 年	2017 年	比上年增加
广东省	91.83	92.96	1.13
珠江三角洲	94.04	94.16	0.12
东翼	92.73	93.52	0.79
西翼	89.32	91.44	2.12
山区	84.86	89.10	4.24

5. 中等职业教育中级及以上职称专任教师比例略有下降

2017 年，全省普通高中教育中级及以上职称专任教师比例为 64.47%，比上年增加 1.25%。如表 4－14 所示。

分区域看，2017 年全省各区域山区地区普通高中教育中级及以上专任教师比例最高，为 71.78%；东翼地区普通高中教育中级及以上专任教师比例为 56.04%，比例最低。

分城乡看，2017 年全省城区普通高中教育中级及以上职称专任教师比例为 66.85%，比上年增加 1.04%；镇区及乡村普通高中教育中级及以上职称专任教师比例为 59.43%，比上年增加 2.27%；城乡之间、地域之间中级及以上专任教师比例存在差异。

表4-14　2017年广东省普通高中教育中级及以上专任教师比例变化情况（%）

地区	2017年			比上年增加		
	城区	镇区及乡村	合计	城区	镇区及乡村	合计
广东省	66.85	59.43	64.47	1.04	2.27	1.25
珠江三角洲	69.96	60.55	68.31	0.91	3.08	1.01
东翼	58.68	53.05	56.04	2.24	3.33	2.05
西翼	60.94	50.50	58.02	0.25	1.07	0.63
山区	74.33	69.71	71.78	0.71	1.01	1.26

2017年，全省中等职业教育中级及以上职称专任教师比例为61.54%，比上年降低0.39%。如表4-15所示。

分区域看，2017年全省各区域中山区地区中等职业教育中级及以上职称专任教师比例最高，达到67.13%，但比上年下降1.61%；西翼地区中等职业教育中级及以上职称专任教师比例为58.19%，比例最低，且比上年下降1.94%。

表4-15　2016年、2017年广东省中等职业教育中级及以上专任教师比例变化情况（%）

地区	2016年	2017年	增加
广东省	61.93	61.54	-0.39
珠江三角洲	60.87	61.07	0.20
东翼	60.54	60.30	-0.24
西翼	60.13	58.19	-1.94
山区	68.74	67.13	-1.61

6. 全省高中阶段教育专任教师培训均以校级培训和一个月以内的短期培训为主

2017年，全省普通高中专任教师共参加培训77.75万人次，比上年增加12.26万人次；专任教师人均参加培训5.13人次，比上年增加0.81人次。如表4-16所示。

分区域来看，2017年珠江三角洲地区专任教师参加培训次数最多，达到42.17万人次，人均参加培训次数亦最多，达到6.48人次；东翼地区参加培训规模为 8.70 万人次，人均参加培训机会为 2.90 人次，在各区域中最低。

表 4－16 2016 年、2017 年广东省普通高中教育专任教师参加培训变化情况

单位：万人

地区	2016 年		2017 年		比上年增加	
	培训总人次	人均培训次数（人次）	培训总人次	人均培训次数（人次）	培训总人次	人均培训次数（人次）
广东省	65.49	4.32	77.75	5.13	12.26	0.81
珠江三角洲	36.10	5.65	42.17	6.48	6.07	0.84
东翼	7.63	2.50	8.70	2.90	1.07	0.40
西翼	10.93	3.63	14.90	5.02	3.98	1.39
山区	10.84	4.00	11.97	4.48	1.14	0.48

2017 年，全省中等职业教育授课专任教师中实践指导课专任教师人均培训次数最高，为 4.10 人次；专业课专任教师人均培训次数最低，为 3.49 人次；文化课专任教师人均培训次数为 3.61 人次。如图 4－3 所示。

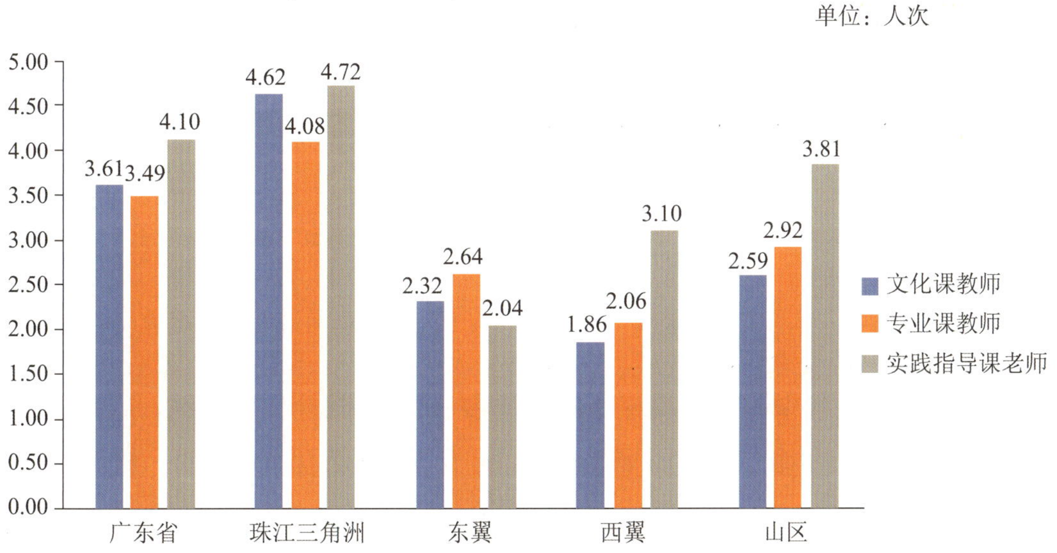

图 4－3 2017 年广东省中等职业教育学校分科专任教师人均培训情况

分区域看，2017 年全省各区域中等职业教育中文化课、专业课以及实践指导课专任教师的人均培训次数最高的均是珠江三角洲地区，分别为 4.62 人次、4.08 人次和 4.72 人次；文化课和专业课专任教师的人均培训次数最低的均是西翼地区，分别为 1.86 人次和 2.06 人次；实践指导课专任教师人均培训次数最低的是东翼地区，为 2.04 人次。

2017 年，全省普通高中专任教师接受培训的层次中以校级培训为主，占比达到 36.50%，其中接受地市级培训的比例为 28.59%、县级培训比例为 17.40%、省级培训比例为 15.81%、国家级培训比例为 1.73%，国际级（国境外培训）比例为 0.02%。

从各区域组织的培训层次来看，专任教师参加校级培训比例最高的是山区地区，为 47.52%；县级培训比例最高的是东翼地区，为 21.21%；地市级培训比例最高的是珠江三角洲，所占比例为 35.41%；省级培训比例最高的是西翼地区，为 39.22%。在接受国家组织的培训方面，珠江三角洲比例最高，为 2.87%；参加国（境）外比例最高的为珠江三角洲地区，为 0.03%。如图 4－4 所示。

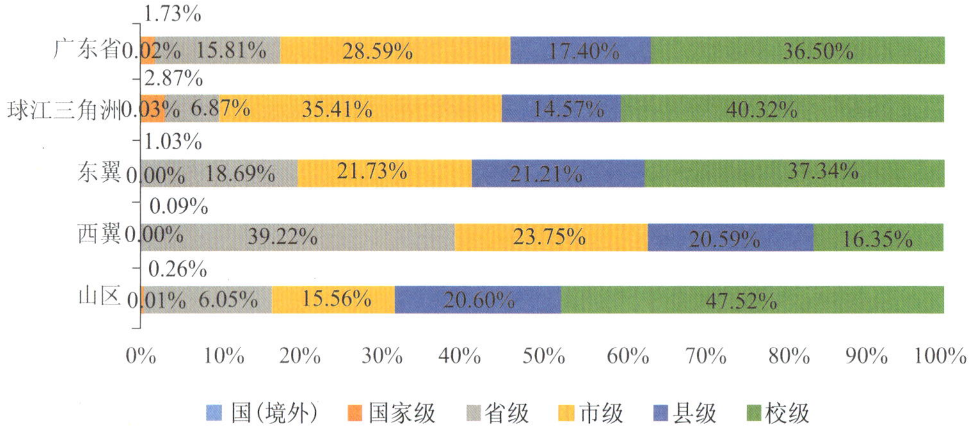

图 4－4　2017 年广东省分区域普通高中教育专任教师参加培训的层次构成情况

2017 年，全省中等职业教育专任教师参加的培训层次以校级培训为主，占所有层次培训的比例为 51.50%，紧随其后的是市级培训，所占比例为 25.51%。

分区域看，2017 年全省各区域中等职业教育专任教师参加培训的层次以校级培训为主。其中，珠江三角洲地区中等职业教育专任教师参加校级培训的比例高于其他地区，为 53.38%。如图 4－5 所示。

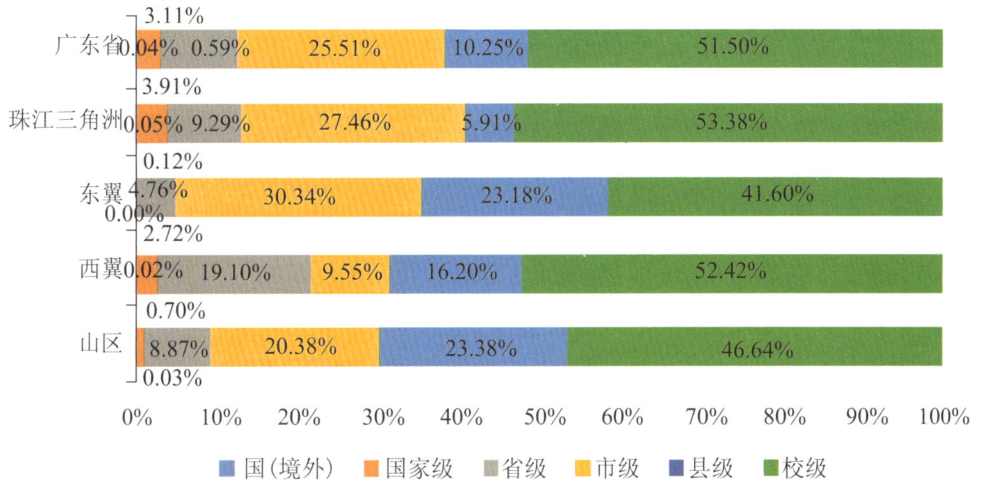

图 4－5　2017 年广东省分区域中等职业教育专任教师参加培训的层次构成情况

2017 年，全省普通高中专任教师培训以 1 个月以内的培训为主，所占比例达到 71.34%。此外，1 至 3 个月以内培训比例为 14.67%，3 个月至半年的占 9.26%，半年至 1 年以内的培训占比为 3.50%，1 年及以上的比例为 1.23%。

分区域来看，各区域专任教师参加培训的时间均是 1 个月以内的培训比例最高。如表 4－17 所示。

表 4－17　2017 年广东省分区域普通高中教育专任教师参加培训时间构成情况（%）

地区	1 个月以内	1 至 3 个月	3 个月至半年	半年至 1 年	1 年及以上
广东省	71.34	14.67	9.26	3.50	1.23
珠江三角洲	73.63	14.38	7.15	4.32	0.52
东翼	74.61	17.36	2.79	2.77	2.47
西翼	61.58	13.39	21.87	1.18	1.99
山区	73.09	15.32	5.68	4.02	1.88

2017 年，全省中等职业教育专任教师参加培训的时间以 1 个月以内的短期培训为主，所占比例为 81.08%；其次是 1 至 3 个月以内的培训，比例为 10.75%。如表 4－18 所示。

分区域看，全省各区域中等职业教育专任教师参加培训的时间为 1 个月以内的培训比例较高，东翼和山区所占比例均达到 80%以上。其中，山区地区专任教师参加培训的时间为 1 个月以内比例最高，为 94.58%；西翼地区专任教师参加培训的时间为1个月以内比例最低，为75.91%。

表4－18　2017年广东省分区域中等职业教育专任教师参加培训时间分布情况（%）

地区	1月以内	1至3个月	3个月至半年	半年至1年	1年及以上
广东省	81.08	10.75	4.50	3.35	0.31
珠江三角洲	79.38	12.05	4.57	3.74	0.26
东翼	80.42	9.60	3.33	5.53	1.12
西翼	75.91	9.24	12.29	2.56	0.00
山区	94.58	4.83	0.24	0.08	0.27

三、高中阶段教育办学条件变化情况

1. 全省高中阶段教育整体校舍建筑面积及生均校舍建筑面积均比上年有所增加

2017年，全省普通高中生均校舍建筑面积为26.95平方米，比上年增加1.74平方米，增长6.90%。如表4－19所示。

分区域来看，西翼地区普通高中生均校舍建筑面积增长最快，达到24.30平方米，比上年增加1.87平方米，增长8.34%；珠江三角洲地区为31.37平方米，比上年增长5.30%，增幅最小；山区地区比上年增加1.52平方米，为25.01平方米；东翼地区生均校舍面积最小，为21.83平方米，增幅为8.07%。如表4－19所示。

表4－19　2016、2017年广东省普通高中生均校舍建筑面积变化情况

地区	生均校舍建筑面积（平方米）		增加（平方米）	增长率（%）
	2016年	2017年		
广东省	25.21	26.95	1.74	6.90
珠江三角洲	29.79	31.37	1.58	5.30
东翼	20.20	21.83	1.63	8.07
西翼	22.43	24.30	1.87	8.34
山区	23.49	25.01	1.52	6.47

分地市来看，广州、深圳、珠海、佛山、韶关、河源、东莞、湛江、中山

和清远10市的生均校舍建筑面积均超过25平方米；在全省21个地市中潮州市生均校舍建筑面积最低，为18.39平方米，相比上年增长8.56%（分地市普通高中教育生均校舍建筑面积情况详见附表3－6）。

2017年，全省中等职业教育生均校舍建筑面积比上年增加1.44平方米，增长9.36%，生均校舍建筑面积达到16.82平方米，与《中等职业教育设置标准》要求的生均校舍建筑面积达到20平方米相比，仍有较大差距。

分区域看，全省各区域中等职业教育生均校舍建筑面积与上年相比大部分地区均有所增加。相比其他区域，山区地区中等职业教育生均校舍建筑面积最大，为19.08平方米，比上年增加0.33平方米，增长1.76%，但仍达不到20平方米的标准；东翼地区中等职业教育生均校舍建筑面积最小，为10.59平方米，比上年增加1.83平方米，增长20.89%，在全省各区域中增长幅度最大。如图4－6所示。

单位：平方米

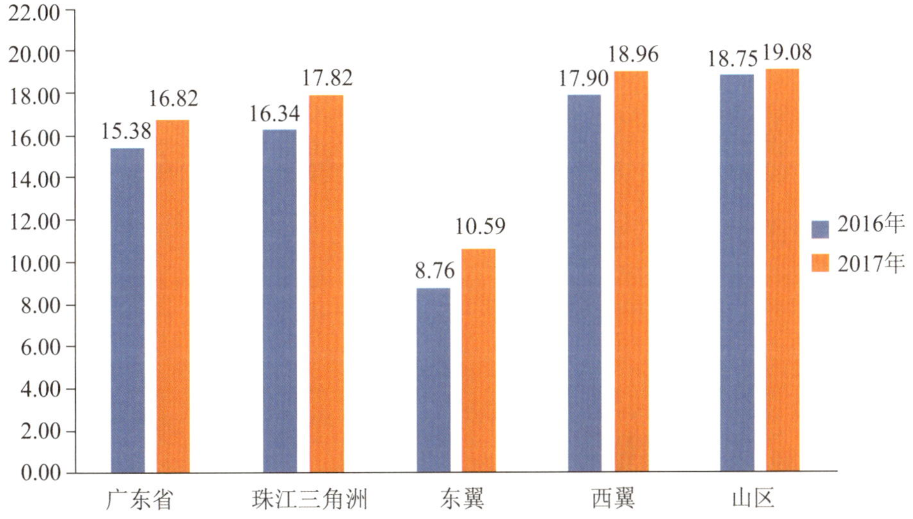

图4－6 2016年、2017年广东省中等职业教育生均校舍建筑面积变化情况

分地市看，2017年全省各地市中，有5个地市中等职业教育生均校舍建筑面积减少，其中，梅州市生均校舍建筑面积为17.40平方米，比上年减少1.49平方米，下降7.89%，下降幅度最大；佛山市生均校舍建筑面积为19.85平方米，比上年减少0.06平方米，下降0.27%，下降幅度最小。如表4－20所示。（分地市中等职业教育（机构）生均校舍建筑面积情况详见附表3－7）

表 4－20　2017 年广东省各地区中等职业教育生均校舍建筑面积

单位：平方米

分档	地区			
	珠江三角洲	东翼	西翼	山区
25～30	深圳			韶关
20～25	佛山、东莞	汕尾		河源
15～20	珠海、惠州、中山、江门、肇庆	潮州	阳江、湛江、茂名	梅州、清远
10～15	广州	汕头		云浮
5～10		揭阳		

2. **普通高中实验室建筑总体面积有增加，各省市均有不同程度的增加；中等职业教育生均实验室建筑面积有所增长**

2017 年，全省普通高中生均实验室面积为 1.67 平方米，比上年增加 0.07 平方米。

分区域来看，珠江三角洲地区普通高中生均实验室面积最高，为 1.93 平方米，比上年增加 0.06 平方米；山区地区增长较快，为 1.59 平方米，比上年增加 0.13 平方米，在各区域中增幅最大，增加 8.90%。如图 4－7 所示。

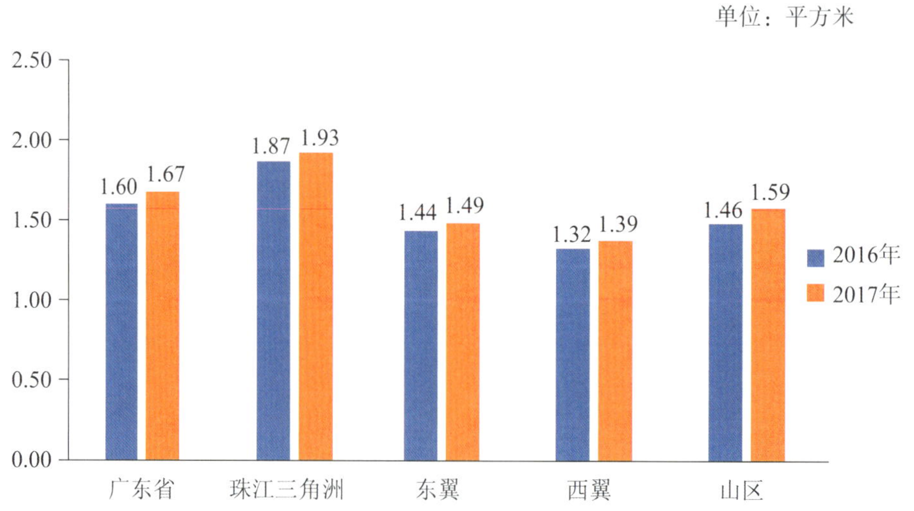

图 4－7　2016 年、2017 广东省普通高中生均实验室面积变化情况

分地市来看，全省各地市中只有广州、佛山和汕尾 3 市生均实验室面积均超过 2. 00 平方米；梅州市的生均实验室面积比上年增长 22. 79%，增幅最大。（分地市普通高中教育生均实验室面积情况详见附表 3 – 8）

2017 年，全省中等职业教育生均实验室和实习场地面积为 3. 34 平方米，比上年增加 0. 26 平方米。如图 4 – 8 所示。

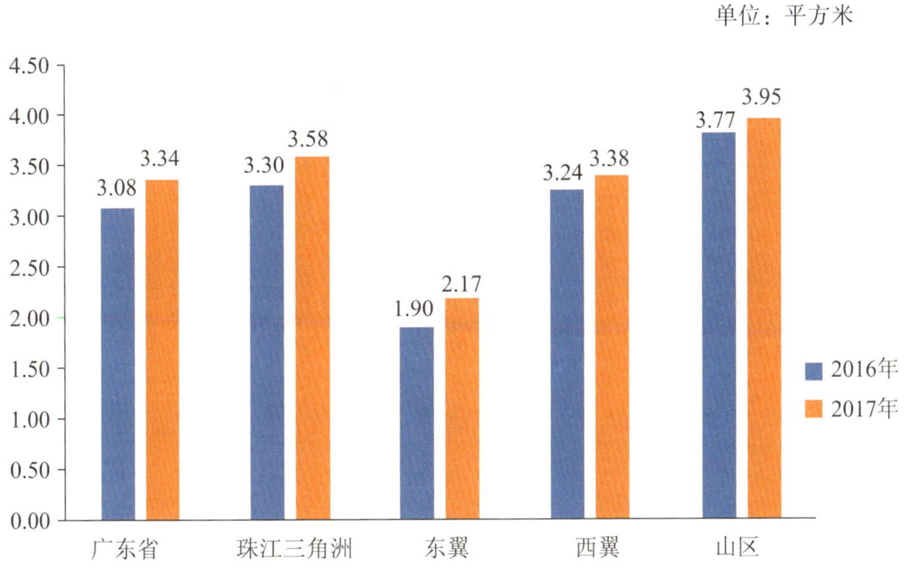

图 4 – 8　2016 年、2017 年广东省中职学校生均实验室、实习场所面积变化情况

分区域看，2017 年全省各区域山区地区中等职业教育生均实验室和实习场地面积最高，为 3. 95 平方米，比上年增加 0. 18 平方米，增长 4. 77%；东翼地区中等职业教育生均实验室和实习场地面积最低，为 2. 17 平方米，比上年增加 0. 27 平方米，增长 14. 21%。

分地市看，2017 年全省各地市中，有 4 个地市中等职业教育生均实验室和实习场地面积有所下降，其中中山市的中等职业教育生均实验室和实习场地面积为 3. 74 平方米，比上年减少 0. 59 平方米，下降 13. 63%，下降幅度最大。（分地市中等职业教育（机构）生均实验室和实习场地面积情况详见附表 3 – 9）

3. 普通高中和中等职业教育运动场地面积总体均有所增加，各区域生均运动场地面积增长差异较大

2017 年，全省普通高中生均运动场地面积为 11. 95 平方米，比上年增加 0. 82 平方米。

分区域来看，山区普通高中生均运动场地面积最高，为 14. 54 平方米，比上年增加0.74平方米；东翼地区最少，为9.79平方米，比上年增加0.62平方米。如图4-9所示。

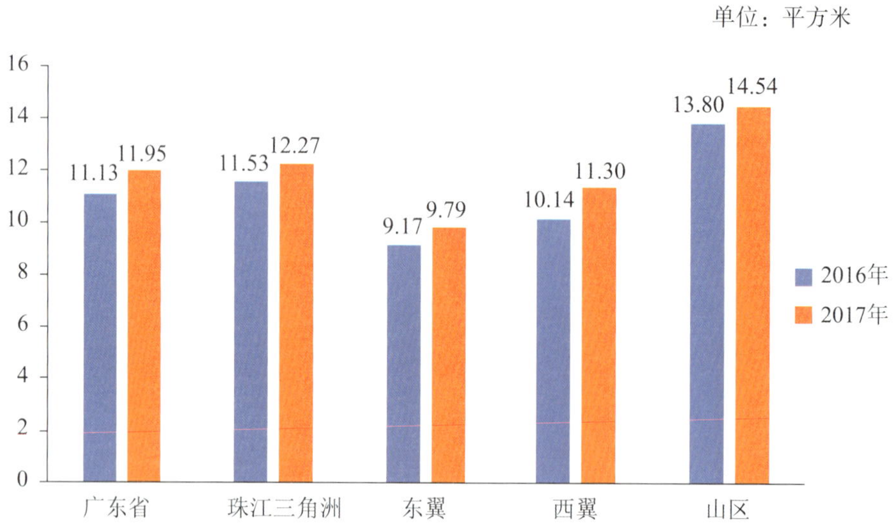

图4-9　2016年、2017年广东省普通高中生均运动场地面积变化情况

分地市来看，全省有珠海、汕头、惠州、阳江、潮州和揭阳6市普通高中生均运动场地面积不足10平方米。（分地市普通高中教育生均运动场地面积情况详见附表3-10）

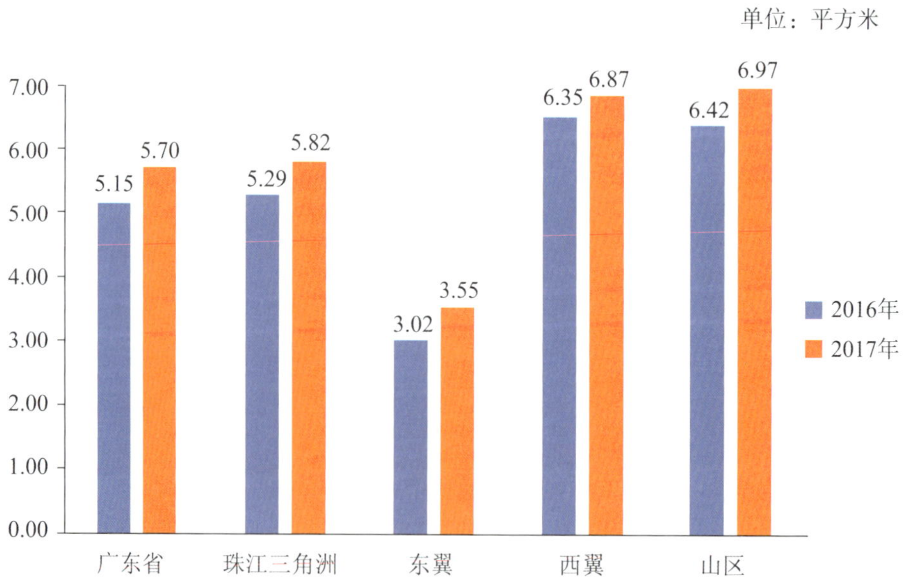

图4-10　2016年、2017年广东省中等职业教育生均运动场地面积变化情况

2017 年，全省中等职业教育生均运动场地面积为 5.70 平方米，比上年增加 0.55 平方米，增长 10.68%。

分区域看，2017 年全省各区域中山区地区中等职业教育生均运动场地面积最大，为 6.97 平方米，比上年增加 0.55 平方米；东翼地区中等职业教育生均运动场地面积最小，为 3.55 平方米，比上年增加 0.53 平方米。如图 4 – 10 所示。

分地市看，2017 年全省各地市中，有 2 个地市中等职业教育生均运动场地面积有所下降，韶关市中等职业教育生均运动场地面积为 9.11 平方米，比上年减少 0.52 平方米，下降 5.40%，下降幅度最大。（分地市中等职业教育（机构）生均运动场地面积情况详见附表 3 – 11）

4. 普通高中图书总数呈上升趋势，各区域生均图书数量差异不明显；中等职业教育图书总数有所减少，各区域生均图书量均有不同程度增长

2017 年，全省普通高中图书总量为 11 715.85 万册，比上年增长 1.40%。全省生均图书数为 61.90 册，比上年增加了 3.36 册，增长 5.74%。

分区域来看，2017 年全省各区域中山区图书总量增加最快，比上年增长 2.15%，生均图书比上年增长 7.63%；东翼地区生均图书量增长最快，比上年增长 7.96%。如表 4 – 21 所示。

分地市来看，2017 年全省 21 个地市中珠海市和惠州市 2 个地市生均图书量均有所减少，其他地市则有不同程度增加，其中广州市普通高中生均图书数量达到 79.93 册，生均图书量最多。（分地市普通高中教育生均图书量情况详见附表 3 – 12）

表 4 – 21　2016 年、2017 年广东省普通高中图书总数和生均图书数变化情况

地区	总数（万册）		增长率（%）	生均（册）		增长率（%）
	2016 年	2017 年		2016 年	2017 年	
广东省	11 553.80	11 715.85	1.40	58.54	61.90	5.74
珠江三角洲	4793.88	4885.63	1.91	58.33	59.99	2.85
东翼	2578.53	2611.15	1.27	61.90	66.83	7.96
西翼	2246.56	2242.64	–0.17	55.97	60.51	8.11
山区	1934.82	1976.43	2.15	57.95	62.37	7.63

2017年，全省中等职业教育图书总量为26 698 122万册，比上年下降3.96%；全省生均图书数为26.97册，比上年增加了0.88册，增长3.39%。

分区域看，2017年全省各区域中各地区图书总量有所减少，其中东翼地区图书总数为3 605 679万册，比上年下降7.28%，下降幅度最大；山区地区图书总数为4 347 316万册，比上年下降3.03%，下降幅度最小。如表4－22所示。

分地市看，2017年全省21个地市中有7个地市中等职业教育生均图书量有所减少，其他地市则有不同程度增加；其中，韶关市中等职业教育生均图书量达到46.43册，生均图书量最多。（分地市中等职业教育（机构）生均图书量情况详见附表3－13）

表4－22　2016年、2017年广东省中等职业教育图书总数和生均图书变化情况

地区	总数（万册）		增长率（%）	生均（册）		增长率（%）
	2016年	2017年		2016年	2017年	
广东省	27 797 744	26 698 122	－3.96	26.08	26.97	3.41
珠江三角洲	15 643 419	15 091 097	－3.53	26.61	27.35	2.78
东翼	3 888 824	3 605 679	－7.28	18.89	20.08	6.30
西翼	3 782 245	3 654 030	－3.39	28.07	28.13	0.21
山区	4 483 256	4 347 316	－3.03	32.66	33.75	3.34

5. 普通高中仪器设备总资产值与生均值均有所提高；中等职业教育教学、实习仪器设备资产值与生均值均有所提高

2017年，全省普通高中仪器设备资产总值为975 087.93万元；生均仪器设备资产值达到5151.92元，比上年增加559.52元，增长12.18%。

分区域来看，2017年全省各区域中山区地区生均仪器设备资产值增长幅度最大，比上年增加455.59元，增长13.74%；西翼地区比上年增长9.62%，增加247.04元；珠江三角洲地区比上年增长10.02%，增加669.21元；东翼比上年增加461.23元，增长13.34%。如图4－11所示。

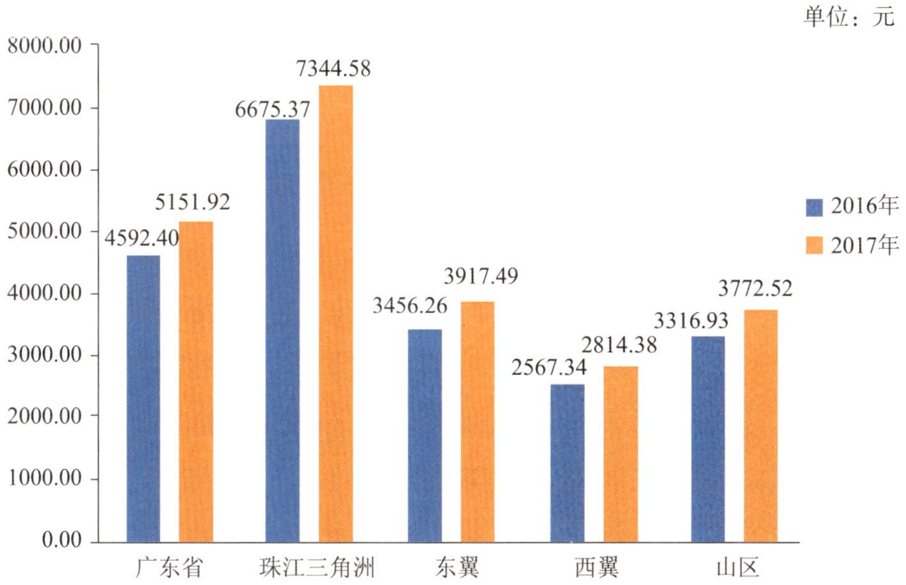

图4－11　2016年、2017年广东省普通高中教育生均仪器设备资产值情况

分地市来看，大部分地市的普通高中生均仪器设备资产值有波动。其中，梅州市的增长幅度最大，比上年增长24.18%。深圳市普通高中生均仪器设备资产值最高，为16 446.249元。（分地市普通高中教育生均教学、实习仪器设备资产值情况详见附表3－14）

2017年，全省中等职业教育教学、实习仪器设备资产值为755 071.38万元，比上年增加了48 893.12万元；生均教学、实习仪器设备资产值为7 626.85元，比上年增加1000.70元，如图4－12所示。

分区域看，2017年全省各区域中等职业教育教学、实习仪器设备资产值均有所增加。其中，东翼地区生均教学、实习仪器设备资产值为3 633.33元，比上年增加780.27元，增长27.35%，增幅最大；西翼地区生均教学、实习仪器设备资产值为5993.75元，比上年增加497.00元，增长9.04%，增幅最小。

单位：元

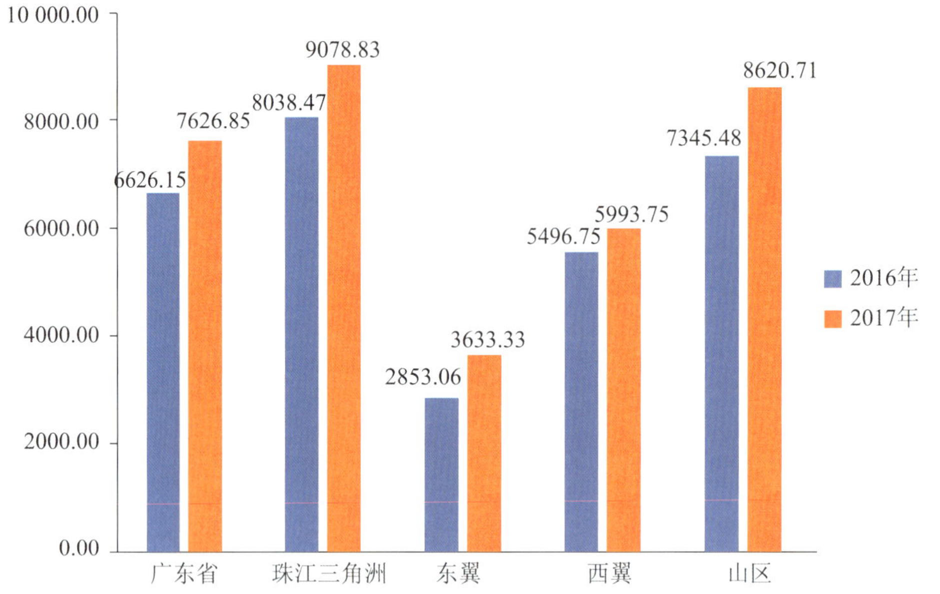

图4－12　2016年、2017年广东省中等职业教育生均教学、实习仪器设备资产值变化情况

分地市看，2017年全省21个地市中等职业教育生均教学、实习仪器设备资产值均有所增加。其中，深圳市生均教学、实习仪器设备资产值最高，为14187.83元；揭阳市生均教学、实习仪器设备资产值最低，为2167.63元。(分地市中等职业教育（机构）生均教学、实习仪器设备资产值情况详见附表3－15)

6. 全省高中阶段每百名学生拥有的教学用计算机台数继续增加，但各市差异较大

2017年，全省普通高中每百名学生拥有教学用计算机台数为28.84台，比上年增加3.05台，增长11.83%。如图4－13所示。

分区域来看，2017年全省各区域中珠江三角洲地区每百名学生拥有教学用计算机数量最多，为32.29台，比上年增加1.93台，增长6.36%；西翼地区每百名学生拥有教学用计算机数量最少，为23.32台，相比上年增加了3.97台，增长20.52%。

分地市来看，在全省21个地市中韶关市和惠州市2个地市每百名学生拥有教学用计算机不足20台，而广州、深圳、汕头、中山、揭阳、肇庆和云浮7市超过30台。(分地市普通高中教育信息化水平情况详见附表3－16)

单位：台

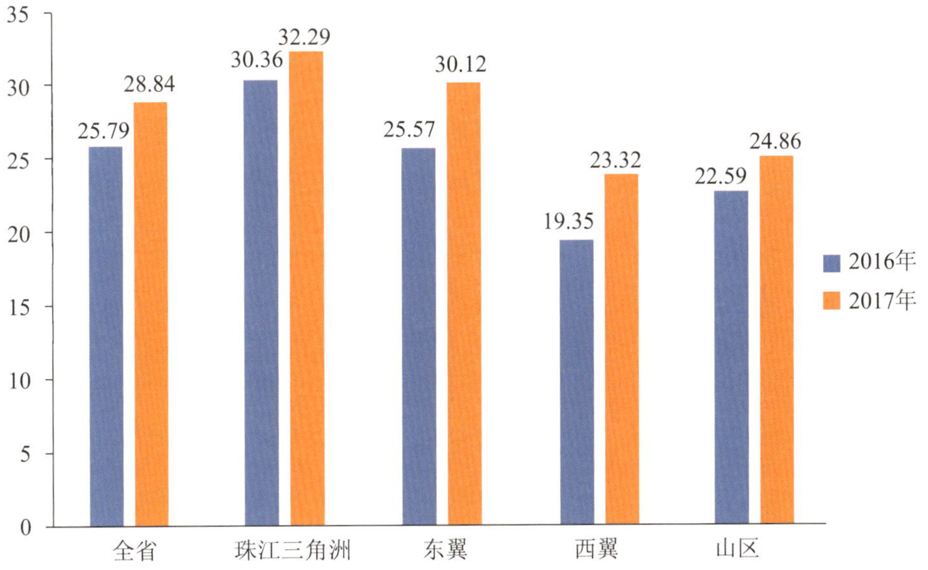

图 4 – 13　2016 年、2017 年广东省普通高中教育每百名学生拥有教学用计算机台数

2017 年，全省中等职业教育每百名学生拥有教学用计算机 28.75 台，比上年增加 3.02 台，增长 11.74%，如图 4 – 14 所示。

单位：台

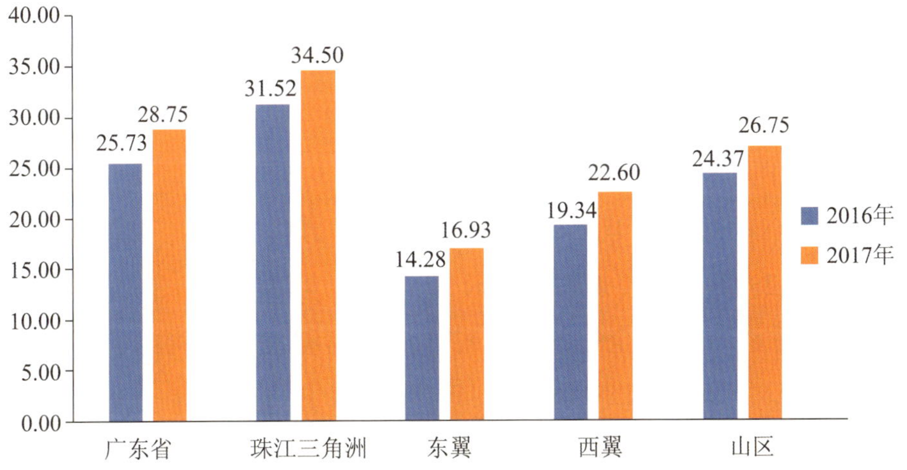

图 4 – 14　2016 年、2017 年各地区中等职业教育每百名学生拥有教学用计算机台数

分区域看，根据《中等职业教育设置标准》要求“学校计算机拥有数量不少于每百生 15 台”的标准，2017 年全省各区域中均达到标准要求，其中东翼地区中等职业教育每百名学生拥有教学用计算机数量最少，为 16.93 台。西

翼地区每百名学生拥有教学用计算机数量为22.60台，比上年增加3.26台，增长16.86%，增长幅度最大。

分地市看，2017年全省21个地市中仅有茂名市每百名学生拥有教学用计算机数量有所减少，茂名市每百名学生拥有教学用计算机数量22.23台，比上年减少1.25台，下降5.32%。（分地市中等职业教育信息化情况详见附表3－17）

2017年，全省各地市之间中等职业教育每百名学生拥有教学用计算机台数存在一定的差异，仅揭阳市每百名学生拥有教学用计算机台数为9.47台，不足15台，未达到国家规定标准。如表4－23所示。

表4－23　2017年全省各地市中等职业教育每百名学生拥有教学用计算机台数量情况

单位：台

分　档	地　区			
	珠江三角洲	东翼	西翼	山区
45～50	深圳、中山	潮州		
35～45	珠海、佛山、东莞	汕尾		韶关
25～35	广州、江门、肇庆		阳江	梅州
15～25	惠州	汕头	湛江、茂名	河源、清远、云浮
<15		揭阳		

7. 全省高中阶段生均电子图书数增长明显

2017年，全省普通高中教育生均电子图书量增长较快，相比上年增长了8.53%，为71.23GB。如表4－24所示。

分区域来看，2017年全省各区域中珠江三角洲地区生均电子图书量最高，达到129.31GB，比上年减少4.86%；东翼地区生均电子图书量为50.48GB，比上年增长71.93%；山区地区生均电子图书量为21.89GB，比上年增长91.01%；西翼地区生均电子图书量在各区域中增幅最小，为3.24GB，比上年增长73.14%。

分地市来看，全省只有1个地市的生均电子图书量不足1GB；东莞市普通高中生均电子图书量最大，为812.91GB；珠海市生均电子图书量为0.44GB，与东莞市相差巨大。（分地市普通高中生均电子图书量情况详见附表3－16）。

表 4－24 2016 年、2017 年广东省普通高中生均电子图书变化情况

地区	生均电子图书（GB/生）		增长率（%）	区域排名前三的地市
	2016 年	2017 年		
广东省	65.63	71.23	8.53	东莞、中山、揭阳
珠江三角洲	135.91	129.31	－4.86	东莞、中山、深圳
东翼	29.36	50.48	71.93	揭阳、汕头、潮州
西翼	4.43	7.67	73.14	阳江、湛江、茂名
山区	11.46	21.89	91.01	韶关、梅州、清远

2017 年，全省中等职业教育生均电子图书量降幅较大，相比上年下降了 37.35%，为 41.49GB。如表 4－25 所示。

分区域看，2017 年全省各区域中珠江三角洲地区中等职业教育生均电子图书量最大，高达 63.36GB，比上年降低 43.14%；东翼地区中等职业教育生均电子图书量最小，仅 10.68GB，但是比上年增长 101.13%。

分地市来看，2017 年全省 21 个地市中有 5 个地市中等职业教育生均电子图书量有所减少，河源市生均电子图书量最小，仅 0.08GB，与上年持平；东莞市中等职业教育生均电子图书量最大，达到 343.97GB。（分地市中等职业教育生均电子图书量情况详见附表 3－17）

表 4－25 2016 年、2017 年广东省中等职业教育生均电子图书变化情况

地区	生均电子图书（GB/生）		增长率（%）	区域排名前三的地市
	2016 年	2017 年		
广东省	66.23	41.49	－37.35	东莞、中山、汕尾
珠江三角洲	111.44	63.36	－43.14	东莞、中山、佛山
东翼	5.31	10.68	101.13	汕尾、汕头、揭阳
西翼	8.76	15.17	73.17	湛江、阳江、茂名
山区	20.38	17.25	－15.36	云浮、韶关、清远

8. 普通高中每百名专任教师接受信息化培训次数普遍增加，西翼地区增加最为明显；中等职业教育每百名专任教师接受信息化培训次数明显增加

2017 年，全省普通高中每百名专任教师接受信息化培训规模为 121.52 人次，比上年增长 15.30 人次，增长 14.40%。如表 4－26 所示。

表 4－26　2016 年、2017 年广东省普通高中每百名专任教师接受信息化培训情况

地区	培训次数（人次）		增长率（%）
	2016 年	2017 年	
广东省	106.22	121.52	14.40
珠江三角洲	124.81	135.79	8.80
东翼	82.99	101.63	22.46
西翼	86.07	109.80	27.57
山区	110.89	122.35	10.33

分区域来看，2017 年全省各区域普通高中教育每百名专任教师接受信息化培训次数均有所增加，珠江三角洲地区普通高中每百名专任教师接受信息化培训次数为 135.79 人次，比上年增加 10.98 人次，在各区域中增长幅度最小，增长 8.80%；东翼地区普通高中每百名专任教师接受信息化培训次数为 101.63 人次，比上年增加 18.64 人次，增长 22.46%；山区地区普通高中每百名专任教师接受信息化培训次数为 122.35 人次，比上年增加 11.46 人次，增长 10.33%；西翼地区普通高中每百名专任教师接受信息化培训次数为 109.80 人次，比上年增加 23.73 人次，增长 27.57%，增长幅度在各区域中最大。

2017 年，全省中等职业教育每百名专任教师接受信息化培训次数为 69.42 人次，比上年增加 11.14 人次，上升 19.11%，如表 4－27 所示。

分区域看，2017 年全省各区域中，中等职业教育每百名专任教师接受信息化培训次数均有所增加。其中，东翼地区每百名专任教师接受信息化培训次数为 67.88 人次，比上年增加 25.11 人次，增长 58.71%，增长幅度最大；山区地区每百名专任教师接受信息化培训次数为 55.13 人次，比上年增加 2.18 人次，增长 4.12%，增长幅度最小。

表 4－27　2016 年、2017 年广东省中等职业教育每百名专任教师接受信息化培训情况

地区	培训次数（人次）		增长率（%）
	2016 年	2017 年	
广东省	58. 28	69. 42	19. 11
珠江三角洲	67. 55	77. 05	14. 06
东翼	42. 77	67. 88	58. 71
西翼	38. 49	52. 55	36. 53
山区	52. 95	55. 13	4. 12

四、小结

《广东省教育发展“十三五”规划》是指导全省教育改革与发展的纲领性文件，广东省高中教育的发展已完成“十三五”规划的部分目标。

办学规模方面，2017 年高中阶段教育的在校生数 288. 65 万人，中等职业教育在校生达 99. 39 万人，未达到“2018 年高中阶段教育的全日制在校生达 330 万人，其中中等职业教育在校生达 155 万人”的目标，与 2018 年高中阶段教育的全日制在校生目标人数存在一定差距。2018 年，普通高中在校生的目标能够达标，中等职业教育在校生的目标较难达标，整个高中阶段教育的全日制在校生数较难达标。

师资队伍建设方面，广东省高中阶段教育中，普通高中专任教师规模减少，中等职业教育专任教师人数增多，普通高中专任教师 15. 14 万人，普通高中生师比为 12. 50∶1，普通高中教师配置有待进一步完善；中等职业教育专任教师 4. 52 万人，中等职业生师比为 21. 90∶1，中等职业教师配置也需进一步完善。高中阶段教育学校教师人均培训次数普遍增加，普通高中教育专任教师人均培训次数为 5. 13 次，中等职业教育授课专任教师中实践指导课专任教师人均培训次数最高，为 4. 10 次。中等职业教育专任教师参加的培训层次以校级培训为主，培训时间在一个月以内，培训质量不高，这与“十三五”规划中“促进教师教育和教师专业发展”的目标差距有点大。高中阶段教育教师合格率普遍增加，但还需要继续引进高层次高学历的优秀教师。

办学条件方面，高中阶段教育生均占地面积、生均实验室建筑面积、生均运动场地、生均电子图书和生均仪器设备值都有所提高，教育资源呈现良好状

态；教育信息化水平快速提高，高中阶段教育每百名学生拥有的计算机台数不断增加；每百名专任教师接受信息化培训次数明显增加，普通高中每百名专任教师接受信息化培训次数为121.52人次，中等职业教育每百名专任教师接受信息化培训次数为69.42人次，增长率明显提高。

办学质量方面，更加科学合理配置教育资源，不断推进教育公平，满足教育发展需求。“十三五”期间将进一步完善学生接受高中阶段教育的政策，扩大优质教育资源覆盖面，提升教学环境，将发展迅速的教育信息化水平更好地为教育服务，使得高中阶段教育早日达成并超过“十三五”规划。

第五部分　高等教育

2017 年，广东省高等教育规模同上年比基本保持稳定，本、专、研招生和在校生结构基本保持平衡，教师队伍素质和办学条件继续稳步提升。但全省高校专任教师配置仍然趋紧，教师队伍素质仍有待提升，公办、民办高校办学条件差异较大。

一、高等教育规模发展与结构调整情况

1. 高等教育招生规模趋于稳定，研究生招生增幅显著，高职（专科）院校招生增幅较大

2017 年，广东省共招收研究生 38 832 人（普通高校 38 721 人，科研单位 111 人），其中博士生 3 997 人，硕士生 34 835 人，较上年增长了 19.92%，增幅显著。2016 年普通本专科招生 549 822 人，2017 年普通本专科招生 570 775 人，较上年增加了 3.81%，招生规模趋于平稳。

从办学性质来看，2017 年全省公办院校本专科招生数与上年相比，增长了 3.62%。公办高职（专科）院校的专科招生人数较上年增长了 9.06%，这主要是因为广东南华工商职业学院（原民办南华工商学院）办学性质从民办转为公办。2017 年全省民办院校的普通本专科招生数比上年增长了 4.17%，其中民办一般本科院校的本专科招生人数同上年增长了 4.62%，民办高职（专科）院校的专科招生人数增长了 3.21%。如表 5－1 所示。

表 5－1　2016 年、2017 年广东省普通高校分办学性质本专科及研究生招生人数情况

单位：人

院校类别	院校性质	2016 年		2017 年		增长（%）	
		本专科	研究生	本专科	研究生	本专科	研究生
一般本科院校	公办	186 671	32 289	183 945	38 721	－1.48	19.92
	民办	111 390	—	116 785	—	4.62	—
高职（专科）院校	公办	174 377	—	190 180	—	9.06	—
	民办	77 384	—	79 865	—	3.21	—
广东省	公办	361 048	32 289	374 125	38 721	3.62	19.92
	民办	188 774	—	196 650	—	4.17	—

注：高职专科院校“公安边防部队高等专科学校”无在校生数据，下同。

从广东省高校级别（部级、省级、地级）来看，省级和地级院校的本专科招生人数较上年有所上升，增幅分别为3.83%和4.62%，而部级院校与上年相比略有下降，降幅为0.96%。全省一般本科院校的研究生招生增长幅度较大，部级、省级和地级一般本科院校的研究生招生人数分别增长了18.47%、20.05%和24.58%。但全省一般本科院校的本专科招生人数略有下降，其中部级和地级的本专科招生人数较上年分别下降了0.97%和0.26%。而高职（专科）院校的省级和地级专科招生人数有所增加，招生人数较上年分别增长了7.47%和7.26%，如表5－2所示。

表5－2　2016年、2017年广东省普通高校分层次本专科及研究生招生人数情况

单位：人

院校类别	院校层次	2016年		2017年		增长（%）	
		本专科	研究生	本专科	研究生	本专科	研究生
一般本科院校	部级	20 068	14 264	19 874	16 899	－0.97	18.47
	省级	231 738	13 973	234 722	16 774	1.29	20.05
	地级	46 255	4 052	46 134	5 048	－0.26	24.58
高职（专科）院校	部级	4 179	—	4 141	—	－0.91	—
	省级	162 196	—	174 317	—	7.47	—
	地级	85 386	—	91587	—	7.26	—
广东省	部级	24 247	14 264	24 015	16 899	－0.96	18.47
	省级	393 934	13 973	409 039	16 774	3.83	20.05
	地级	131 641	4 052	137 721	5 048	4.62	24.58

从各高校具体情况来看，个别高校的本专科招生人数减少，特别是广东技术师范大学（原广东技术师范学院）本专科招生人数较上年减少了4260，降幅为72.82%；同时，韶关学院、广州大学松田学院、北京理工大学珠海学院等院校2017年的本专科招生人数与上年相比均有大幅下降，降幅均超过了10%，这也是全省公办一般本科院校的本专科招生人数略下降的主要原因。（广东省各高等院校研究生、本专科生招生规模发展情况详见附表4－1和附表4－2）。

2017年，全省普通本专科招生数为570 775人，较上年增加了3.81%，其中一般本科院校本专科招生数为300 730人，高职（专科）院校专科招生数为270 045人。

2017年，全省各地区普通本专科招收外地生源（含港澳台侨）达52 413人，外地生源占招生总数的9.18%。全省外地生源主要集中于一般本科院校，占该类人数的13.99%，如表5－3所示。

表5－3 2017年广东省普通高校本专科招生来源情况

院校类别	人数（人）		占比（%）	
	本地生源	外地生源	本地生源	外地生源
一般本科院校	258 661	42 069	86.01	13.99
高职（专科）院校	259 701	10 344	96.17	3.83
广东省	518 362	52 413	90.82	9.18

2. 在校本专科、研究生学生规模较上年相比均有增长，其中研究生学生规模增幅较大

2017年，我省各种形式高等教育在校生总规模（不包含军事学校人数）达到2 805 841人，普通高校（不包括成人教育和网络教育）在校生规模为2 045 762人，与上年相比，增长了1.49%。普通高校高等教育毛入学率达38.71%，与2016年相比，上升了3.60%，如图5－1所示。

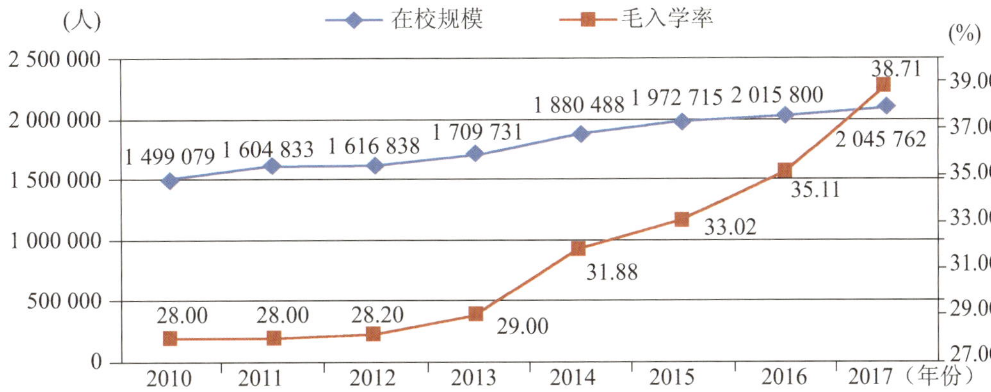

图5－1 2010—2017年广东省普通高校在校生规模及毛入学率变化

2017 年，全省民办一般本科院校和公办高职（专科）院校本专科在校生数分别较上年增长了 3.75% 和 4.70%，其中公办高职（专科）院校在校生数的增加主要是因为广东南华工商学院（原民办南华工商学院）办学性质从民办转为公办。全省普通高校在校研究生 102 587 人（以下数据仅含普通高校，不含科研单位），其中博士 15 658 人，硕士生 86 929 人，较上年相比增长了 10.82%，增幅较大，如表 5－4 所示。（广东省各高等院校研究生、本专科生在校生规模发展情况详见附表 4－1、附表 4－2）

表 5－4　2016 年、2017 年广东省普通高校分办学性质在校生人数情况

单位：人

院校类别	院校性质	2016 年		2017 年		增长（%）	
		本专科	研究生	本专科	研究生	本专科	研究生
一般本科院校	公办	737 528	92 572	735 540	102 587	－0.27	10.82
	民办	412 451	—	427 901	—	3.75	—
高职（专科）院校	公办	511 694	—	535 729	—	4.70	—
	民办	231 205	—	226 605	—	－1.99	—
广东省	公办	1 249 222	92 572	1 271 269	102 587	1.76	10.82
	民办	643 656	—	654 506	—	1.69	—

从高校级别来看，较上年而言，全省部级、省级和地级普通高校在校生人数均有增长，其中研究生在校生数增幅显著，部级、省级和地级的增幅分别为 8.79%、11.38% 和 16.86%，如表 5－5 所示。

从各高校具体情况来看，部分高校的本专科在校生人数同上年相比还是有所下降。如广东技术师范学院 2016 年和 2017 年的本专科在校生人数分别为 20 281 人和 16 035 人，相比下降了 20.94%；广州科技职业技术学院 2017 年的本专科在校生人数则较上年下降了 20.35%。

表 5－5 2016 年、2017 年广东省普通高校分层次本专科生和研究生在校生人数情况

单位：人

院校类别	院校层次	2016 年		2017 年		增长（%）	
		本专科	研究生	本专科	研究生	本专科	研究生
一般本科院校	部级	81 021	42 942	81 652	46 717	0.78	8.79
	省级	889 530	38 844	900 878	43 266	1.28	11.38
	地级	179 428	10 786	180 911	12 604	0.83	16.86
高职（专科）院校	部级	12 229	—	12 542	—	2.56	—
	省级	478 267	—	493 620	—	3.21	—
	地级	252 403	—	256 172	—	1.49	—
广东省	部级	93 250	42 942	94 194	46 717	1.01	8.79
	省级	1 367 797	38 844	1 394 498	43 266	1.95	11.38
	地级	431 831	10 786	437 083	12 604	1.22	16.86

3. 本专科毕业生规模同上年相比增幅明显，研究生则有所上升

2017 年，全省普通本专科毕业生 511 222 人，比上年增长了 7.49%；全省普通高校研究生毕业生为 27 065 人（其中博士毕业生 3 047 人，硕士毕业生 24 018 人），较上年增长了 2.89%；其中，省级一般本科院校的研究生和本专科生毕业生规模较上年增长明显，增幅分别为 11.40% 和 13.01%，如表 5－6 所示。（广东省各高等院校研究生和本专科毕业生增长情况详见附表 4－3）

表 5－6 2016 年、2017 年广东省普通高校分层次研究生和普通本专科毕业生规模及变化情况

单位：人

院校层次	学生类型	一般本科院校			高职（专科）院校			广东省		
		2016 年	2017 年	增长（%）	2016 年	2017 年	增长（%）	2016 年	2017 年	增长（%）
部级	研究生	12 240	11 962	－2.27	—	—	—	12 240	11 962	－2.27
	本专科	17 586	18 185	3.41	3 427	3 662	6.86	21 013	21 847	3.97
省级	研究生	10 801	12 032	11.40	—	—	—	10 801	12 032	11.40
	本专科	189 531	214 186	13.01	145 418	148 201	1.91	334 949	362 387	8.19

续上表

院校层次	学生类型	一般本科院校			高职（专科）院校			广东省		
		2016年	2017年	增长（%）	2016年	2017年	增长（%）	2016年	2017年	增长（%）
地级	研究生	3 263	3 071	-5.88	—	—	—	3 263	3 071	-5.88
	本专科	39 790	42 697	7.31	79 834	84 291	5.58	119 624	126 988	6.16
广东省	研究生	26 304	27 065	2.89	—	—	—	26 304	27 065	2.89
	本专科	246 907	275 068	11.41	228 679	236 154	3.27	475 586	511 222	7.49

注：省级一般本科院校“广东医科大学”“仲恺农业工程学院”“广东药学院”“星海音乐学院”无2016年的毕业生信息。

2017年全省公办和民办院校本专科毕业生规模增长较快，增幅分别为8.04%、6.35%。公办一般本专科院校较上年增长了12.37%，民办一般本专科院校较上年增长了9.64%，如表5-7所示。

表5-7　2016年、2017年广东省普通高校分办学性质研究生和普通本专科毕业生规模及变化情况

单位：人

院校性质	学生类型	一般本科院校			高职（专科）院校			广东省		
		2016年	2017年	增长（%）	2016年	2017年	增长（%）	2016年	2017年	增长（%）
公办	研究生	26 304	27 065	2.89	—	—	—	26 304	27 065	2.89
	本专科	159 637	179 387	12.37	161 865	167 970	3.77	321 502	347 357	8.04
民办	研究生	—	—	—	—	—	—	—	—	—
	本专科	87 270	95 681	9.64	66 814	68 184	2.05	154 084	163 865	6.35

4. 高等学校招生学科专业结构逐步优化，与经济社会的适应性进一步提高

2017年，全省高等教育继续优化学科布局与调整专业结构，就本科层次而言，除个别学科招生人数较上年增加明显外，科类构成变动较小。高职（专科）层次的电子信息大类、财经商贸大类、教育与体育大类专业招生所占比例较大。

2017年，全省普通本科（分学科）共计招生285 585人，较上年有所上升，增幅为1.84%。其中哲学、历史学、理学和医学的招生人数增幅较大，增幅分别为18.45%、7.46%、8.33%和8.33%。招生各学科构成比变化不大，如表5-8所示。

表5-8 2017年广东省普通高校本科分学科招生人数及科类构成

科类	人数（人）			构成（%）		
	2016年	2017年	比上年增长（%）	2016年	2017年	比上年增长
哲学	168	199	18.45	0.06	0.07	0.01
经济学	24 697	23 672	-4.15	8.81	8.29	-0.52
法学	10 717	10645	-0.67	3.82	3.73	-0.09
教育学	6936	7338	5.80	2.47	2.57	0.1
文学	33 925	33 389	-1.58	12.10	11.69	-0.41
历史学	1006	1081	7.46	0.36	0.38	0.02
理学	19 067	20 655	8.33	6.80	7.23	0.43
工学	82 527	86 357	4.64	29.43	30.24	0.81
农学	3548	3722	4.90	1.27	1.30	0.03
医学	15 420	16 705	8.33	5.50	5.85	0.35
管理学	62 264	61 410	-1.37	22.20	21.50	-0.7
艺术学	20 158	20 412	1.26	7.19	7.15	-0.04
广东省	280 433	285 585	1.84	100.00	100.00	0.00

2017年，高职（专科）招生285 190人。从全省来看，旅游大类招生人数增长最多，增长率高达24.35%；轻工纺织大类、食品药品与粮食大类以及新闻传播大类分别增长了21.69%、21.24%和19.61%。而能源动力与材料大类、生物与化工大类招生人数降辐最大，分别下降了11.75%和12.02%，如表5-9所示。

表5－9　2017年广东省高职（专科）19大类专业招生人数及科类构成

科类	人数（人）			构成（%）		
	2016年	2017年	比上年增长（%）	2016年	2017年	比上年增长（%）
农林牧渔大类	1841	2054	11.57	0.68	0.72	0.04
资源环境与安全大类	3163	3222	1.87	1.17	1.13	-0.04
能源动力与材料大类	2119	1870	-11.75	0.79	0.66	-0.13
土木建筑大类	18 806	19 308	2.67	6.98	6.77	-0.21
水利大类	429	418	-2.56	0.16	0.15	-0.01
装备制造大类	26 199	26 778	2.21	9.73	9.39	-0.34
生物与化工大类	3119	2744	-12.02	1.16	0.96	-0.20
轻工纺织大类	2872	3495	21.69	1.07	1.23	0.16
食品药品与粮食大类	4657	5646	21.24	1.73	1.98	0.25
交通运输大类	9630	9833	2.11	3.57	3.45	-0.12
电子信息大类	43 229	46 782	8.22	16.05	16.40	0.35
医药卫生大类	14 090	16 094	14.22	5.23	5.64	0.41
财经商贸大类	65 281	67316	3.12	24.23	23.60	-0.63
旅游大类	9058	11 264	24.35	3.36	3.95	0.59
文化艺术大类	18 647	18 892	1.31	6.92	6.62	-0.3
新闻传播大类	2076	2483	19.61	0.77	0.87	0.10
教育与体育大类	35 792	38 067	6.36	13.29	13.35	0.06
公安与司法大类	2433	2593	6.58	0.90	0.91	0.01
公共管理与服务大类	5948	6331	6.44	2.21	2.22	0.01
广东省	269 389	285 190	5.87	100.00	100.00	0.00

二、高等教育教师队伍发展情况

1. 高等教育专任教师总体规模逐步增长，本科院校高校增幅明显

2017年，全省普通高校共有专任教师104 242人，公办一般本科院校和民办一般本科院校增幅较明显，分别为3.38%和4.90%，如表5－10所示。其中，民办本科院校增幅明显原因在于新增了两所本科院校，分别是深圳北理莫斯科大学和广东以色列理工学院。从各高校具体情况来看，公办本科院校韶关学院和嘉应学院专任教师总规模与上年相比增长值为0，东莞理工学院专任教师总规模与上年相比增加了306人。公办高职（专科）院校的专任教师规模较上年增长了2.08%，这主要是因为广东南华工商职业学院（原民办南华工商学院）的办学性质从民办转为公办。（广东省各普通高校专任教师情况详见附表4-4。）

表5-10 2016—2017年广东省普通高校分办学性质专任教师总规模情况

单位：人

院校性质	一般本科院校				高职（专科）院校			
	2016年	2017年	比上年增长	增长率（%）	2016年	2017年	比上年增长	增长率（%）
公办	47 051	48 639	1588	3.38	25 205	25 730	525	2.08
民办	17 846	18 721	875	4.90	11 058	11 152	94	0.85
广东省	64 897	67 360	2463	3.80	36 263	36 882	619	1.71

从高校级别来看，2017年地级一般本科院校专任教师规模增幅最大，比上年增长了8.62%，如表5-11所示。从各高校具体情况来看，部分高校专任教师人数减少明显，广州医科大学专任教师减少110人，广东工业大学专任教师减少了171人，广东工程职业技术学院专任教师减少了134人。

表5-11 2016—2017年广东省普通高校分层次专任教师总规模情况

单位：人

院校层次	一般本科院校				高职（专科）院校			
	2016年	2017年	比上年增长	增长率（%）	2016年	2017年	增长率	增长率（%）
部级	8246	8622	376	4.56	698	713	15	2.15
省级	46 394	47 597	1203	2.59	22 911	23 351	440	1.92
地级	10 257	11 141	884	8.62	12 654	12 818	164	1.30
广东省	64 897	67 360	2463	3.80	36 263	36 882	619	1.71

2. 全省普通高校生师比有所上升，专任教师数量配置趋紧状况减缓

总体看，全省普通高校生师比有所上升。2017 年，全省普通高校生师比为18.60∶1，比上年增加0.10%。其中，本科院校生师比为18.86∶1，比上年增加0.07%；高职（专科）院校生师比为18.15∶1，比上年增加0.14%。如表5－12 所示。

表5－12　2016—2017 年广东省普通高校分层次生师比（%）

院校层次	一般本科院校			高职（专科）院校			普通高校		
	2016 年	2017 年	比上年增长	2016 年	2017 年	比上年增长	2016 年	2017 年	比上年增长
部级	18.21∶1	17.78∶1	－0.43	15.96∶1	14.16∶1	－1.80	18.02∶1	17.50∶1	－0.53
省级	19.03∶1	19.35∶1	0.32	18.42∶1	18.69∶1	0.27	18.73∶1	19.03∶1	0.30
地级	18.16∶1	17.63∶1	－0.53	17.87∶1	17.89∶1	0.02	18.00∶1	17.78∶1	－0.22
广东省	18.79∶1	18.86∶1	0.07	18.01∶1	18.15∶1	0.14	18.50∶1	18.60∶1	0.10

从办学性质来看，民办本科院校生师比呈下降态势，比上年下降了0.02%，如表5－13 所示。从各高校具体情况来，其中广东白云学院比上年下降了1.19%，广东技术师范学院天河学院比上年减少0.99%。（广东省普通高校生师比详见附表4－5）

表5－13　2016、2017 年广东省普通高校分办学性质生师比（%）

院校性质	一般本科院校			高职（专科）院校		
	2016 年	2017 年	比上年增长	2016 年	2017 年	比上年增长
公办	18.23∶1	18.33∶1	0.10	17.58∶1	17.87∶1	0.29
民办	20.27∶1	20.25∶1	－0.02	19.05∶1	18.83∶1	－0.22
广东省	18.79∶1	18.86∶1	0.07	18.01∶1	18.15∶1	0.14

3. 高级专业技术职务教师总体比重略有下降

2017 年，全省普通高校专任教师中高级专业技术职务教师比例为40.61%，比上年减少了2.30%；本科院校为47.16%，比上年增加1.16%；

高职（专科）院校为28.66%，比上年增加1.46%。如表5－14所示。

与上年相比，全省部级高校专任教师中高级专业技术职务教师比例增长最快，为2.74%，其中部级本科院校增加2.75%。全省省级和地级高校专任教师中高级专业技术职务教师比例略有下降，分别下降了4.65%和3.49%。

表5－14 2016年、2017年广东省普通高校分层次专任教师中高级专业技术职务教师比例（%）

院校层次	一般本科院校			高职（专科）院校			普通高校		
	2016年	2017年	比上年增长	2016年	2017年	比上年增长	2016年	2017年	比上年增长
部级	69.23	71.98	2.75	23.64	25.39	1.75	65.68	68.42	2.74
省级	41.18	41.57	0.39	25.90	27.64	1.74	41.64	36.99	－4.65
地级	49.14	51.82	2.68	29.75	30.70	0.95	38.43	34.94	－3.49
广东省	46.00	47.16	1.16	27.20	28.66	1.46	42.91	40.61	－2.30

分办学性质看，2017年公办、民办高职（专科）院校专任教师中高级专业技术职务教师比例差距减小。公办（专科）院校专任教师中高级专业技术职务教师比例增长最大，比上年增加1.84%；公办本科院校的比例为53.72%，比上年增加1.77%，如表5－15所示。从各高校的具体情况来看，有12所民办本科院校高级专业技术职务教师比例出现下降，其中广东科技学院比上年减少了10.24%，广东理工学院比上年减少7.43%。（广东省普通高校高级职称教师比例详见附表4－6）

表5－15 2016年、2017年广东省普通高校分办学性质专任教师中高级专业技术职务教师比例（%）

院校性质	一般本科院校			高职（专科）院校		
	2016年	2017年	比上年增长	2016年	2017年	比上年增长
公办	51.95	53.72	1.77	28.88	30.72	1.84
民办	30.32	30.11	－0.21	23.37	25.10	1.73
广东省	46.00	47.16	1.16	27.20	28.66	1.46

4. 专任教师中研究生学历层次教师所占比例继续提高

全省普通高校专任教师学历层次继续提高，2017年，全省普通高校专任教师中研究生学历教师比例为72.68%，比上年增加1.86%。其中，本科院校为81.58%，比上年增加1.82%；高职（专科）院校为56.42%，比上年增加1.64%，已达到国家专科院校合格标准，如图5－2所示。从各高校的具体情况来看，广东药科大学比上年减少6.83%；广东科技职业技术学院和广东碧桂园职业学院也呈下降趋势，与上年相比分别减少了10.94%和14.75%。

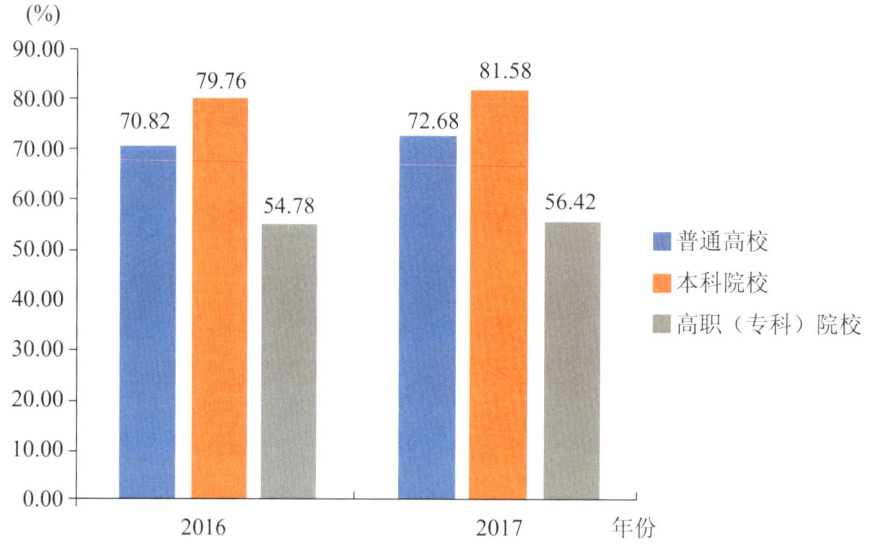

图5－2　2016年、2017年广东省普通高校专任教师中教师研究生学历比

从办学性质来看，2017年，广东省普通高校专任教师中教师研究生学历比例继续提高，其中公办高职（专科）院校和民办本科院校比例增长明显，公办高职（专科）院校比上年增加2.33%，民办本科院校比上年增加2.80%，如表5－16所示。

表5－16　2016年、2017年广东省普通高校分办学性质专任教师中教师研究生学历比例（%）

院校性质	一般本科院校			高职（专科）院校		
	2016年	2017年	比上年增长	2016年	2017年	比上年增长
公办	83.49	85.00	1.51	61.33	63.66	2.33
民办	69.92	72.72	2.80	39.94	39.70	－0.24
广东省	79.76	81.58	1.82	54.81	56.42	1.61

5. **高校专任教师参加培训的层次差异明显，各类高等学校参加国内外培训机会差异较大**

2017 年，全省高校专任教师共参加国内外培训 81 846 人次，其中国外培训 3602 人次，国内培训 78244 人次。分层次来看，接受国内外培训的专任教师中，地级高职（专科）院校人均参加培训次数最大，为1. 24 次，如表5 – 17 所示。

表 5 – 17 2017 年广东省普通高校分层次专任教师人均参加国内外培训情况

单位：次

培训类型	一般本科院校			高职（专科）院校		
	部级	省级	地级	部级	省级	地级
国内培训	0. 23	0. 78	0. 47	0. 81	0. 79	1. 17
国外培训	0. 04	0. 03	0. 05	0. 01	0. 02	0. 07
广东省	0. 27	0. 81	0. 52	0. 82	0. 81	1. 24

总体而言，广东省专任教师参加国外培训机会较少。2017 年，在参加国内外培训的专任教师中，民办一般本科院校和公办高职（专科）院校专任教师人均参加培训次数数值较大，分别为1. 06 次和1. 08 次；而公办一般本科院校专任教师人均参加培训的数值持续在较低水平，上年为0. 49 次，今年为0. 55 次，如表5 – 18 所示。

表 5 – 18 2017 年广东省普通高校分办学性质专任教师人均参加国内外培训情况

单位：次

培训类型	一般本科院校		高职（专科）院校	
	公办	民办	公办	民办
国内培训	0. 51	1. 04	1. 03	0. 67
国外培训	0. 04	0. 02	0. 05	0. 01
广东省	0. 55	1. 06	1. 08	0. 68

高校专任教师参加培训的时间以一个月以内的短期培训为主。从高校专任教师参加培训的时间看，2017 年参加一个月以内培训的教师约占培训教师总数

的89.47%，但是与上年相比增加5.97%；其他国内外培训时间较上年略有减少，以一个月到三个月以内培训时间为代表，与上年相比降低了4.96%，如表5-19所示。

表5-19　2017年广东省普通高校专任教师参加国内外培训的时间分布情况（%）

培训时间	国内培训			国外培训			广东省		
	2016年	2017年	比上年增长	2016年	2017年	比上年增长	2016年	2017年	比上年增长
一个月以内	85.70	90.88	5.18	52.87	57.00	4.13	83.50	89.47	5.97
一个月至三个月以内	9.25	3.98	-5.27	6.07	6.14	0.07	9.04	4.08	-4.96
三个月至半年以内	1.61	2.07	0.46	7.86	7.19	-0.67	2.03	2.30	0.27
半年至一年以内	1.28	1.06	-0.22	11.44	12.27	0.83	1.96	1.55	-0.41
一年及以上	2.16	2.01	-0.15	21.76	15.16	-6.60	3.47	2.59	-0.88

6. 省级、地级高职（专科）院校“双师型”教师比例持续提高，部级比例出现下滑

2017年，高职（专科）院校的“双师型”教师比例由上年的46.50%上升至55.31%，增加8.81%。分学校层次看，地级高职（专科）院校所占比例依然最大，为56.74%，比上年增加8.12%，如图5-3所示。从各高校具体情况来看，广东交通职业技术学院“双师型”教师人数比上年减少121人。

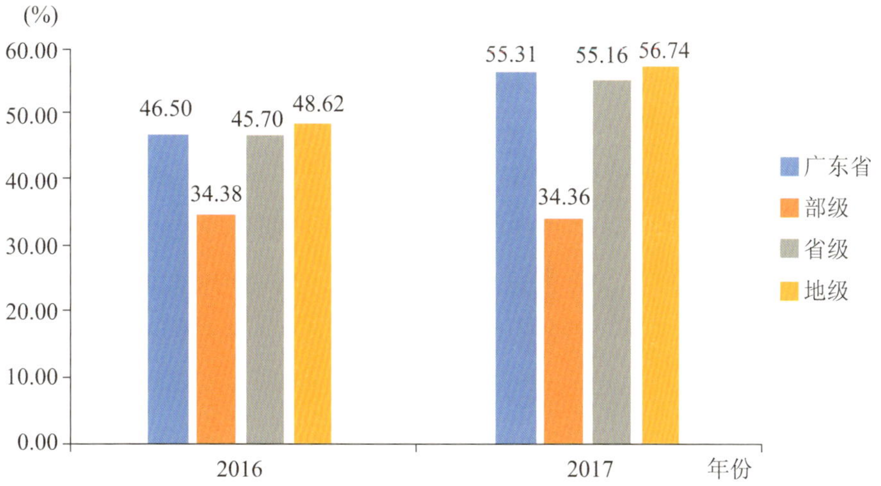

图 5－3　2016 年、2017 年高职（专科）院校分层次双师型教师比

7. **高校专职辅导员队伍呈现年轻化态势，高职（专科）院校辅导员职务职称较低**

2017 年广东省普通高校共有专职辅导员 7912 人，比上年增加 513 人。高校专职辅导员 29 岁及以下的有 3511 人，占专职辅导员总数的 44. 38%，辅导员队伍呈现年轻化态势，如图 5－6 所示。从各高校具体情况来看，全省有 8 所高校 29 岁及以下的专职辅导员人数减少明显，即广东技术师范大学（原广东技术师范学院）、广东石油化工学院、广州商学院、广州大学松田学院、广东财经大学华商学院、广东司法警官职业学院、广东工商职业学院、汕头职业技术学院，分别比上年减少 15 人、14 人、23 人、18 人、14 人、14 人、16 人、13 人。

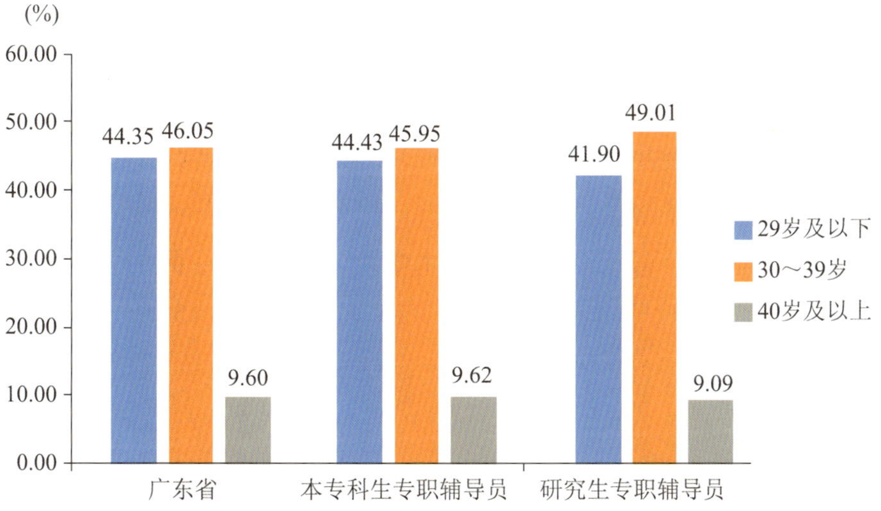

图 5－4　2017 年广东省普通高校专职辅导员年龄分布情况

从高校专职辅导员的职务构成看，副科级及以下职务的专职辅导员所占比例较大。2017年全省高校专职辅导员中，副科级及以下的所占比例为80.95%，比上年减少了0.02%，其中高职（专科）院校所占比例为89.17%，如表5-20所示。从各高校具体情况来看，有7所学校副科级及以下职务的专职辅导员人数减少比较明显，其中，广东创新科技职业学院比上年减少16人，3所学校比上年减少15人，分别是广东金融学院、广州康大职业技术学院和广东工程职业技术学院；2所学校比上年减少14人，分别是广东培正学院和广州大学松田学院。

表5-20　2017年广东省普通高校分院校类别专职辅导员职务分布（%）

职务	一般本科院校			高职（专科）院校			广东省		
	2016年	2017年	比上年增长	2016年	2017年	比上年增长	2016年	2017年	比上年增长
副处级及以上	9.02	8.89	-0.13	3.83	4.45	0.62	6.83	7.02	0.19
正科级	17.40	16.12	-1.28	5.11	6.38	1.27	12.20	12.03	-0.17
副科级及以下	73.58	74.99	1.41	91.05	89.17	-1.88	80.97	80.95	-0.02

从高校专职辅导员的专业技术职称分布看，初级及以下职称所占比例最高。2017年，全省副高及以上职称的高校专职辅导员所占比例仅为3.18%；初级及以下职称的高校专职辅导员所占比例高达61.26%。其中，高职（专科）院校初级及以下职称所占比重最大，为66.47%，如图5-7所示。从各高校具体情况来看，初级及以下职称的高校辅导员人数呈现下滑趋势的高校有67所。其中减少较为明显的是岭南师范学院、广州大学松田学院、嘉应学院、广东工贸职业技术学院、惠州经济职业技术学院、广东工商职业学院和广东创新科技职业学院，分别比上年减少13人、15人、13人、15人、13人、24人、20人。

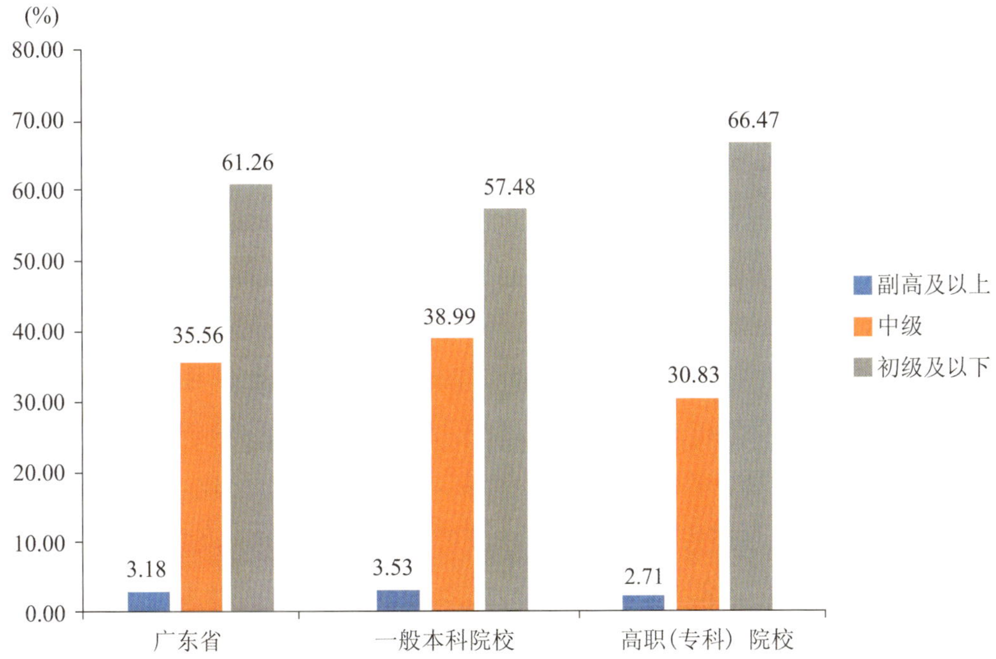

图 5－5　2017 年广东省分院校类别普通高校专职辅导员职称分布

高校专职辅导员的学历构成以本科和硕士研究生为主，其中一般本科院校硕士研究生学历较多，高职（专科）院校本科学历较多。2017 年，一般本科院校硕士学历的辅导员所占比例为 65. 98%，高职（专科）院校本科学历的专职辅导员所占比例为 62. 29%，如表 5－21 所示。从具体院校来看，岭南师范学院本科学历的专职辅导员人数比上年下降 26 人，广州大学比上年下降 23 人，广东交通职业技术学院比上年下降 17 人。

表 5－21　2017 年广东省普通高校分院校类别专职辅导员学历构成比例情况（%）

学历	一般本科院校			高职（专科）院校			广东省		
	2016 年	2017 年	比上年增长	2016 年	2017 年	比上年增长	2016 年	2017 年	比上年增长
博士研究生	1. 29	2. 40	1. 11	0. 58	1. 08	0. 50	0. 99	1. 84	0. 85
硕士研究生	65. 66	65. 98	0. 32	32. 62	32. 12	－0. 50	51. 68	51. 76	0. 08
本科	32. 79	31. 34	－1. 45	62. 49	62. 29	－0. 20	45. 36	44. 34	－1. 02
专科及以下	0. 26	0. 28	0. 02	4. 31	4. 51	0. 20	1. 97	2. 06	0. 09

8. 本科院校心理咨询工作人员资格证书持有率较高，高职（专科）院校心理咨询工作人员学历逐步提升

各高校逐步将大学生心理健康教育师资队伍建设纳入学校整体师资教师队伍建设工作中，加强选拔、配备、培养和管理，高校心理咨询工作人员的资质、职务和学历逐步提高。

从整体来看，2017 年高校心理咨询工作人员八成以上持有资格证书。分学校级别看，地级高校心理咨询工作人员持有资格证书的比例增长最快，与上年相比增幅为 3.31%，省级高校心理咨询工作人员持有资格证书比例有所下降，下降了 1.08%，如表 5－22 所示。从各高校具体情况来看，全省有 23 所高校持有资格证书的心理咨询工作人员数量减少，其中深圳大学比上年减少 50 人（主要原因在于所在心理咨询中心由原所属师范学院调整至心理学院）；人员增长较多的高校有两所：肇庆学院比上年增加 15 人，广州科技职业技术学院比上年增加 12 人。

表 5－22　2017 年广东省普通高校心理咨询工作人员持有资格证书情况

院校层次		规模合计（人）	其中：持有资格证书					
			规模（人）			所占比例（%）		
			2016 年	2017 年	比上年增长	2016 年	2017 年	比上年增长
分层级	部级	67	54	63	9	91.53	94.03	2.50
	省级	500	374	412	38	83.48	82.40	－1.08
	地级	227	194	188	－6	79.51	82.82	3.31
分办学性质	一般本科院校	374	315	317	2	84.22	84.76	0.54
	高职（专科）院校	420	307	346	39	81.43	82.38	0.95

2017 年，全省高校心理咨询工作人员专业技术职称比例普遍下降。其中副高及以下职称人员比上年减少 1.79%；而初级及以下职称人员比例略有上升，与上年相比增加了 0.97%，如表 5－23 所示。从各高校具体情况来看，中级职称比上年减少明显的为深圳大学，减少了 12 人。

表 5－23 2017 年广东省普通高校心理咨询工作人员专业技术职称分布（%）

职务	一般本科院校			高职（专科）院校			广东省		
	2016 年	2017 年	比上年增长	2016 年	2017 年	比上年增长	2016 年	2017 年	比上年增长
副高及以上	20.86	17.11	－3.75	12.37	13.10	0.73	16.78	14.99	－1.79
中级	49.73	52.94	3.21	50.40	49.05	－1.35	50.07	50.88	0.81
初级及以下	29.41	29.95	0.54	36.87	37.86	0.99	33.16	34.13	0.97

2017 年，全省普通高校心理咨询工作人员学历以硕士研究生为主。高职（专科）院校心理咨询工作人员学历逐步提升，其中，硕士研究生学历心理咨询工作人员比例为 61.34%；高职（专科）院校中本科学历呈下降趋势，与上年相比减少 1.26%，如表 5－24 所示。从各高校具体情况来看，全省硕士研究生学历心理咨询工作人员人数减少的高校有 16 所，其中深圳大学比上年减少 15 人，广东司法警官职业学院比上年减少 5 人，广东外语外贸大学南国商学院比上年减少 3 人，广东女子职业技术学院减少 2 人。其余 12 所院校分别减少 1 人。

表 5－24 2017 年广东省普通高校心理咨询工作人员学历构成比例情况（%）

学历	一般本科院校			高职（专科）院校			广东省		
	2016 年	2017 年	比上年增长	2016 年	2017 年	比上年增长	2016 年	2017 年	比上年增长
博士研究生	20.59	11.50	－9.09	1.59	1.67	0.08	11.05	6.30	－4.75
硕士研究生	61.23	70.86	9.63	52.79	52.86	0.07	56.99	61.34	4.35
本科	18.18	17.65	－0.53	44.83	43.57	－1.26	31.56	31.36	－0.20
专科及以下	0.00	0.00	0.00	0.80	1.90	1.10	0.40	1.01	0.61

三、普通高校办学条件变化情况

1. 校园面积总量较上一年略有减少，且生均校园面积有不同程度的下降

2017 年广东省公办高校校园面积为 8 770.81 万 m^2，同上年相比有所增加，增幅为 0.80%；民办高校校园面积为 3 529.91 万 m^2，比上年减少了 2.79%。其中公办高职（专科）院校校园面积增加了 3.90%，民办高职（专科）院校生均校园面积减少了 5.95%。从生均维度来看，全省院校的生均校园面积均有所减少，尤其是民办高校，与上年相比，生均校园面积减少 4.91%，如表 5 – 25 所示。公办高职（专科）院校校园面积有所增加的原因是今年新增两所院校（广东江门中医药职业学院、惠州工程职业学院），且民办性质的南华工商学院改为公办性质的广东南华工商职业学院。（广东省各普通高校校园占地面积详见附表 4 – 7）

表 5 – 25　2016 年、2017 年广东省普通高校分办学性质校园面积

院校类别	院校性质	2016 年（万 m^2）	2017 年（万 m^2）	比上年增长（%）	生均（m^2）	比上年增长（%）
一般本科院校	公办	5 667.23	5 618.20	–0.87	64.16	–3.88
	民办	2 451.55	2 427.20	–0.99	56.67	–4.64
高职（专科）院校	公办	3 034.19	3 152.61	3.90	57.66	–0.67
	民办	1 179.57	1 102.71	–6.52	47.91	–5.95
广东省	公办	8 701.42	8 770.81	0.80	61.66	–2.80
	民办	3 631.12	3 529.91	–2.79	53.61	–4.91

注：普通高校"校园面积"中含非产权独立使用部分，指学校租借用一年以上的校园面积，不含学校与其他单位共享的校园面积。

2017 年全省普通高校校园面积为 12 300.72 万 m^2，较上年减少了 0.26%。其中，地级院校校园面积较上年下降了 1.34%，而省级高校校园面积则较上年增加了 0.26%，其中省级高校校园面积有所增加的主要原因是新增了两所院校（深圳北理莫斯科大学、广东以色列理工学院 ）。从生均值来看，全省生均校园面积均有所下降，部级、省级、地级较上年分别下降 4.13%、3.19% 和 3.45%，如表 5 – 26 所示。

表 5－26　2016 年、2017 年广东省普通高校分层次校园面积

院校层次	2016 年总面积（万 m^2）	2017 年总面积（万 m^2）	比上年增长（%）	生均（m^2）	比上年增长（%）
部级	1 189.62	1 177.23	－1.04	78.10	－4.13
省级	8 107.99	8 129.33	0.26	55.38	－3.19
地级	3 034.93	2 994.16	－1.34	64.77	－3.45
广东省	12 332.54	12 300.72	－0.26	59.11	－3.38

注：同表 5－25。

2. 不同类型高校校舍建筑面积呈增长态势

2017 年全省公办普通高校与民办普通高校校舍建筑面积分别为 4 195.92 万平方米和 1 574.99 万平方米，与上年相比分别增加了 2.54% 和 6.96%。其中，民办一般本科院校的校舍建筑面积增幅较大，较上年增长了 8.97%。在生均校舍建筑面积方面，民办普通高校校舍的生均校舍建筑面积增加 4.62%，而公办普通高校校舍的生均校舍建筑面积却减少了 1.11%，如表 5－27 所示。（广东省普通高校校舍建筑面积详见附表 4－8）

表 5－27　2016 年、2017 年广东省普通高校分办学性质校舍建筑面积

院校类别	院校性质	2016 年（万 m^2）	2017 年（万 m^2）	比上年增长（%）	生均（m^2）	比上年增长（%）
一般本科院校	公办	2 808.28	2 860.91	1.87	32.67	－1.23
	民办	909.30	990.86	8.97	23.13	4.95
高职（专科）院校	公办	1 283.53	1 335.01	4.01	24.42	－0.57
	民办	563.25	584.13	3.71	25.38	4.33
广东省	公办	4 091.81	4 195.92	2.54	29.50	－1.11
	民办	1 472.55	1 574.99	6.96	23.92	4.62

注：同表 5－25。

2017 年全省普通高校校舍建筑面积为 5 770.91 万平方米（以下数据仅含普通高校，不含科研单位），比上年增加了 3.71%，生均校舍建筑面积增加了 0.47%。其中，部级、省级、地级高校校舍建筑面积都有增加，分别为 0.58%、4.14% 和 3.98%，但生均校舍建筑面积变化情况却并不相同，部级

院校减少了2.56%，而省级院校增加了0.55%，地级院校增加了1.76%，如表5－28所示。

表5－28　2016、2017年广东省普通高校分层次校舍建筑面积

院校层次	2016年（万 m^2）	2017年（万 m^2）	比上年增长（%）	生均（m^2）	比上年增长（%）
部级	606.70	610.22	0.58	40.48	－2.56
省级	3 668.09	3 819.78	4.14	26.02	0.55
地级	1 289.57	1 340.92	3.98	29.01	1.76
广东省	5 564.36	5 770.91	3.71	27.73	0.47

注：同表5－25。

3. 全省普通高校生均教学与行政用房面积普遍下降

2017年，全省普通高校教学与行政用房总面积为2956.21万平方米，比上年减少了0.22%；生均教学与行政用房面积为14.21平方米，较上年下降了3.34%，如表5－29所示。（广东省各普通高校教学与行政用房面积详见附表4－9）

表5－29　2016年、2017年广东省普通高校分层次生均教学与行政用房面积

院校层次	2016年（万 m^2）	2017年（万 m^2）	比上年增长（%）	生均（m^2）	比上年增长（%）
部级	261.85	256.20	－2.16	17.00	－5.21
省级	1 949.32	1 933.28	－0.82	13.17	－4.24
地级	751.46	766.73	2.03	16.59	－0.14
广东省	2 962.63	2 956.21	－0.22	14.21	－3.34

注：普通高校“教学与行政用房”中含非产权独立使用部分，指学校租借用一年以上的教学与行政用房，不含学校与其他单位共享的教学与行政用房。

从办学性质来看，在2017年全省普通高校中，公办一般本科院校的教学与行政用房总面积减少了1.11%，民办一般本科院校的教学与行政用房面积增加了0.58%；民办高职（专科）院校的教学与行政用房面积减少了0.89%，公办高职（专科）院校的教学与行政用房面积增加最为显著，增加了1.19%。从生均维度来看，2017年全省生均教学与行政用房面积均有所减少，其中公办学校的生均教学与行政用房面积减少了3.84%，民办学校的生均教学与行政用房面积减少了2.23%，如表5-30所示。

表5-30 2016年、2017年广东省普通高校分办学性质生均教学与行政用房面积

院校类别	院校性质	2016年总面积（万 m^2）	2017年总面积（万 m^2）	比上年增长（%）	生均（m^2）	比上年增长（%）
一般本科院校	公办	1 361.35	1 346.18	-1.11	15.37	-4.12
	民办	484.13	486.94	0.58	11.37	-3.13
高职（专科）院校	公办	765.01	774.09	1.19	14.16	-3.27
	民办	352.14	349.00	-0.89	15.16	-0.29
广东省	公办	2 126.36	2 120.27	-0.29	14.91	-3.84
	民办	836.27	835.94	-0.04	12.70	-2.23

注：同表5-29。

4. 生均图书数量总体较上年增幅明显

2017年，全省普通高校图书总数为16 661.15万册（以下数据仅含普通高校，不含科研单位），较上年增长了2.70%；生均图书数为72.83册，比上年减少了0.87%。其中，地级院校图书总量有所减少，减少了2.61%；生均图书数只有省级院校有所增长，增长了1.02%，如表5-31所示。

表5-31 2016年、2017年广东省普通高校分层次图书数

院校层次	2016年总值（万册）	2017年总值（万册）	比上年增长（%）	生均（册）	比上年增长（%）
部级	1 451.27	1 457.24	0.41	74.28	-4.65
省级	10 887.87	11 420.99	4.90	72.07	1.02
地级	3 884.33	3 782.92	-2.61	74.65	-4.73
广东省	16 223.48	16 661.15	2.70	72.83	-0.87

从办学性质看，2017年全省普通高校中，公办学校图书总数为11 698.33万册，比上年增长了1.66%；生均图书数为72.71册，比上年减少了2.37%。民办院校图书总数为4 962.82万册，比上年增长了5.23%；生均图书数为73.13册，比上年增长了2.80%。全省院校图书总量均有所增加，但公办高职

（专科）院校的生均图书数减少最显著，如表5－32所示。（广东省各普通高校图书数详见附表4－10）

表5－32　2016年、2017年广东省普通高校分办学性质图书数

院校类别	院校性质	2016年总值（万册）	2017年总值（万册）	比上年增长（%）	生均（册）	比上年增长（%）
一般本科院校	公办	7 790.99	7 972.46	2.33	76.59	－1.84
	民办	2 905.52	3 091.45	6.40	71.10	2.49
高职（专科）院校	公办	3 716.49	3 725.86	0.25	65.59	－3.53
	民办	1 810.48	1 871.37	3.36	76.74	3.48
广东省	公办	11 507.48	11 698.33	1.66	72.71	－2.37
	民办	4 715.99	4 962.82	5.23	73.13	2.80

5. 仪器设备配置水平整体提高明显，不同办学性质的高校的生均仪器设备值差别较大

2017年，全省普通高校仪器设备总值为3 584 977.97万元（以下数据仅含普通高校，不含科研单位），比上年增长了31.96%；生均仪器设备为15 671.59元，比上年增长了27.38%。分层次看，各层次高校仪器设备值均有增长，部级、省级、地级高校的增长率分别为10.71%、51.79%和19.37%。从生均来看，部级、省级和地级高校的生均仪器设备值较上年均有大幅增长，增长率分别为5.14%、46.18%和16.77%，如表5－33所示。（广东省普通高校教学仪器设备值详见附表4－11）

表5－33　2016年、2017年广东省普通高校分层次仪器设备值

院校层次	2016年总值（万元）	2017年总值（万元）	比上年增长（%）	生均（元）	比上年增长（%）
部级	700 425.54	775 465.10	10.71	39 526.07	5.14
省级	1 242 228.85	1 885 585.77	51.79	11 899.30	46.18
地级	774 026.06	923 927.10	19.37	18 232.19	16.77
广东省	2 716 680.44	3 584 977.97	31.96	15 671.59	27.38

注：普通高校“教学仪器设备值”中含非产权独立使用部分，指学校租借用一年以上的教学仪器设备，不含学校与其他单位共享的教学仪器设备。

分办学性质看，2017年全省普通高校中，公办学校仪器设备总值为

2 744 987. 66 万元，比上年增长了 14. 52%，生均仪器设备为 17 060. 91 元，比上年增长了 9. 97%。民办学校仪器设备总值为 839 990. 31 万元，比上年增长了 162. 79%，生均仪器设备为 12 377. 71 元，比上年增长了 156. 72%，如表 5－34 所示。其中民办学校设备总值与生均仪器设备增长最显著，主要原因是新增深圳北理莫斯科大学、广东以色列理工学院两所高校。

表 5－34　2016 年、2017 年广东省普通高校分办学性质生均教学仪器设备值

院校类别	院校性质	2016 年总值（万元）	2017 年总值（万元）	比上年增长（%）	生均（元）	比上年增长（%）
一般本科院校	公办	1 853 530. 21	2 120 388. 58	14. 40	20 371. 47	9. 74
	民办	199 953. 48	707 812. 84	253. 99	16 280. 01	240. 99
高职（专科）院校	公办	543 511. 92	624 599. 09	14. 92	10 995. 07	10. 58
	民办	119 684. 83	132 177. 47	10. 44	5 420. 27	10. 56
广东省	公办	2 397 042. 13	2 744 987. 66	14. 52	17 060. 91	9. 97
	民办	319 638. 31	839 990. 31	162. 79	12 377. 71	156. 72

注：同表 5－33。

6. 生均信息化设备资产值较上年增幅明显，不同办学层次院校存在差距

2017 年，全省普通高校生均信息化设备资产达到 4 124. 17 元，比上年增长了 10. 92%。部级高校生均信息化设备资产达到 9 387. 42 元，比上年增长了 6. 84%；省级高校生均信息化设备资产为 3 160. 51 元，比上年增长了 9. 57%；地级高校生均信息化设备资产增长幅度最大，为 5 099. 84 元，比上年增长了 16. 45%，如表 5－35 所示。（广东省各普通高校生均信息化设备值详见附表 4－12）

表 5－35　2016 年、2017 年广东省普通高校分层次生均信息化设备资产值

院校层次	2016 年总值（万元）	2017 年总值（万元）	比上年增长（%）	生均（元）	比上年增长（%）
部级	163 699. 30	184 172. 62	12. 51	9 387. 42	6. 84
省级	440 171. 87	500 819. 69	13. 78	3 160. 51	9. 57
地级	217 106. 15	258 437. 48	19. 04	5 099. 84	16. 45
广东省	820 977. 32	943 429. 79	14. 92	4 124. 17	10. 92

从办学性质来看，广东省高校生均信息化设备资产值公办院校与民办院校之间差距依然明显。全省公办院校生均信息化设备资产值比上年增长11.07%，全省民办院校生均信息化设备资产值比上年增长7.79%。其中，公办高职（专科）院校生均信息化设备资产值比上年增长了15.44%，如表5－36所示。

表5－36　2016年、2017年广东省普通高校分类别生均信息化设备资产值

院校类别	院校性质	2016年总值（万元）	2017年总值（万元）	比上年增长（%）	生均（元）	比上年增长（%）
一般本科院校	公办	508 893.03	580 055.77	13.98	5 572.84	9.34
	民办	79 411.24	89 550.93	12.77	2 059.71	8.63
高职（专科）院校	公办	197 522.77	236 968.14	19.97	4 171.45	15.44
	民办	35 150.27	36 854.94	4.85	1 511.33	4.97
广东省	公办	706 415.80	817 023.92	15.66	5 078.05	11.07
	民办	114 561.52	126 405.87	10.34	1 862.66	7.79

7. **普通高校本科院校每百名学生拥有教学用计算机台数不断增加**

2017年，广东省普通高校每百名学生拥有教学用计算机31.03台，较上年增长3.12%。全省范围内各层次的本科、高职（专科）院校每百名学生拥有教学用计算机台数呈现小幅增长。其中，部级高职（专科）院校增长最为明显，增长率达到了14.36%，地级一般本科院校有所下降，较上年减少1.37%，如表5－37所示。（广东省普通高校每百名学生拥有教学用计算机台数详见附表4－13）

表5－37　2016年、2017年广东省普通高校分层次每百名学生拥有教学用计算机台数

单位：台

院校层次	普通高校			一般本科院校			高职（专科）院校		
	2016年	2017年	比上年增长（%）	2016年	2017年	比上年增长（%）	2016年	2017年	比上年增长（%）
部级	42.24	43.10	2.04	43.51	43.90	0.90	29.94	34.24	14.36
省级	26.82	27.67	3.17	25.58	26.13	2.15	29.24	30.66	4.86
地级	36.44	37.77	3.65	31.51	31.08	－1.37	40.05	42.71	6.64
广东省	30.09	31.03	3.12	28.36	28.76	1.41	32.99	34.84	5.61

从办学性质来看，2017 年全省公办每百名学生拥有教学用计算机台数小幅增加，2017 年公办院校每百名学生拥有教学用计算机台数为 33.68 台，较上年略有增加。民办院校每百名学生拥有教学用计算机台数为 25.30 台，比上一年增加了 1.33 台，增幅为 5.55%，如表 5－38 所示。

表 5－38 2016 年、2017 年广东省普通高校分办学性质每百名学生拥有教学用计算机台数

单位：台

院校类别	公办				民办			
	2016 年	2017 年	比上年增长	增长率（%）	2016 年	2017 年	比上年增长	增长率（%）
一般本科院校	31.08	31.13	0.05	0.16	22.77	23.89	1.22	4.92
高职（专科）院校	36.04	37.76	1.72	4.77	26.11	27.91	1.80	6.89
广东省	32.97	33.68	0.71	2.15	23.97	25.30	1.33	5.55

8. 全省校均上网课程数量显著提高，一般本科院校和高职（专科）院校的校均上网课程数量差距依旧较大

2017 年，全省普通高校校均上网课程为 241.63 门，比上年增长 9.71%。其中，地级院校校均上网课程数量增幅最大，较上年增长了 48.79%；而部级院校与省级院校增幅较小，如表 5－39 所示。（广东省各普通高校上网课程数量详见附表 4－14）

表 5－39 2016 年、2017 年广东省普通高校校均上网课程数量

单位：门

院校层次	2016 年	2017 年	比上年增长（%）
部级	1 178.60	1 181.00	0.20
省级	196.85	200.60	1.90
地级	157.11	233.77	48.79
广东省	220.24	241.63	9.71

从办学性质来看，2017 年全省公办院校校均上网课程数量均呈增长趋势，公办高职（专科）院校增幅最为明显，为 34.10%；民办一般本科院校校均上

网课程数量有所下滑，较上年下降12.99%，如表5－40所示。

表5－40　2016年、2017年广东省普通高校分办学性质校均上网课程数量

单位：门

院校类别	公办			民办		
	2016年	2017年	比上年增长（%）	2016年	2017年	比上年增长（%）
一般本科院校	540.38	560.05	3.64	182.96	159.19	－12.99
高职（专科）院校	125.04	167.67	34.10	24.29	27.11	11.61
广东省	288.52	317.34	9.99	99.13	93.15	－6.03

四、小结

2017年，为落实广东省教育发展“十三五”规划，广东省进一步提升高等教育发展质量，高等教育“十三五”2018年阶段性目标基本完成。

广东省高等教育在学总规模（不包含军事学校人数）达到280.58万人，已达成264.38万人的阶段性目标。高等教育毛入学率达到38.71%，未达成40%的阶段性目标。在“十三五”未来发展阶段，需加大招生力度，优化高等教育层次结构，向高等教育普及化阶段迈进。

全省在校研究生10.29万人，其中普通高等院校在校研究生10.26万人，达成10万人的阶段性目标。“十三五”期间全省继续优化研究生培养结构，完善学术学位以培养创新能力为目标、专业学位以培养实践能力为目标的研究生培养模式，适当扩大专业学位研究生培养比例。

普通本专科生192.58万人，达成188万人的阶段性目标，其中高等职业教育在校生76.23万人，与阶段性目标78万人略有差距。在“十三五”未来发展阶段应大力推动职业教育内涵式发展，优化招生规模，深化职业教育人才培养模式改革，创新工学结合人才培养实现形式，深入推进现代学徒制人才培养。

全省共有普通高等学校151所，比上年增加4所。其中，一般本科院校64所，比上年增加2所；高职（专科）院校87所，比上年增加2所。“十三五”期间广东省积极对接国家战略，统筹推进一流大学和一流学科建设，实施高水平大学建设计划，2017 年教育部公布“双一流”大学建设名单，广东省 5 所高校，18 门学科入选；实施理工科大学和理工类学科建设计划，新建两所特色理工大学。

为统筹优化高等教育结构，“十三五”期间力争实现每个地市至少有一所本科高校的目标。2017 年云浮市引进广东药科大学建设云浮校区，河源市政府与广东技术师范学院签署《共建广东技术师范学院河源校区合作协议》，双方合作共建河源校区。目前汕尾、阳江、清远、揭阳 4 市尚未设立本科高校。在“十三五”未来发展阶段，应针对地方经济社会发展重大需求，加强地级市本科高校建设，促进各地市政府与省教育厅共同统筹各方资源支持地方本科高校建设，充分调动地方政府支持本地本科高校建设的积极性和主动性。

在总体实现阶段性目标的基础上，广东省高等教育整体上正稳步向“十三五”总体目标迈进，力争在 2020 年前完成“十三五”总目标，实现更高水平的高等教育，基本形成在国内有广泛认同度、在国际上有一定影响力的南方高等教育高地。

附　录

一、学前教育有关表格

附表1－1　广东省各地市学前教育招生情况

单位：人

地区	2016年			2017年			增长情况	
	城市	农村	合计	城市	农村	合计	增减	增长率（%）
合计	977 355	973 239	1 950 594	1 028 092	996 615	2 024 707	74 113	3.80
珠江三角洲	662 121	218 194	880 315	701 315	221 934	923 249	42 934	4.88
东翼	92 985	201 400	294 385	95 263	208 155	303 418	9033	3.07
西翼	141 284	287 894	429 178	148 187	304 651	452 838	23 660	5.51
山区	80 965	265 751	346 716	83 327	261 875	345 202	－1514	－0.44
广州市	130 435	43 845	174 280	134 869	44 542	179 411	5131	2.94
深圳市	173 978	—	173 978	202 474	—	202 474	28 496	16.38
珠海市	22 098	5642	27 740	22 851	6467	29 318	1578	5.69
汕头市	38 331	44 647	82 978	35 941	44 793	80 734	－2244	－2.70
佛山市	93 284	7968	101 252	95 690	8442	104 132	2880	2.84
韶关市	13 256	38 038	51 294	12 903	36 819	49 722	－1572	－3.06
河源市	11 552	58 058	69 610	11 508	51 442	62 950	－6660	－9.57
梅州市	17 614	72 003	89 617	20 115	75 525	95 640	6023	6.72
惠州市	40 093	66 498	106 591	40 246	66 289	106 535	－56	－0.05
汕尾市	11 686	34 009	45 695	12 534	39 847	52 381	6686	14.63
东莞市	124 359	10 322	134 681	123 723	9330	133 053	－1628	－1.21
中山市	30 878	14 411	45 289	32 706	14 551	47 257	1968	4.35
江门市	31 181	18 899	50 080	31 908	18 215	50 123	43	0.09
阳江市	20 619	29 744	50 363	22 154	30 099	52 253	1890	3.75
湛江市	59 315	128 918	188 233	54 032	130 340	184 372	－3861	－2.05
茂名市	61 350	129 232	190 582	72 001	144 212	216 213	25 631	13.45
肇庆市	15 815	50 609	66 424	16 848	54 098	70 946	4522	6.81
清远市	21 147	51 308	72 455	22 250	51 203	73 453	998	1.38
潮州市	15 578	30 633	46 211	14 239	28 504	42 743	－3468	－7.50
揭阳市	27 390	92 111	119 501	32 549	95 011	127 560	8059	6.74
云浮市	17 396	46 344	63 740	16 551	46 886	63 437	－303	－0.48

附表 1－2　广东省各地市学前教育在园（班）情况

单位：人

地区	2016 年			2017 年			增长情况	
	城市	农村	合计	城市	农村	合计	增减	增长率（%）
合计	2 495 167	1 721 442	4 216 609	2 629 441	1 784 703	4 414 144	197 535	4. 68
珠江三角洲	1 765 828	479 255	2 245 083	1 874 888	496 025	2 370 913	125 830	5. 60
东翼	251 853	329 703	581 556	258 597	348 273	606 870	25 314	4. 35
西翼	275 461	441 063	716 524	281 486	461 515	743 001	26 477	3. 70
山区	202 025	471 421	673 446	214 470	478 890	693 360	19 914	2. 96
广州市	361 199	101 838	463 037	376 253	107 244	483 497	20 460	4. 42
深圳市	463 319	—	463 319	504 955	—	504 955	41 636	8. 99
珠海市	57 330	14 397	71 727	61 767	16 087	77 854	6127	8. 54
汕头市	102 860	79 613	182 473	101 867	83 222	185 089	2616	1. 43
佛山市	259 639	22 473	282 112	270 934	23 422	294 356	12 244	4. 34
韶关市	39 590	83 497	123 087	39 397	82 459	121 856	－1231	－1. 00
河源市	27 766	95 812	123 578	30 190	95 107	125 297	1719	1. 39
梅州市	39 261	113 501	152 762	43 449	116 845	160 294	7532	4. 93
惠州市	88 960	118 254	207 214	99 061	125 787	224 848	17 634	8. 51
汕尾市	21 370	44 166	65 536	23 242	51 428	74 670	9134	13. 94
东莞市	307 205	24 505	331 710	324 501	22 880	347 381	15 671	4. 72
中山市	89 805	43 552	133 357	94 257	45 220	139 477	6120	4. 59
江门市	92 820	50 995	143 815	94 738	49 873	144 611	796	0. 55
阳江市	49 826	52 936	102 762	50 922	55 497	106 419	3657	3. 56
湛江市	115 516	200 267	315 783	118 927	209 974	328 901	13 118	4. 15
茂名市	110 119	187 860	297 979	111 637	196 044	307 681	9702	3. 26
肇庆市	45 551	103 241	148 792	48 422	105 512	153 934	5142	3. 46
清远市	57 796	106 701	164 497	61 914	110 013	171 927	7430	4. 52
潮州市	46 183	56 092	102 275	46 561	57 090	103 651	1376	1. 35
揭阳市	81 440	149 832	231 272	86 927	156 533	243 460	12 188	5. 27
云浮市	37 612	71 910	109 522	39 520	74 466	113 986	4464	4. 08

附表1-3　广东省各地市学前教育小学附设班幼儿园在园（班）幼儿数情况

单位：人

地区	2016年	2017年	增减	增长率（%）
合计	322 606	293 704	-28 902	-8.96
珠江三角洲	50 473	47 168	-3305	-6.55
东翼	97 417	98 320	903	0.93
西翼	99 556	78 123	-21 433	-21.53
山区	75 160	70 093	-5067	-6.74
广州市	36	24	-12	-33.33
深圳市	0	0	0	—
珠海市	0	0	0	—
汕头市	10 853	10 350	-503	-4.63
佛山市	689	628	-61	-8.85
韶关市	4504	3790	-714	-15.85
河源市	13 663	12 189	-1474	-10.79
梅州市	24 302	23 193	-1109	-4.56
惠州市	14 711	14 311	-400	-2.72
汕尾市	14 198	15 608	1410	9.93
东莞市	1119	789	-330	-29.49
中山市	0	0	0	—
江门市	3064	1793	-1271	-41.48
阳江市	13 862	11 503	-2359	-17.02
湛江市	26 069	27 978	1909	7.32
茂名市	59 625	38 642	-20 983	-35.19
肇庆市	30 854	29 623	-1231	-3.99
清远市	13 780	13 263	-517	-3.75
潮州市	7380	7361	-19	-0.26
揭阳市	64 986	65 001	15	0.02
云浮市	18 911	17 658	-1253	-6.63

附表 1－4　广东省各地市小学招生中接受过学前教育的人数情况

单位：人

地区	2016 年			2017 年			增长情况	
	城市	农村	合计	城市	农村	合计	增减	增长率（%）
合计	944 502	735 715	1 680 217	977 293	727 251	1 704 544	24 327	1. 45
珠江三角洲	668 780	212 761	881 541	699 566	216 025	915 591	34 050	3. 86
东翼	98 026	159 149	257 175	94 567	154 685	249 252	－7923	－3. 08
西翼	100 233	172 926	273 159	102 460	171 414	273 874	715	0. 26
山区	77 463	190 879	268 342	80 700	185 127	265 827	－2515	－0. 94
广州市	129 577	41 939	171 516	136 472	45 968	182 440	10 924	6. 37
深圳市	173 548	—	173 548	175 757	—	175 757	2209	1. 27
珠海市	22 413	5125	27 538	23 356	5065	28 421	883	3. 21
汕头市	45 430	50 288	95 718	43 236	48 623	91 859	－3859	－4. 03
佛山市	86 206	9503	95 709	95 308	9351	104 659	8950	9. 35
韶关市	13 928	30 194	44 122	14 311	30 121	44 432	310	0. 70
河源市	12 056	41 090	53 146	11 892	37 915	49 807	－3339	－6. 28
梅州市	16 317	47 240	63 557	16 509	44 161	60 670	－2887	－4. 54
惠州市	41 405	57 557	98 962	43 233	57 869	101 102	2140	2. 16
汕尾市	9171	31 753	40 924	10 023	30 628	40 651	－273	－0. 67
东莞市	125 040	12 198	137 238	129 575	11 468	141 043	3805	2. 77
中山市	35 369	18 063	53 432	37 017	18 609	55 626	2194	4. 11
江门市	36 418	19 952	56 370	38 463	20 284	58 747	2377	4. 22
阳江市	19 467	23 287	42 754	20 912	22 311	43 223	469	1. 10
湛江市	41 380	74 218	115 598	42 770	73 109	115 879	281	0. 24
茂名市	39 386	75 421	114 807	38 778	75 994	114 772	－35	－0. 03
肇庆市	18 804	48 424	67 228	20 385	47 411	67 796	568	0. 84
清远市	21 653	42 144	63 797	23 914	43 264	67 178	3381	5. 30
潮州市	14 594	19 949	34 543	13 380	17 857	31 237	－3306	－9. 57
揭阳市	28 831	57 159	85 990	27 928	57 577	85 505	－485	－0. 56
云浮市	13 509	30 211	43 720	14 074	29 666	43 740	20	0. 05

附表1-5　广东省各地市学前教育专任教师数情况

单位：人

地区	2016年			2017年			增长情况	
	城市	农村	合计	城市	农村	合计	增减	增长率（%）
合计	171 752	84 705	256 457	185 990	95 666	281 656	25 199	9.83
珠江三角洲	123 754	27 055	150 809	132 623	28 415	161 038	19 221	13.55
东翼	18 306	17 266	35 572	19 302	19 291	38 593	5839	17.83
西翼	16 998	19 217	36 215	19 813	24 754	44 567	10 003	28.94
山区	12 694	21 167	33 861	14 252	23 206	37 458	5844	18.49
广州市	26 095	6537	32 632	27 254	6842	34 096	1464	4.49
深圳市	33 746	—	33 746	36 904	—	36 904	3158	9.36
珠海市	4374	983	5357	4672	1096	5768	411	7.67
汕头市	8604	5787	14 391	8747	6319	15 066	675	4.69
佛山市	18 171	1452	19 623	19 100	1536	20 636	1013	5.16
韶关市	2318	3766	6084	2427	4199	6626	542	8.91
河源市	1958	4331	6289	2046	4492	6538	249	3.96
梅州市	2579	4662	7241	2867	5354	8221	980	13.53
惠州市	6086	6296	12 382	6724	6793	13 517	1135	9.17
汕尾市	936	1860	2796	1351	2513	3864	1068	38.20
东莞市	20 425	1664	22 089	21 918	1559	23 477	1388	6.28
中山市	5626	2749	8375	6061	2890	8951	576	6.88
江门市	6105	2847	8952	6352	2870	9222	270	3.02
阳江市	3474	2738	6212	4056	3213	7269	1057	17.02
湛江市	7160	9091	16 251	7762	11 197	18 959	2708	16.66
茂名市	6364	7388	13 752	7995	10 344	18 339	4587	33.36
肇庆市	3126	4527	7653	3638	4829	8467	814	10.64
清远市	3509	5275	8784	4019	5755	9774	990	11.27
潮州市	3507	3622	7129	3440	3669	7109	-20	-0.28
揭阳市	5259	5997	11 256	5764	6790	12 554	1298	11.53
云浮市	2330	3133	5463	2893	3406	6299	836	15.30

附表 1－6　广东省各地市学前教育专任教师中幼儿教育专业毕业数情况（%）

地区	2016年		2017年		增长情况	
	幼儿专业毕业（人）	占专任教师数比例	幼儿专业毕业（人）	占专任教师数比例	增长率	比例增幅
合计	199 261	77.70	240 384	85.35	20.64	7.65
珠江三角洲	132 434	87.82	159 647	99.14	20.55	11.32
东翼	22 739	63.92	28 022	72.61	23.23	8.69
西翼	21 765	60.10	24 436	54.83	12.27	－5.27
山区	22 323	65.93	28 279	75.50	26.68	9.57
广州市	28 637	87.76	35 758	104.87	24.87	17.11
深圳市	31 317	92.80	39 214	106.26	25.22	13.46
珠海市	4568	85.27	4949	85.80	8.34	0.53
汕头市	11 384	79.10	14 884	98.79	30.74	19.69
佛山市	17 252	87.92	19 395	93.99	12.42	6.07
韶关市	4730	77.74	5732	86.51	21.18	8.77
河源市	4265	67.82	6394	97.80	49.92	29.98
梅州市	4485	61.94	4720	57.41	5.24	－4.53
惠州市	10 669	86.17	13 419	99.27	25.78	13.10
汕尾市	1498	53.58	2053	53.13	37.05	－0.45
东莞市	20 106	91.02	22 764	96.96	13.22	5.94
中山市	7799	93.12	9230	103.12	18.35	10
江门市	6079	67.91	7102	77.01	16.83	9.10
阳江市	4071	65.53	4682	64.41	15.01	－1.12
湛江市	10 452	64.32	11 068	58.38	5.89	－5.94
茂名市	7242	52.66	8686	47.36	19.94	－5.30
肇庆市	6007	78.49	7816	92.31	30.11	13.82
清远市	5577	63.49	7427	75.99	33.17	12.50
潮州市	4217	59.15	4185	58.87	－0.76	－0.28
揭阳市	5640	50.11	6900	54.96	22.34	4.85
云浮市	3266	59.78	4006	63.60	22.66	3.82

附表1－7　广东省各地市幼儿园生均校舍占地面积情况

单位：平方米

地区	2016年			2017年			
	校舍面积	在园数（人）	生均面积	校舍面积	在园数（人）	生均面积	生均增减面积
合计	31 840 596. 55	4 216 609	7. 55	34 771 268. 15	4 414 144	7. 88	0. 33
城市	21 509 557. 45	2 495 167	8. 62	23 244 636. 59	2 629 441	8. 84	0. 22
农村	10 331 039. 10	1 721 442	6. 00	11 526 631. 56	1 784 703	6. 46	0. 46
珠江三角洲	19 811 556. 88	2 245 083	8. 82	21 437 566. 82	2 370 913	9. 04	0. 22
东翼	3 248 125. 71	581 556	5. 59	3 600 884. 69	606 870	5. 93	0. 34
西翼	4 227 514. 15	716 524	5. 90	4 672 144. 05	743 001	6. 29	0. 39
山区	4 552 070. 81	673 446	6. 76	5 060 672. 59	693 360	7. 30	0. 54
广州市	3 994 248. 40	463 037	8. 63	4 316 186. 28	483 497	8. 93	0. 30
深圳市	3 894 000. 66	463 319	8. 40	4 092 476. 85	504 955	8. 10	－0. 30
珠海市	595 538. 97	71 727	8. 30	669 980. 53	77 854	8. 61	0. 30
汕头市	1 164 720. 89	182 473	6. 38	1 253 161. 43	185 089	6. 77	0. 39
佛山市	2 740 169. 07	282 112	9. 71	2 974 092. 44	294 356	10. 10	0. 39
韶关市	857 380. 20	123 087	6. 97	937 911. 67	121 856	7. 70	0. 73
河源市	1 007 281. 43	123 578	8. 15	1 047 561. 46	125 297	8. 36	0. 21
梅州市	907 998. 29	152 762	5. 94	1 079 335. 74	160 294	6. 73	0. 79
惠州市	1 691 476. 26	207 214	8. 16	1 927 545. 82	224 848	8. 57	0. 41
汕尾市	290 747. 06	65 536	4. 44	366 139. 91	74 670	4. 90	0. 46
东莞市	3 687 557. 01	331 710	11. 12	4 005 255. 37	347 381	11. 53	0. 41
中山市	1 141 982. 94	133 357	8. 56	1 235 111. 44	139 477	8. 86	0. 30
江门市	1 135 590. 95	143 815	7. 90	1 184 543. 75	144 611	8. 19	0. 29
阳江市	760 530. 93	102 762	7. 40	797 523. 03	106 419	7. 49	0. 09
湛江市	1 729 084. 40	315 783	5. 48	1 910 093. 62	328 901	5. 81	0. 33
茂名市	1 737 898. 82	297 979	5. 83	1 964 527. 40	307 681	6. 38	0. 55
肇庆市	930 992. 61	148 792	6. 26	1 032 374. 34	153 934	6. 71	0. 45
清远市	1 118 693. 54	164 497	6. 80	1 273 829. 69	171 927	7. 41	0. 61
潮州市	672 705. 65	102 275	6. 58	710 723. 53	103 651	6. 86	0. 28
揭阳市	1 119 952. 11	231 272	4. 84	1 270 859. 82	243 460	5. 22	0. 38
云浮市	660 717. 35	109 522	6. 03	722 034. 03	113 986	6. 33	0. 30

附表 1－8 广东省各地市幼儿园生均活动室面积情况

单位：平方米

地区	2016 年			2017 年			
	活动室面积	在园数（人）	生均面积	活动室面积	在园数（人）	生均面积	生均增减面积
合计	12 891 114. 88	4 216 609	3. 06	14 068 369. 74	4 414 144	3. 19	0. 13
城市	8 765 499. 011	2 495 167	3. 51	948 7091. 09	2 629 441	3. 61	0. 10
农村	4 125 615. 87	1 721 442	2. 40	4 581 278. 65	1 784 703	2. 57	0. 17
珠江三角洲	7 968 107. 961	2 245 083	3. 55	8 646 389. 54	2 370 913	3. 65	0. 10
东翼	1 354 507. 72	581 556	2. 33	1 504 276. 16	606 870	2. 48	0. 15
西翼	1 725 736. 74	716 524	2. 41	1 873 352. 52	743 001	2. 52	0. 11
山区	1 842 762. 46	673 446	2. 74	2 044 351. 52	693 360	2. 95	0. 21
广州市	1 755 918. 381	463 037	3. 79	1 868 503. 06	483 497	3. 86	0. 07
深圳市	1 662 558. 88	463 319	3. 59	1 777 578. 84	504 955	3. 52	－0. 07
珠海市	257 614. 539	71 727	3. 59	298 711. 84	77 854	3. 84	0. 25
汕头市	494 176. 37	182 473	2. 71	525 255. 04	185 089	2. 84	0. 13
佛山市	1 006 295. 834	282 112	3. 57	1 104 014. 72	294 356	3. 75	0. 18
韶关市	336 525. 89	123 087	2. 73	374 123. 92	121 856	3. 07	0. 34
河源市	409 528. 32	123 578	3. 31	424 806. 59	125 297	3. 39	0. 08
梅州市	368 625. 1	152 762	2. 41	426 554. 82	160 294	2. 66	0. 25
惠州市	677 679. 54	207 214	3. 27	773 608. 42	224 848	3. 44	0. 17
汕尾市	113 647	65 536	1. 73	142 542	74 670	1. 91	0. 18
东莞市	1 297 459. 63	331 710	3. 91	1 433 825. 8	347 381	4. 13	0. 22
中山市	431 209. 35	133 357	3. 23	466 100. 47	139 477	3. 34	0. 11
江门市	474 573. 485	143 815	3. 30	488 330. 27	144 611	3. 38	0. 08
阳江市	318 571. 01	102 762	3. 10	329 963. 44	106 419	3. 10	0. 00
湛江市	695 529. 64	315 783	2. 20	760 109. 33	328 901	2. 31	0. 11
茂名市	711 636. 09	297 979	2. 39	783 279. 75	307 681	2. 55	0. 16
肇庆市	404 798. 322	148 792	2. 72	435 716. 12	153 934	2. 83	0. 11
清远市	449 594. 07	164 497	2. 73	513 855. 9	171 927	2. 99	0. 26
潮州市	278 377. 7	102 275	2. 72	306 222. 51	103 651	2. 95	0. 23
揭阳市	468 306. 65	231 272	2. 02	530 256. 61	243 460	2. 18	0. 16
云浮市	278 489. 08	109 522	2. 54	305 010. 29	113 986	2. 68	0. 14

附表 1－9　广东省各地市幼儿园生均户外场地占地面积情况

单位：平方米

地区	2016 年			2017 年			
	户外场地	在园数（人）	生均面积	户外场地	在园数（人）	生均面积	生均增减面积
合计	24 482 976. 13	4 216 609	5. 81	26 427 369. 06	4 414 144	5. 99	0. 18
城市	15 180 036. 30	2 495 167	6. 08	16 316 692. 65	2 629 441	6. 21	0. 13
农村	9 302 939. 83	1 721 442	5. 40	10 110 676. 42	1 784 703	5. 67	0. 27
珠江三角洲	15 468 402. 83	2 245 083	6. 89	16 482 608. 21	2 370 913	6. 95	0. 06
东翼	2 110 295. 68	581 556	3. 63	2 306 346. 73	606 870	3. 80	0. 17
西翼	3 427 370. 69	716 524	4. 78	3 781 618. 59	743 001	5. 09	0. 31
山区	3 476 906. 94	673 446	5. 16	3 856 795. 53	693 360	5. 56	0. 40
广州市	3 172 243. 41	463 037	6. 85	3 318 804. 356	483 497	6. 86	0. 01
深圳市	2 859 799. 29	463 319	6. 17	3 025 857. 05	504 955	5. 99	－0. 18
珠海市	552 960. 36	71 727	7. 71	587 999. 52	77 854	7. 55	－0. 16
汕头市	735 665. 66	182 473	4. 03	778 029. 82	185 089	4. 20	0. 17
佛山市	2 332 453. 80	282 112	8. 27	2 473 893. 645	294 356	8. 40	0. 13
韶关市	657 490. 21	123 087	5. 34	731 900. 56	121 856	6. 01	0. 67
河源市	659 907. 18	123 578	5. 34	683 428. 96	125 297	5. 45	0. 11
梅州市	826 374. 68	152 762	5. 41	955 220. 72	160 294	5. 96	0. 55
惠州市	1 249 366. 87	207 214	6. 03	1 427 072. 35	224 848	6. 35	0. 32
汕尾市	214 357. 71	65 536	3. 27	262 943	74 670	3. 52	0. 25
东莞市	2 384 927. 05	331 710	7. 19	2 588 711. 79	347 381	7. 45	0. 26
中山市	1 148 557. 41	133 357	8. 61	1 229 381	139 477	8. 81	0. 20
江门市	1 022 039. 65	143 815	7. 11	1 067 110. 42	144 611	7. 38	0. 27
阳江市	624 297. 11	102 762	6. 08	673 849. 83	106 419	6. 33	0. 25
湛江市	1 403 064. 40	315 783	4. 44	1 455 713. 12	328 901	4. 43	－0. 01
茂名市	1 400 009. 18	297 979	4. 70	1 652 055. 64	307 681	5. 37	0. 67
肇庆市	746 054. 99	148 792	5. 01	763 778. 081	153 934	4. 96	－0. 05
清远市	877 385. 23	164 497	5. 33	991 250. 08	171 927	5. 77	0. 44
潮州市	438 280. 50	102 275	4. 29	470 544. 03	103 651	4. 54	0. 25
揭阳市	721 991. 81	231 272	3. 12	794 829. 88	243 460	3. 26	0. 14
云浮市	455 749. 64	109 522	4. 16	494 995. 209	113 986	4. 34	0. 18

附表 1－10　广东省各地市幼儿园生均图书情况

单位：册

地区	2016 年			2017 年			
	图书数	在园数（人）	生均图书	图书数	在园数（人）	生均图书	生均增减
合计	39 291 633	4 216 609	9. 32	43 570 740	4 414 144	9. 87	0. 55
城市	25 159 888	2 495 167	10. 08	27 750 093	2 629 441	10. 55	0. 47
农村	14 131 745	1 721 442	8. 21	15 820 647	1 784 703	8. 86	0. 65
珠江三角洲	23 202 464	2 245 083	10. 33	2 5547 887	2 370 913	10. 78	0. 45
东翼	4 840 929	581 556	8. 32	5 361 095	606 870	8. 83	0. 51
西翼	5 167 145	716 524	7. 21	5 869 109	743 001	7. 90	0. 69
山区	6 081 095	673 446	9. 03	6 792 649	693 360	9. 80	0. 77
广州市	5 103 716	463 037	11. 02	5 443 557	483 497	11. 26	0. 24
深圳市	5 824 802	463 319	12. 57	6 807 051	504 955	13. 48	0. 91
珠海市	765 649	71 727	10. 67	762 154	77 854	9. 79	－0. 88
汕头市	1 710 831	182 473	9. 38	1 859 569	185 089	10. 05	0. 67
佛山市	2 742 280	282 112	9. 72	2 979 768	294 356	10. 12	0. 40
韶关市	1 333 770	123 087	10. 84	1 518 750	121 856	12. 46	1. 62
河源市	1 109 161	123 578	8. 98	1 281 747	125 297	10. 23	1. 25
梅州市	1 254 448	152 762	8. 21	1 389 562	160 294	8. 67	0. 46
惠州市	1 884 392	207 214	9. 09	2 176 509	224 848	9. 68	0. 59
汕尾市	430 659	65 536	6. 57	515 828	74 670	6. 91	0. 34
东莞市	3 163 160	331 710	9. 54	3 446 715	347 381	9. 92	0. 38
中山市	1 205 105	133 357	9. 04	1 250 750	139 477	8. 97	－0. 07
江门市	1 236 519	143 815	8. 60	1 314 511	144 611	9. 09	0. 49
阳江市	698 578	102 762	6. 80	799 088	106 419	7. 51	0. 71
湛江市	2 379 780	315 783	7. 54	2 504 858	328 901	7. 62	0. 08
茂名市	2 088 787	297 979	7. 01	2 565 163	307 681	8. 34	1. 33
肇庆市	1 276 841	148 792	8. 58	1 366 872	153 934	8. 88	0. 30
清远市	1 690 015	164 497	10. 27	1 830 091	171 927	10. 64	0. 37
潮州市	872 018	102 275	8. 53	897 438	103 651	8. 66	0. 13
揭阳市	1 827 421	231 272	7. 90	2 088 260	243 460	8. 58	0. 68
云浮市	693 701	109 522	6. 33	772 499	113 986	6. 78	0. 45

二、义务教育有关表格

附表 2－1　广东省分地市小学招生情况

单位：人

地区	2016 年			2017 年			变化情况	
	城市	农村	合计	城市	农村	合计	增减	增长率（%）
广东省	959 217	752 629	1 711 846	998 261	745 396	1 743 657	31 811	1.86
珠江三角洲	677 088	216 987	894 075	715 197	219 852	935 049	40 974	4.58
东翼	101 078	168 532	269 610	96 783	163 541	260 324	－9286	－3.44
西翼	103 270	175 416	278 686	104 477	175 336	279 813	1127	0.40
山区	77 781	191 694	269 475	81 804	186 667	268 471	－1004	－0.37
广州市	136 350	43 985	180 335	143 189	47 903	191 092	10 757	5.97
深圳市	173 804	—	173 804	181 516	—	181 516	7712	4.44
珠海市	22 491	5381	27 872	24 287	5589	29 876	2004	7.19
汕头市	45 544	50 472	96 016	43 343	48 742	92 085	－3931	－4.09
佛山市	86 210	9523	95 733	95 966	9352	105 318	9585	10.01
韶关市	13 940	30 276	44 216	14 463	30 510	44 973	757	1.71
河源市	12 056	41 121	53 177	12 433	38 136	50 569	－2608	－4.90
梅州市	16 509	47 396	63 905	16 607	44 199	60 806	－3099	－4.85
惠州市	41 535	58 642	100 177	43 357	59 124	102 481	2304	2.30
汕尾市	10 327	35 102	45 429	10 463	34 978	45 441	12	0.03
东莞市	125 977	12 207	138 184	131 017	11 468	142 485	4301	3.11
中山市	35 369	18 063	53 432	37 017	18 609	55 626	2194	4.11
江门市	18 804	48 424	67 228	38 463	20 396	58 859	－8369	－12.45
阳江市	20 618	23 584	44 202	21 034	22 858	43 892	－310	－0.70
湛江市	43 240	76 101	119 341	44 175	75 995	120 170	829	0.69
茂名市	39 412	75 731	115 143	39 268	76 483	115 751	608	0.53
肇庆市	36 548	20 762	57 310	20 385	47 411	67 796	10 486	18.30
清远市	21 736	42 425	64 161	24 227	43 924	68 151	3990	6.22
潮州市	14 998	21 379	36 377	13 903	19 126	33 029	－3348	－9.20
揭阳市	30 209	61 579	91 788	29 074	60 695	89 769	－2019	－2.20
云浮市	13 540	30 476	44 016	14 074	29 898	43 972	－44	－0.10

附表 2-2　广东省分地市初中阶段招生情况

单位：人

地区	2016 年			2017 年			变化情况	
	城市	农村	合计	城市	农村	合计	增减	增长率（%）
广东省	683 187	534 888	1 218 075	722 289	544 528	1 266 817	48 742	4.00
珠江三角洲	452 908	143 389	596 297	481 402	148 877	630 279	33 982	5.70
东翼	84 469	133 545	218 014	86 980	133 599	220 579	2565	1.18
西翼	86 429	121 863	208 292	88 777	122 685	211 462	3170	1.52
山区	59 381	136 091	195 472	65 130	139 367	204 497	9025	4.62
广州市	89 651	26 641	116 292	94 173	27 917	122 090	5798	4.99
深圳市	101 066	—	101 066	108 820	—	108 820	7754	7.67
珠海市	17 510	3137	20 647	18 585	3383	21 968	1321	6.40
汕头市	41 038	34 245	75 283	40 890	34 876	75 766	483	0.64
佛山市	65 344	6600	71 944	70 081	7174	77 255	5311	7.38
韶关市	10 879	24 108	34 987	12 148	23 576	35 724	737	2.11
河源市	8943	30 636	39 579	9886	32 167	42 053	2474	6.25
梅州市	13 440	34 077	47 517	14 968	35 132	50 100	2583	5.44
惠州市	30 107	38 606	68 713	32 024	41 039	73 063	4350	6.33
汕尾市	8474	30 882	39 356	8359	30 230	38 589	-767	-1.95
东莞市	80 153	3375	83 528	84 585	3253	87 838	4310	5.16
中山市	24 575	12 468	37 043	26 044	13 126	39 170	2127	5.74
江门市	13 954	37 118	51 072	32 069	15 132	47 201	-3871	-7.58
阳江市	14 475	13 960	28 435	15 882	14 977	30 859	2424	8.52
湛江市	35 956	49 924	85 880	37 354	51 137	88 491	2611	3.04
茂名市	35 998	57 979	93 977	35 541	56 571	92 112	-1865	-1.98
肇庆市	30 548	15 444	45 992	15 021	37 853	52 874	6882	14.96
清远市	15 249	28 532	43 781	16 654	28 899	45 553	1772	4.05
潮州市	10 865	15 851	26 716	11 284	16 683	27 967	1251	4.68
揭阳市	24 092	52 567	76 659	26 447	51 810	78 257	1598	2.08
云浮市	10 870	18 738	29 608	11 474	19 593	31 067	1459	4.93

附表 2－3　广东省分地市小学在校生情况（%）

单位：人

地区	2016 年			2017 年			变化情况	
	城市	农村	合计	城市	农村	合计	增减	增长率（%）
广东省	5 125 882	3 926 332	9 052 214	5 372 837	4 046 744	9 419 581	367 367	4. 06
珠江三角洲	3 633 912	1 138 709	4 772 621	3 812 045	1 174 641	4 986 686	214 065	4. 49
东翼	550 377	916 787	1 467 164	561 826	929 704	1 491 530	24 366	1. 66
西翼	538 465	884 052	1 422 517	564 963	922 917	1 487 880	65 363	4. 59
山区	403 128	986 784	1 389 912	434 003	1 019 482	1 453 485	63 573	4. 57
广州市	749 629	218 902	968 531	769 487	235 208	1 004 695	36 164	3. 73
深圳市	910 974	—	910 974	964 510	—	964 510	53 536	5. 88
珠海市	127 454	27 815	155 269	132 529	29 709	162 238	6969	4. 49
汕头市	249 885	266 310	516 195	252 408	274 052	526 460	10 265	1. 99
佛山市	465 499	46 956	512 455	494 329	49 269	543 598	31 143	6. 08
韶关市	75 806	151 442	227 248	79 228	157 029	236 257	9009	3. 96
河源市	66 275	225 297	291 572	70 917	229 077	299 994	8422	2. 89
梅州市	86 029	244 150	330 179	92 197	249 396	341 593	11 414	3. 46
惠州市	216 245	314 253	530 498	231 535	325 450	556 985	26 487	4. 99
汕尾市	55 148	195 079	250 227	57 482	198 007	255 489	5262	2. 10
东莞市	673 541	65 145	738 686	705 923	59 197	765 120	26 434	3. 58
中山市	187 647	98 294	285 941	196 195	101 194	297 389	11 448	4. 00
江门市	201 782	112 112	313 894	210 642	112 292	322 934	9040	2. 88
阳江市	105 109	116 362	221 471	113 002	120 788	233 790	12 319	5. 56
湛江市	220 756	381 730	602 486	234 161	399 079	633 240	30 754	5. 10
茂名市	212 600	385 960	598 560	217 800	403 050	620 850	22 290	3. 72
肇庆市	101 141	255 232	356 373	106 895	262 322	369 217	12 844	3. 60
清远市	107 973	212 422	320 395	118 934	224 236	343 170	22 775	7. 11
潮州市	82 240	116 203	198 443	82 860	116 444	199 304	861	0. 43
揭阳市	163 104	339 195	502 299	169 076	341 201	510 277	7978	1. 59
云浮市	67 045	153 473	220 518	72 727	159 744	232 471	11 953	5. 42

附表 2-4　广东省分地市初中阶段在校生情况

单位：人

地区	2016 年			2017 年			变化情况	
	城市	农村	合计	城市	农村	合计	增减	增长率（%）
广东省	1 906 110	1 572 330	3 478 440	1 988 834	1 572 167	3 561 001	82 561	2. 37
珠江三角洲	1 239 930	404 325	1 644 255	1 308 645	412 869	1 721 514	77 259	4. 70
东翼	247 366	401 801	649 167	248 786	392 120	640 906	-8261	-1. 27
西翼	252 078	376 969	629 047	252 804	367 782	620 586	-8461	-1. 35
山区	166 736	389 235	555 971	178 599	399 396	577 995	22 024	3. 96
广州市	257 189	72 221	329 410	263 117	75 634	338 751	9341	2. 84
深圳市	272 239	—	272 239	290 542	—	290 542	18 303	6. 72
珠海市	49 308	8335	57 643	51 153	9093	60 246	2603	4. 52
汕头市	118 693	102 618	221 311	118 652	100 500	219 152	-2159	-0. 98
佛山市	178 195	18 809	197 004	191 074	19 691	210 765	13 761	6. 99
韶关市	32 260	65 035	97 295	33 809	67 971	101 780	4485	4. 61
河源市	24 630	87 831	112 461	26 599	90 834	117 433	4972	4. 42
梅州市	37 832	100 462	138 294	41 028	101 608	142 636	4342	3. 14
惠州市	80 431	104 339	184 770	86 519	110 436	196 955	12 185	6. 59
汕尾市	25 913	91 519	117 432	25 308	89 502	114 810	-2622	-2. 23
东莞市	207 889	8013	215 902	221 813	7304	229 117	13 215	6. 12
中山市	67 287	33 544	100 831	71 678	35 566	107 244	6413	6. 36
江门市	87 101	45 217	132 318	90 600	43 915	134 515	2197	1. 66
阳江市	38 299	40 698	78 997	42 549	42 265	84 814	5817	7. 36
湛江市	107 682	158 402	266 084	106 748	151 533	258 281	-7803	-2. 93
茂名市	106 097	177 869	283 966	103 507	173 984	277 491	-6475	-2. 28
肇庆市	40 291	113 847	154 138	42 149	111 230	153 379	-759	-0. 49
清远市	42 524	81 103	123 627	45 387	83 063	128 450	4823	3. 90
潮州市	31 547	47 883	79 430	31 546	47 746	79 292	-138	-0. 17
揭阳市	71 213	159 781	230 994	73 280	154 372	227 652	-3342	-1. 45
云浮市	29 490	54 804	84 294	31 776	55 920	87 696	3402	4. 04

附表 2－5　广东省分地市小学进城务工人员随迁子女来源情况（%）

地区	2016 年			2017 年		
	外省迁入	省内其他县迁入	合计	外省迁入	省内其他县迁入	合计
广东省	56. 94	43. 06	100	56. 29	43. 71	100
珠江三角洲	60. 69	39. 31	100	60. 45	39. 55	100
东翼	56. 59	43. 41	100	53. 02	46. 98	100
西翼	17. 67	82. 33	100	18. 79	81. 21	100
山区	31. 71	68. 29	100	30. 14	69. 86	100
广州市	54. 56	45. 44	100	53. 16	46. 84	100
深圳市	55. 14	44. 86	100	55. 25	44. 75	100
珠海市	56. 28	43. 72	100	55. 41	44. 59	100
汕头市	58. 54	41. 46	100	52. 51	47. 49	100
佛山市	52. 52	47. 48	100	57. 03	42. 97	100
韶关市	71. 08	28. 92	100	40. 83	59. 17	100
河源市	68. 93	31. 07	100	24. 14	75. 86	100
梅州市	69. 60	30. 40	100	22. 39	77. 61	100
惠州市	49. 43	50. 57	100	51. 81	48. 19	100
汕尾市	54. 91	45. 09	100	36. 84	63. 16	100
东莞市	48. 49	51. 51	100	71. 78	28. 22	100
中山市	61. 45	38. 55	100	67. 96	32. 04	100
江门市	58. 05	41. 95	100	69. 24	30. 76	100
阳江市	40. 27	59. 73	100	41. 87	58. 13	100
湛江市	11. 14	88. 86	100	10. 44	89. 56	100
茂名市	20. 23	79. 77	100	21. 86	78. 14	100
肇庆市	45. 89	54. 11	100	48. 19	51. 81	100
清远市	24. 33	75. 67	100	33. 90	66. 10	100
潮州市	22. 08	77. 92	100	59. 64	40. 36	100
揭阳市	37. 89	62. 11	100	53. 80	46. 20	100
云浮市	32. 74	67. 26	100	31. 90	68. 10	100

附表 2-6　广东省分地市初中阶段进城务工人员随迁子女来源情况（%）

地区	2016 年			2017 年		
	外省迁入	省内其他县迁入	合计	外省迁入	省内其他县迁入	合计
广东省	52. 10	47. 90	100	52. 35	47. 65	100
珠江三角洲	56. 07	43. 93	100	56. 47	43. 53	100
东翼	50. 16	49. 84	100	48. 05	51. 95	100
西翼	17. 86	82. 14	100	20. 48	79. 52	100
山区	29. 67	70. 33	100	28. 81	71. 19	100
广州市	50. 57	49. 43	100	49. 93	50. 07	100
深圳市	46. 77	53. 23	100	47. 63	52. 37	100
珠海市	50. 08	49. 92	100	51. 67	48. 33	100
汕头市	55. 92	44. 08	100	47. 53	52. 47	100
佛山市	49. 37	50. 63	100	56. 20	43. 80	100
韶关市	66. 94	33. 06	100	49. 93	50. 07	100
河源市	63. 81	36. 19	100	24. 62	75. 38	100
梅州市	70. 77	29. 23	100	15. 62	84. 38	100
惠州市	51. 82	48. 18	100	47. 67	52. 33	100
汕尾市	50. 40	49. 60	100	33. 86	66. 14	100
东莞市	38. 07	61. 93	100	67. 56	32. 44	100
中山市	49. 04	50. 96	100	65. 29	34. 71	100
江门市	55. 37	44. 63	100	70. 78	29. 22	100
阳江市	45. 97	54. 03	100	50. 84	49. 16	100
湛江市	10. 74	89. 26	100	12. 16	87. 84	100
茂名市	19. 62	80. 38	100	18. 36	81. 64	100
肇庆市	51. 10	48. 90	100	50. 52	49. 48	100
清远市	24. 30	75. 70	100	34. 99	65. 01	100
潮州市	17. 01	82. 99	100	45. 89	54. 11	100
揭阳市	35. 80	64. 20	100	56. 66	43. 34	100
云浮市	27. 96	72. 04	100	26. 14	73. 86	100

附表2－7　广东省分地市小学阶段生师比

地区	2016年			2017年		
	城市	农村	合计	城市	农村	合计
广东省	20.12 : 1	16.94 : 1	18.60 : 1	16.62: 1	15.75: 1	16.24: 1
珠江三角洲	20.33 : 1	18.75 : 1	19.93 : 1	16.65: 1	17.14: 1	16.77: 1
东翼	19.61 : 1	16.93 : 1	17.84 : 1	16.23: 1	15.60: 1	15.83: 1
西翼	19.61 : 1	15.93 : 1	19.87 : 1	16.17: 1	15.28: 1	15.60: 1
山区	19.67 : 1	16.07 : 1	16.97 : 1	17.51: 1	14.91: 1	15.60: 1
广州市	18.79 : 1	17.98 : 1	18.60 : 1	16.45: 1	16.81: 1	16.53: 1
深圳市	19.39 : 1	—	19.39 : 1	14.41: 1	—	14.41: 1
珠海市	20.33 : 1	19.42 : 1	20.16 : 1	17.61: 1	18.50: 1	17.76: 1
汕头市	20.63 : 1	19.42 : 1	19.99 : 1	16.30: 1	16.98: 1	16.64: 1
佛山市	21.36 : 1	18.31 : 1	21.04 : 1	18.02: 1	16.12: 1	17.83: 1
韶关市	19.94 : 1	15.74 : 1	16.93 : 1	18.67: 1	13.91: 1	15.21: 1
河源市	18.29 : 1	15.56 : 1	16.11 : 1	14.03: 1	13.97: 1	13.99: 1
梅州市	19.35 : 1	16.13 : 1	16.86 : 1	17.86: 1	15.18: 1	15.82: 1
惠州市	21.44 : 1	19.44 : 1	20.21 : 1	16.97: 1	17.40: 1	17.22: 1
汕尾市	15.87 : 1	15.41 : 1	15.51 : 1	14.08: 1	14.08: 1	14.08: 1
东莞市	23.00 : 1	21.61 : 1	22.87 : 1	18.60: 1	18.45: 1	18.59: 1
中山市	19.24 : 1	19.72 : 1	19.40 : 1	16.88: 1	17.11: 1	16.95: 1
江门市	20.54 : 1	18.67 : 1	19.83 : 1	19.18: 1	17.63: 1	18.61: 1
阳江市	18.05 : 1	14.86 : 1	16.22 : 1	13.84: 1	13.87: 1	13.86: 1
湛江市	19.68 : 1	15.66 : 1	16.93 : 1	16.98: 1	15.56: 1	16.05: 1
茂名市	20.41 : 1	16.57 : 1	24.45 : 1	16.77: 1	15.47: 1	15.90: 1
肇庆市	20.70 : 1	17.75 : 1	18.50 : 1	17.70: 1	16.73: 1	17.00: 1
清远市	20.36 : 1	16.60 : 1	17.70 : 1	18.05: 1	15.83: 1	16.53: 1
潮州市	21.90 : 1	17.45	19.05 : 1	19.56: 1	16.98: 1	17.96: 1
揭阳市	18.68 : 1	16.06	16.83 : 1	15.64: 1	15.13: 1	15.30: 1
云浮市	20.22 : 1	16.38	17.39 : 1	19.46: 1	15.84: 1	16.82: 1

附表 2－8　广东省分地市初中阶段生师比

地区	2016 年			2017 年		
	城市	农村	合计	城市	农村	合计
广东省	13.61∶1	11.60∶1	12.62∶1	13.66∶1	11.71∶1	12.73∶1
珠江三角洲	13.78∶1	12.49∶1	13.44∶1	13.84∶1	12.72∶1	13.55∶1
东翼	12.91∶1	12.19∶1	13.13∶1	12.72∶1	11.89∶1	12.20∶1
西翼	13.83∶1	11.57∶1	12.38∶1	13.85∶1	11.67∶1	12.47∶1
山区	13.13∶1	10.34∶1	11.04∶1	13.49∶1	10.72∶1	11.44∶1
广州市	12.21∶1	11.21∶1	11.97∶1	12.22∶1	11.30∶1	12.00∶1
深圳市	13.34∶1	—	13.34∶1	13.34∶1	—	13.34∶1
珠海市	13.05∶1	11.00∶1	12.71∶1	13.50∶1	11.73∶1	13.20∶1
汕头市	13.32∶1	12.63∶1	15.40∶1	13.21∶1	12.19∶1	12.72∶1
佛山市	13.83∶1	12.63∶1	13.71∶1	13.90∶1	13.95∶1	13.90∶1
韶关市	13.18∶1	11.14∶1	11.74∶1	13.75∶1	11.69∶1	12.31∶1
河源市	13.71∶1	9.89∶1	10.54∶1	13.58∶1	10.11∶1	10.73∶1
梅州市	11.12∶1	9.25∶1	9.70∶1	11.31∶1	9.60∶1	10.04∶1
惠州市	15.27∶1	12.69∶1	13.70∶1	15.17∶1	13.04∶1	13.90∶1
汕尾市	12.62∶1	12.26∶1	12.34∶1	11.58∶1	12.17∶1	12.04∶1
东莞市	16.28∶1	18.01∶1	16.34∶1	16.16∶1	18.21∶1	16.22∶1
中山市	14.11∶1	13.36∶1	13.85∶1	14.58∶1	13.93∶1	14.36∶1
江门市	14.02∶1	11.72∶1	13.14∶1	14.10∶1	11.32∶1	13.05∶1
阳江市	11.95∶1	9.83∶1	10.75∶1	13.05∶1	10.79∶1	11.82∶1
湛江市	13.82∶1	10.96∶1	11.96∶1	13.80∶1	11.27∶1	12.19∶1
茂名市	14.68∶1	12.72∶1	13.39∶1	14.26∶1	12.30∶1	12.96∶1
肇庆市	14.35∶1	13.16∶1	13.45∶1	14.38∶1	13.43∶1	13.68∶1
清远市	14.77∶1	11.71∶1	12.60∶1	15.42∶1	12.07∶1	13.08∶1
潮州市	12.04∶1	10.40∶1	11.00∶1	11.94∶1	10.59∶1	11.09∶1
揭阳市	12.77∶1	12.52∶1	12.59∶1	12.76∶1	11.99∶1	12.23∶1
云浮市	13.60∶1	10.65∶1	11.52∶1	14.12∶1	11.15∶1	12.07∶1

附表 2－9　广东省分地市小学阶段大专及以上学历教师比例（%）

地区	2016 年			2017 年			变化情况	
	城市	农村	合计	城市	农村	合计	增减	增长率
广东省	98.62	93.87	96.35	99.03	95.55	97.41	1.06	1.10
珠江三角洲	99.20	96.12	98.42	99.43	96.81	98.79	0.37	0.37
东翼	96.30	93.52	94.47	97.55	95.30	96.08	1.61	1.70
西翼	97.88	94.97	95.93	98.55	96.81	97.39	1.46	1.53
山区	97.68	90.95	92.63	98.08	93.35	94.59	1.96	2.12
广州市	99.14	96.28	98.47	99.37	97.37	98.89	0.42	0.43
深圳市	99.72	—	99.72	99.77	—	99.77	0.05	0.05
珠海市	98.95	96.23	98.44	99.10	97.74	98.84	0.40	0.41
汕头市	97.35	97.64	97.51	98.48	99.32	98.93	1.42	1.46
佛山市	99.28	97.62	99.11	99.43	98.29	99.32	0.21	0.21
韶关市	96.37	89.25	91.27	96.38	91.97	93.26	1.99	2.18
河源市	98.10	92.26	93.43	98.66	94.75	95.57	2.14	2.29
梅州市	97.98	90.22	91.98	98.65	92.78	94.21	2.23	2.42
惠州市	98.09	94.42	95.83	98.69	95.05	96.49	0.66	0.69
汕尾市	84.95	87.14	86.67	89.26	90.62	90.33	3.66	4.22
东莞市	99.03	99.04	99.03	99.49	99.11	99.46	0.43	0.43
中山市	99.44	99.00	99.29	99.53	99.14	99.40	0.11	0.11
江门市	98.97	96.49	98.03	99.27	97.13	98.49	0.46	0.47
阳江市	99.21	97.64	98.31	99.48	98.48	98.93	0.62	0.63
湛江市	97.04	92.80	94.14	97.94	95.70	96.41	2.27	2.41
茂名市	98.04	96.33	96.86	98.65	97.43	97.81	0.95	0.98
肇庆市	97.91	95.85	96.37	98.23	96.53	96.98	0.61	0.63
清远市	98.38	91.54	93.55	98.70	93.38	95.02	1.47	1.58
潮州市	98.08	90.67	93.35	98.39	91.80	94.27	0.92	0.99
揭阳市	98.60	95.57	96.46	99.13	96.45	97.25	0.79	0.82
云浮市	97.22	91.00	92.63	97.61	93.41	94.55	1.92	2.08

附表 2 - 10　广东省分地市初中阶段本科及以上学历教师比例（%）

地区	2016 年			2017 年			变化情况	
	城市	农村	合计	城市	农村	合计	增减	增长率
广东省	88.56	76.81	82.78	90.82	82.75	86.95	4.17	5.04
珠江三角洲	92.10	90.84	91.77	93.39	91.72	92.96	1.19	1.30
东翼	79.05	66.47	74.92	84.02	74.86	78.27	3.35	4.47
西翼	82.80	76.97	79.06	87.61	84.07	85.37	6.31	7.98
山区	86.10	73.66	76.80	86.93	80.82	82.42	5.62	7.32
广州市	92.22	87.60	91.14	92.77	88.52	91.77	0.63	0.69
深圳市	93.22	—	93.22	94.02	—	94.02	0.80	0.86
珠海市	92.93	89.31	92.33	94.48	88.26	93.43	1.10	1.19
汕头市	82.48	71.62	91.61	89.38	89.59	89.48	-2.13	-2.32
佛山市	95.23	92.41	94.94	95.93	93.63	95.72	0.78	0.82
韶关市	83.57	70.64	74.46	83.69	74.78	77.43	2.97	3.98
河源市	85.92	71.07	73.57	86.98	80.84	81.94	8.37	11.38
梅州市	86.66	74.03	77.04	88.43	83.61	84.84	7.80	10.13
惠州市	88.13	90.61	89.64	87.78	90.63	89.48	-0.16	-0.18
汕尾市	62.15	62.48	62.41	69.99	68.34	68.71	6.30	10.10
东莞市	86.65	73.48	86.20	91.98	88.78	91.89	5.69	6.60
中山市	92.60	90.44	91.85	93.45	90.40	92.41	0.56	0.61
江门市	95.01	92.54	94.06	95.36	93.53	94.67	0.61	0.65
阳江市	84.06	84.73	84.44	89.88	86.98	88.30	3.86	4.57
湛江市	84.16	74.21	77.70	87.60	83.03	84.70	7.00	9.01
茂名市	80.78	77.52	78.63	86.60	84.25	85.05	6.42	8.16
肇庆市	92.55	93.59	93.33	92.97	95.11	94.55	1.22	1.31
清远市	89.62	79.94	82.78	89.36	83.65	85.36	2.58	3.12
潮州市	82.03	65.61	71.57	84.40	67.50	73.74	2.17	3.04
揭阳市	78.41	65.84	69.66	80.81	71.72	74.53	4.87	6.99
云浮市	83.54	72.35	75.67	84.84	78.04	80.15	4.48	5.92

附表 2-11　广东省分地市小学中级及以上职称教师比例（%）

地区	2016 年			2017 年			变化情况	
	城市	农村	合计	城市	农村	合计	增减	增长率
广东省	49.17	65.88	57.13	40.84	56.66	48.18	-8.95	-15.66
珠江三角洲	41.77	63.30	47.23	32.98	40.13	34.73	-12.50	-26.47
东翼	63.58	61.64	62.30	60.95	60.57	60.70	-1.60	-2.57
西翼	67.32	63.52	64.78	58.75	61.37	60.49	-4.29	-6.62
山区	69.73	74.31	73.17	59.88	65.51	76.21	3.04	4.16
广州市	46.13	55.74	48.38	40.66	51.71	43.31	-5.07	-10.48
深圳市	29.63	—	29.63	25.41	—	25.41	-4.22	-14.25
珠海市	45.80	71.90	50.71	45.33	62.94	48.65	-2.06	-4.05
汕头市	60.16	53.46	56.60	61.51	54.17	57.56	0.96	1.70
佛山市	59.38	51.64	58.57	48.97	45.48	48.63	-9.94	-16.97
韶关市	79.51	80.77	80.41	68.79	60.96	63.24	-17.17	-21.35
河源市	46.55	71.66	66.63	42.51	65.64	60.78	-5.85	-8.78
梅州市	82.86	70.77	73.52	80.01	68.03	70.94	-2.58	-3.51
惠州市	46.03	62.43	56.13	1.15	0.55	0.79	-55.34	-98.60
汕尾市	64.54	52.29	54.93	62.78	50.49	53.16	-1.77	-3.22
东莞市	26.05	30.55	26.47	25.37	30.82	25.81	-0.66	-2.48
中山市	41.22	43.27	41.91	0.00	0.00	0.00	-41.91	-100.00
江门市	72.91	80.88	75.93	70.55	75.67	72.42	-3.51	-4.63
阳江市	66.24	82.36	75.48	60.08	75.45	68.55	-6.93	-9.18
湛江市	65.45	62.34	63.32	55.22	62.07	59.89	-3.43	-5.42
茂名市	69.95	58.41	61.98	61.81	56.03	57.81	-4.17	-6.72
肇庆市	62.95	78.37	74.46	55.71	72.84	68.32	-6.14	-8.24
清远市	66.82	80.79	76.70	46.15	66.90	60.50	-16.20	-21.12
潮州市	66.08	71.98	69.85	50.76	66.93	60.85	-9.00	-12.88
揭阳市	66.86	69.28	68.57	63.88	68.89	67.40	-1.17	-1.71
云浮市	70.89	68.67	69.25	64.08	64.12	64.11	-5.14	-7.42

附表 2－12　广东省分地市初中中级及以上职称教师比例（%）

地区	2016 年			2017 年			变化情况	
	城市	农村	合计	城市	农村	合计	增减	增长率
广东省	58.56	62.53	60.51	58.26	63.62	60.83	0.32	0.53
珠江三角洲	74.71	65.17	59.33	56.49	64.81	58.62	－0.71	－1.20
东翼	58.22	52.75	40.73	58.72	53.34	55.34	14.61	35.87
西翼	55.75	56.84	56.45	56.71	58.98	58.15	1.70	3.01
山区	72.55	73.73	73.44	72.37	75.58	74.74	1.30	1.77
广州市	58.51	66.07	60.29	58.05	64.31	59.53	－0.76	－1.26
深圳市	47.70	—	47.70	47.34	—	47.34	－0.36	－0.75
珠海市	64.45	79.29	66.93	68.22	77.94	69.87	2.94	4.39
汕头市	53.70	45.24	49.67	54.95	47.65	51.46	1.79	3.60
佛山市	69.20	64.14	68.68	66.22	67.49	66.34	－2.34	－3.41
韶关市	83.69	80.33	81.33	83.77	80.37	81.38	0.05	0.06
河源市	59.54	76.01	73.23	58.27	75.70	72.58	－0.65	－0.89
梅州市	74.49	72.58	73.04	75.03	76.38	76.04	3.00	4.10
惠州市	59.57	60.01	59.84	58.75	58.98	58.89	－0.95	－1.59
汕尾市	70.40	51.08	55.31	71.77	51.28	55.98	0.67	1.20
东莞市	44.11	14.16	43.10	43.58	3.74	42.45	－0.65	－1.52
中山市	60.44	61.85	60.93	59.08	61.30	59.84	－1.09	－1.79
江门市	72.39	72.28	72.35	72.52	71.99	72.32	－0.03	－0.04
阳江市	59.89	75.48	68.68	56.03	76.08	66.97	－1.71	－2.49
湛江市	50.62	51.18	50.99	51.39	54.11	53.12	2.13	4.17
茂名市	59.45	57.20	57.97	62.69	58.88	60.17	2.20	3.80
肇庆市	68.22	68.69	68.57	68.88	70.16	69.82	1.25	1.83
清远市	72.08	71.91	71.96	71.46	74.75	73.77	1.81	2.51
潮州市	61.43	58.07	59.29	63.84	57.03	59.55	0.26	0.43
揭阳市	59.38	56.58	57.43	57.29	56.87	57.00	－0.43	－0.76
云浮市	68.36	67.22	67.56	69.07	69.28	69.21	1.65	2.45

附表 2－13　广东省分地市义务教育小学生均占地面积

单位：平方米

地区	2016 年			2017 年			变化情况	
	城市	农村	合计	城市	农村	合计	增减	增长率（%）
广东省	17.36	36.14	25.51	17.14	35.59	25.07	－0.44	－1.74
珠江三角洲	17.18	33.44	20.30	17.17	29.62	20.10	－0.20	－0.96
东翼	16.49	29.51	24.63	16.60	29.44	24.60	－0.03	－0.11
西翼	19.79	46.26	31.28	18.20	45.40	35.08	3.80	12.14
山区	17.01	40.02	33.35	16.24	39.17	32.32	－1.03	－3.09
广州市	15.93	29.49	18.99	15.99	27.83	18.76	－0.23	－1.21
深圳市	14.29	—	14.29	14.62	—	14.62	0.33	2.30
珠海市	20.12	38.47	23.41	19.81	39.98	23.50	0.09	0.39
汕头市	15.14	26.37	20.93	15.29	26.10	20.92	－0.01	－0.07
佛山市	21.65	40.96	23.42	20.81	39.30	22.49	－0.93	－3.99
韶关市	13.78	47.78	36.44	13.44	46.42	35.36	－1.08	－2.97
河源市	19.41	38.19	33.92	18.78	38.75	34.03	0.11	0.32
梅州市	18.85	39.31	33.98	18.31	38.74	33.23	－0.75	－2.22
惠州市	17.31	30.21	24.95	18.64	30.15	25.37	0.42	1.67
汕尾市	12.77	30.55	26.63	14.76	30.50	26.96	0.33	1.23
东莞市	18.03	35.76	18.88	18.08	26.31	18.72	－0.16	－0.86
中山市	21.96	41.83	22.56	21.36	23.21	21.99	－0.57	－2.53
江门市	16.64	48.47	23.80	16.27	36.72	23.38	－0.42	－1.76
阳江市	18.38	46.70	33.26	17.38	46.24	32.29	－0.97	－2.91
湛江市	17.26	55.30	41.36	16.13	53.76	39.84	－1.52	－3.67
茂名市	23.11	37.20	23.39	20.86	36.88	31.26	7.87	33.65
肇庆市	14.40	28.43	24.45	13.51	27.77	23.64	－0.81	－3.31
清远市	17.44	44.00	35.05	15.79	42.05	32.95	－2.10	－5.99
潮州市	16.19	31.91	25.40	15.95	32.35	25.53	0.13	0.52
揭阳市	19.97	30.56	27.12	19.48	30.53	26.87	－0.25	－0.93
云浮市	15.21	30.68	25.98	14.92	29.26	24.77	－1.21	－4.65

附表 2－14　广东省分地市义务教育初中生均占地面积

单位：平方米

地区	2016 年			2017 年			变化情况	
	城市	农村	合计	城市	农村	合计	增减	增长率（%）
广东省	43.27	59.39	50.56	43.12	67.01	53.66	3.10	6.14
珠江三角洲	45.15	61.77	49.24	44.59	99.54	57.77	8.53	17.33
东翼	32.35	47.78	41.90	32.87	44.37	39.91	－1.99	－4.75
西翼	43.19	56.81	51.35	43.59	58.64	52.51	1.16	2.25
山区	45.62	71.40	63.67	45.91	63.30	57.93	－5.74	－9.02
广州市	43.70	70.08	49.48	43.72	88.20	53.65	4.17	8.42
深圳市	41.57	—	41.57	43.29	—	57.39	15.82	38.07
珠海市	48.90	74.83	52.65	49.05	51.58	49.43	－3.22	－6.11
汕头市	30.14	40.24	34.82	31.75	47.15	38.81	3.99	11.47
佛山市	43.82	70.78	46.40	41.36	243.18	60.21	13.81	29.77
韶关市	29.45	75.83	60.45	28.68	64.37	52.52	－7.93	－13.12
河源市	46.98	66.36	62.12	46.77	54.55	52.78	－9.34	－15.03
梅州市	50.95	79.05	71.36	59.60	62.01	61.32	－10.04	－14.08
惠州市	40.99	56.77	49.90	43.01	58.96	51.95	2.05	4.11
汕尾市	33.08	57.12	51.81	31.81	48.95	45.17	－6.64	－12.81
东莞市	46.69	77.99	47.85	45.06	786.23	68.69	20.84	43.55
中山市	55.61	66.32	59.17	53.31	103.52	69.96	10.79	18.24
江门市	49.67	80.53	60.22	46.32	99.68	63.74	3.52	5.84
阳江市	40.85	68.62	55.15	38.53	77.49	57.95	2.80	5.07
湛江市	40.48	69.13	57.54	39.17	68.71	56.50	－1.04	－1.80
茂名市	46.78	43.13	44.49	50.22	45.28	47.13	2.64	5.92
肇庆市	53.09	48.69	49.84	50.59	42.77	44.92	－4.92	－9.87
清远市	41.95	75.60	64.03	38.00	71.15	59.44	－4.59	－7.17
潮州市	29.20	51.05	42.37	29.63	41.53	36.80	－5.57	－13.16
揭阳市	37.16	46.29	43.48	36.45	40.79	39.39	－4.09	－9.40
云浮市	60.66	53.95	56.30	57.15	66.91	63.37	7.07	12.56

附表 2－15　广东省分地市小学寄宿生生均住宿面积

单位：平方米

地区	2016 年			2017 年			变化情况	
	城市	农村	合计	城市	农村	合计	增减	增长率（%）
广东省	19.41	11.16	14.91	19.32	11.69	15.24	0.33	2.21
珠江三角洲	19.56	21.10	19.91	19.21	20.59	19.52	－0.39	－1.95
东翼	36.97	28.04	32.51	39.42	28.27	33.30	0.79	2.44
西翼	13.93	6.96	8.87	14.52	7.68	9.57	0.70	7.89
山区	21.43	19.64	12.01	19.62	10.05	11.68	－0.33	－2.73
广州市	25.15	58.17	30.78	21.25	40.52	24.98	－5.80	－18.85
深圳市	53.62	—	53.62	41.83	—	41.83	－11.79	－22.00
珠海市	82.95	—	96.79	34.56	110.98	40.20	－56.59	－58.47
汕头市	44.09	37.10	41.44	47.57	53.53	49.82	8.38	20.22
佛山市	14.06	17.56	14.47	16.35	19.88	16.81	2.34	16.16
韶关市	41.37	12.64	13.27	21.91	15.38	15.69	2.42	18.23
河源市	50.90	8.16	12.52	38.86	8.22	12.10	－0.42	－3.38
梅州市	86.04	20.56	22.81	64.93	38.79	41.02	18.21	79.84
惠州市	49.75	22.22	29.76	46.95	19.88	26.55	－3.21	－10.78
汕尾市	43.62	28.09	29.42	39.26	26.02	27.15	－2.27	－7.72
东莞市	14.13	19.18	14.49	14.97	30.84	15.65	1.16	7.99
中山市	11.54	14.22	11.92	10.71	15.58	11.40	－0.52	－4.32
江门市	39.39	90.78	49.32	21.00	11.93	13.82	－35.50	－71.97
阳江市	72.31	6.85	11.91	30.46	7.46	12.03	0.12	0.97
湛江市	36.79	11.43	17.81	33.39	14.15	20.20	2.39	13.41
茂名市	8.86	6.25	7.06	9.45	6.80	7.55	0.49	6.94
肇庆市	37.60	12.75	15.86	38.56	55.89	43.74	27.88	175.80
清远市	29.20	12.96	16.89	28.12	13.77	17.48	0.59	3.46
潮州市	44.34	17.25	24.32	62.91	15.54	23.97	－0.35	－1.44
揭阳市	22.29	18.71	20.91	23.03	11.16	16.90	－4.01	－19.18
云浮市	4.98	5.61	5.43	4.85	3.86	4.08	－1.35	－24.83

附表2－16 广东省分地市初中阶段寄宿生生均住宿面积

单位：平方米

地区	2016年			2017年			变化情况	
	城市	农村	合计	城市	农村	合计	增减	增长率（%）
广东省	15.17	9.31	11.85	14.20	9.36	11.59	－0.26	－2.22
珠江三角洲	15.17	11.65	14.06	14.24	11.55	13.42	－0.64	－4.54
东翼	24.04	20.06	21.80	18.72	19.70	19.22	－2.58	－11.84
西翼	13.88	7.00	8.77	13.01	7.15	8.79	0.02	0.23
山区	13.15	8.98	9.82	13.28	8.63	9.64	－0.18	－1.80
广州市	23.5	22.47	23.19	22.87	17.87	21.11	－2.08	－8.95
深圳市	86.73	—	86.73	53.21	—	53.21	－33.52	－38.65
珠海市	53.92	26.95	46.07	28.81	30.13	29.05	－17.02	－36.95
汕头市	29.99	23.12	27.12	22.09	27.23	23.84	－3.28	－12.10
佛山市	8.85	10.07	8.99	9.09	11.72	9.39	0.40	4.41
韶关市	13.81	10.02	10.42	8.59	10.01	9.79	－0.63	－6.06
河源市	11.54	7.26	7.90	11.68	6.83	7.62	－0.28	－3.58
梅州市	18.63	14.32	15.01	31.56	14.50	17.63	2.62	17.47
惠州市	17.87	8.86	11.48	15.21	9.50	11.25	－0.23	－1.99
汕尾市	384.52	27.60	33.57	25.38	25.04	25.10	－8.47	－25.22
东莞市	11.44	30.74	11.80	11.26	33.52	11.47	－0.33	－2.81
中山市	15.11	16.86	15.53	13.11	16.38	13.89	－1.64	－10.58
江门市	11.79	7.31	9.60	6.62	15.14	10.43	0.83	8.60
阳江市	11.88	6.66	8.34	10.02	6.70	7.97	－0.37	－4.46
湛江市	21.45	7.71	10.49	19.03	7.57	10.13	－0.36	－3.43
茂名市	11.06	6.59	7.83	11.11	6.97	8.17	0.34	4.34
肇庆市	49.04	11.83	16.17	53.23	5.42	12.85	－3.32	－20.50
清远市	13.65	9.08	10.27	12.25	8.51	9.52	－0.75	－7.33
潮州市	8.9	19.76	14.72	9.24	20.57	15.54	0.82	5.59
揭阳市	18.43	15.42	16.60	15.30	12.99	13.94	－2.66	－16.02
云浮市	11.67	6.68	8.15	10.85	6.43	7.74	－0.41	－5.00

附表 2－17　广东省分地市义务教育小学生均运动场地面积变化情况

单位：平方米

地区	2016年			2017年			变化情况	
	城市	农村	合计	城市	农村	合计	增减	增长率（%）
广东省	5.90	11.81	8.47	6.05	11.76	8.50	0.03	0.39
珠江三角洲	5.79	10.72	6.72	6.02	9.48	6.84	0.12	1.72
东翼	5.90	10.44	8.74	5.90	10.47	8.75	0.01	0.12
西翼	6.48	14.04	11.18	6.32	14.22	11.22	0.04	0.36
山区	6.20	13.51	11.39	6.11	13.35	11.19	－0.20	－1.79
广州市	5.94	9.65	6.78	5.95	9.19	6.71	－0.07	－1.06
深圳市	4.48	—	4.48	5.69	—	5.69	1.21	27.00
珠海市	5.91	13.16	7.21	5.85	13.24	7.21	0.00	－0.07
汕头市	6.25	8.79	7.56	6.24	8.68	7.51	－0.05	－0.68
佛山市	8.46	11.01	8.70	8.24	10.95	8.48	－0.22	－2.48
韶关市	6.06	13.64	11.11	5.95	13.06	10.67	－0.44	－3.95
河源市	5.75	12.51	10.97	5.39	12.54	10.85	－0.12	－1.13
梅州市	8.37	14.30	12.75	8.43	14.80	13.08	0.33	2.58
惠州市	6.07	9.92	8.35	6.18	9.47	8.10	－0.25	－2.95
汕尾市	4.95	9.22	8.28	4.78	9.28	8.27	－0.01	－0.16
东莞市	4.83	12.61	4.91	4.84	6.23	4.95	0.04	0.74
中山市	7.15	11.77	7.56	6.58	8.25	7.15	－0.41	－5.39
江门市	6.51	13.74	7.87	6.35	10.30	7.72	－0.15	－1.85
阳江市	5.93	12.98	9.64	5.72	12.85	9.40	－0.24	－2.46
湛江市	5.49	14.64	11.29	5.46	14.99	11.47	0.18	1.56
茂名市	7.78	13.77	11.64	7.57	13.86	11.65	0.01	0.11
肇庆市	5.63	10.20	8.91	5.26	9.90	8.56	－0.35	－3.93
清远市	5.62	15.47	12.15	5.47	14.84	11.59	－0.56	－4.59
潮州市	5.72	12.14	9.48	5.94	12.63	9.85	0.37	3.89
揭阳市	5.78	11.86	9.86	5.75	11.88	9.85	－0.01	－0.15
云浮市	4.94	10.88	9.08	5.07	10.45	8.77	－0.31	－3.45

附表 2-18 广东省分地市义务教育初中生均运动场地面积变化情况

单位：平方米

地区	2016 年			2017 年			变化情况	
	城市	农村	合计	城市	农村	合计	增减	增长率（%）
广东省	12.83	16.83	14.44	13.67	16.62	14.65	0.21	0.01
珠江三角洲	13.42	16.47	14.17	14.54	16.41	14.41	0.24	0.02
东翼	10.39	13.32	12.21	10.70	13.64	12.47	0.26	0.02
西翼	11.89	15.51	14.06	12.09	16.31	14.58	0.52	0.04
山区	13.50	20.29	18.25	13.92	20.04	17.86	-0.39	-0.02
广州市	14.03	20.20	15.38	14.88	19.50	15.65	0.27	0.02
深圳市	12.62	—	12.62	16.23	—	15.21	2.59	0.21
珠海市	11.51	21.74	12.99	11.80	23.35	13.18	0.19	0.01
汕头市	10.97	12.56	11.71	11.36	13.21	12.21	0.50	0.04
佛山市	13.58	20.43	14.24	14.13	18.85	13.71	-0.53	-0.04
韶关市	11.72	18.96	16.56	11.02	18.62	15.93	-0.63	-0.04
河源市	12.67	17.69	16.59	12.81	17.17	15.97	-0.62	-0.04
梅州市	16.46	22.71	21.00	18.79	22.49	21.01	0.01	0.00
惠州市	10.83	14.40	12.85	12.10	14.40	13.02	0.17	0.01
汕尾市	9.87	11.21	10.91	9.88	11.12	10.90	-0.01	0.00
东莞市	12.18	14.21	12.26	12.62	14.13	11.90	-0.36	-0.03
中山市	17.00	17.65	17.22	16.03	17.24	15.77	-1.45	-0.08
江门市	16.66	19.49	17.63	16.14	19.48	16.81	-0.82	-0.05
阳江市	11.49	13.51	12.53	12.20	13.92	12.45	-0.08	-0.01
湛江市	11.71	18.40	15.69	11.19	19.52	16.12	0.43	0.03
茂名市	12.22	13.40	12.96	12.97	14.09	13.80	0.84	0.06
肇庆市	15.08	13.57	13.96	15.06	13.99	14.10	0.14	0.01
清远市	11.17	24.97	20.23	10.98	25.11	19.87	-0.36	-0.02
潮州市	9.24	16.06	13.35	9.71	15.73	13.33	-0.02	0.00
揭阳市	10.13	14.20	12.95	10.34	14.73	13.22	0.27	0.02
云浮市	15.70	14.65	15.01	15.99	14.47	14.60	-0.41	-0.03

附表2－19 广东省分地市义务教育小学生均图书情况

单位：册

地区	2016年			2017年			变化情况	
	城市	农村	合计	城市	农村	合计	增减	增长率（%）
广东省	29.05	28.96	29.01	29.41	29.48	29.44	0.43	1.47
珠江三角洲	29.87	30.57	29.69	30.17	28.98	29.89	0.20	0.67
东翼	27.98	28.39	28.24	29.21	29.44	29.35	1.11	3.94
西翼	26.35	27.11	26.82	26.83	27.85	27.46	0.64	2.39
山区	26.70	30.96	29.73	26.34	31.55	30.00	0.27	0.90
广州市	31.45	34.30	32.09	31.85	78.02	32.02	－0.07	－0.23
深圳市	35.02	—	35.02	35.52	—	35.52	0.50	1.42
珠海市	24.06	25.56	24.33	23.59	24.34	23.73	－0.60	－2.46
汕头市	29.75	28.47	29.09	32.08	29.77	30.88	1.79	6.15
佛山市	29.08	30.62	29.22	29.26	30.64	29.39	0.17	0.58
韶关市	26.05	32.94	30.65	25.96	33.18	30.76	0.11	0.37
河源市	29.88	31.12	30.84	28.31	33.06	31.94	1.10	3.56
梅州市	27.21	31.87	30.66	26.82	32.76	31.16	0.50	1.63
惠州市	25.96	27.23	26.71	25.80	27.61	26.86	0.15	0.56
汕尾市	27.35	27.41	27.39	25.81	28.48	27.88	0.49	1.78
东莞市	25.43	47.94	25.55	26.00	27.29	26.10	0.55	2.14
中山市	30.43	31.87	30.89	30.69	31.18	30.86	－0.03	－0.11
江门市	25.34	30.24	26.27	25.34	28.00	26.26	－0.01	－0.02
阳江市	28.80	29.14	28.98	29.20	30.31	29.77	0.79	2.74
湛江市	24.05	24.99	24.64	25.60	25.71	25.67	1.03	4.17
茂名市	27.51	28.61	28.22	26.92	29.23	28.42	0.20	0.71
肇庆市	28.62	27.24	27.63	27.73	27.62	27.65	0.02	0.08
清远市	27.71	32.20	30.69	27.22	31.78	30.20	－0.49	－1.59
潮州市	23.92	29.07	26.94	24.98	30.26	28.07	1.13	4.18
揭阳市	27.52	28.67	28.30	28.15	29.45	29.02	0.72	2.56
云浮市	22.01	25.62	24.52	22.78	25.59	24.71	0.19	0.78

附表 2－20 广东省分地市义务教育初中生均图书情况

单位：册

地区	2016 年			2017 年			变化情况	
	城市	农村	合计	城市	农村	合计	增减	增长率（%）
广东省	63.54	53.82	59.15	64.29	54.75	60.08	0.93	1.57
珠江三角洲	64.95	58.49	63.36	64.89	57.40	63.10	－0.26	－0.41
东翼	59.54	55.57	57.08	63.16	58.34	60.21	3.13	5.48
西翼	65.24	45.21	53.24	67.46	47.30	55.51	2.27	4.26
山区	56.44	55.49	55.78	56.93	55.34	55.83	0.05	0.09
广州市	75.95	77.72	76.33	77.16	73.12	76.26	－0.07	－0.09
深圳市	84.39	—	84.39	84.75	—	84.75	0.36	0.43
珠海市	41.32	44.17	41.74	41.93	38.83	41.46	－0.28	－0.67
汕头市	64.20	60.23	62.36	72.26	66.27	69.51	7.15	11.47
佛山市	48.51	53.76	49.01	47.74	53.74	48.30	－0.71	－1.45
韶关市	39.64	57.21	51.38	36.61	55.59	49.29	－2.09	－4.07
河源市	51.78	47.9	48.75	53.88	48.31	49.57	0.82	1.68
梅州市	65.23	67.72	67.04	73.50	67.82	69.45	2.41	3.59
惠州市	59.77	52.75	55.81	58.55	51.70	54.70	－1.11	－1.99
汕尾市	67.59	45.21	50.15	59.60	45.06	48.27	－1.88	－3.75
东莞市	51.69	69.05	52.34	51.88	71.26	52.50	0.16	0.31
中山市	61.15	69.92	64.06	59.96	65.48	61.79	－2.27	－3.54
江门市	55.77	50.22	53.87	53.94	51.49	53.14	－0.73	－1.36
阳江市	63.01	39.51	50.90	59.51	39.99	49.78	－1.12	－2.20
湛江市	67.94	49.16	56.76	68.87	50.86	58.30	1.54	2.71
茂名市	63.31	43.01	50.59	69.27	45.98	54.67	4.08	8.06
肇庆市	69.99	52.56	57.11	70.44	53.40	58.08	0.97	1.70
清远市	49.96	53.58	52.33	46.84	53.78	51.33	－1.00	－1.91
潮州市	44.29	59.78	53.63	45.63	62.21	55.61	1.98	3.69
揭阳市	55.62	57.24	56.74	57.19	59.68	58.88	2.14	3.77
云浮市	76.79	46.06	56.81	74.15	46.07	56.25	－0.56	－0.99

附表 2－21　广东省分地市小学生均仪器设备值

单位：元

地区	2016年			2017年			变化情况	
	城市	农村	合计	城市	农村	合计	增减	增长率（%）
广东省	2478.1	1511.57	2058.88	2671.10	1610.52	2215.46	156.58	7.61
珠江三角洲	2934.04	1996.08	2710.25	3143.63	2087.60	2894.87	184.62	6.81
东翼	1440.32	1435.4	1437.24	1661.61	1571.73	1605.59	168.35	11.71
西翼	1191.33	1047.94	1102.22	1291.89	1137.85	1196.34	94.12	8.54
山区	1503.71	1438.61	1457.49	1622.85	1524.11	1553.60	96.11	6.59
广州市	2554.76	2749.97	2598.88	2651.00	2787.67	2683.00	84.12	3.24
深圳市	4497.71	—	4497.71	5222.73	—	5222.73	725.02	16.12
珠海市	2327.57	2308.54	2324.16	2356.44	2261.37	2339.03	14.87	0.64
汕头市	1296.99	1430.99	1366.12	1607.69	1709.46	1660.67	294.55	21.56
佛山市	2535.63	2373.72	2520.8	2555.66	2362.02	2538.11	17.31	0.69
韶关市	1414.75	1850.69	1705.27	1648.58	1912.99	1824.32	119.05	6.98
河源市	2594.33	1182.04	1503.06	2498.73	1255.89	1549.69	46.63	3.10
梅州市	1038.81	1213.82	1168.22	1377.08	1369.77	1371.75	203.53	17.42
惠州市	2323.49	1700.53	1954.46	2236.61	1749.60	1952.05	－2.41	－0.12
汕尾市	1255.43	1311.51	1299.15	1598.74	1303.68	1370.06	70.91	5.46
东莞市	2533.33	2437.76	2524.9	2443.95	2545.97	2451.84	－73.06	－2.89
中山市	2117.96	2127.95	2121.4	2346.59	2300.74	2330.99	209.59	9.88
江门市	1782.35	2005.7	1862.12	1919.05	2100.62	1982.19	120.07	6.45
阳江市	1211.53	1110.09	1158.23	1569.51	1399.72	1481.79	323.56	27.94
湛江市	1126.24	896.61	980.75	1158.52	1044.06	1086.38	105.63	10.77
茂名市	1248.93	1178.87	1203.76	1291.24	1152.23	1201.00	－2.76	－0.23
肇庆市	2044.89	1442.14	1613.2	2086.21	1616.79	1752.69	139.49	8.65
清远市	1358.93	1577.35	1503.75	1436.25	1622.35	1557.85	54.10	3.60
潮州市	1622.12	1748.27	1695.99	1787.16	1957.85	1886.88	190.89	11.26
揭阳市	1630.76	1402.92	1476.9	1701.93	1484.90	1556.81	79.91	5.41
云浮市	1355.92	1574.19	1507.83	1357.49	1629.55	1544.44	36.61	2.43

附表 2-22 广东省分地市初中阶段生均仪器设备值

单位：元

地区	2016 年			2017 年			变化情况	
	城市	农村	合计	城市	农村	合计	增减	增长率（%）
广东省	5757.99	2862.38	4449.11	6190.65	3109.62	4830.39	381.28	8.57
珠江三角洲	7090.89	3902.16	6306.77	7531.53	4232.55	6740.34	433.57	6.87
东翼	3492.16	2815.4	3073.28	3944.76	3132.61	3447.87	374.59	12.19
西翼	3007.18	1867.41	2324.15	3229.86	2038.44	2523.78	199.63	8.59
山区	3366.27	2794.39	2965.90	3685.12	2912.63	3151.33	185.43	6.25
广州市	6961.42	6157.89	6785.25	7379.46	6400.81	7160.95	375.70	5.54
深圳市	12 411.96	—	12 411.96	13 961.12	—	13 961.12	1549.16	12.48
珠海市	4442.25	3702.52	4335.29	4392.11	3824.10	4306.38	-28.91	-0.67
汕头市	3490.74	3256.48	3382.12	4133.93	3730.78	3949.05	566.93	16.76
佛山市	4802.57	3688.45	4696.20	4962.14	4003.14	4872.55	176.35	3.76
韶关市	2453.97	3340.79	3046.75	2927.09	3512.70	3318.17	271.42	8.91
河源市	4460.23	2271.04	2750.49	4400.44	2296.24	2772.84	22.35	0.81
梅州市	2545.1	2724.27	2675.26	3719.65	2934.66	3160.45	485.19	18.14
惠州市	5096.93	3235.62	4045.85	5016.68	3735.92	4298.54	252.69	6.25
汕尾市	2303.45	2423.47	2396.98	3126.69	2567.47	2690.74	293.76	12.26
东莞市	5851.21	5111.01	5823.74	5595.52	5579.27	5595.00	-228.74	-3.93
中山市	4257.66	4647.43	4387.32	4785.21	4779.17	4783.20	395.88	9.02
江门市	4213.32	3744.59	4053.14	4338.52	3935.83	4207.06	153.92	3.80
阳江市	2895.45	1932.62	2399.41	3390.02	2259.00	2826.40	426.99	17.80
湛江市	3525	1939.45	2581.11	3534.60	2024.41	2648.57	67.46	2.61
茂名市	2521.95	1788.33	2062.43	2849.75	1997.08	2315.14	252.71	12.25
肇庆市	6654.75	2889.9	3874.01	6502.55	3179.21	4092.47	218.46	5.64
清远市	3168.35	2970.17	3038.34	3220.10	3068.91	3122.33	83.99	2.76
潮州市	3124.63	3250.34	3200.41	3313.07	3667.45	3526.46	326.05	10.19
揭阳市	4089.88	2626.26	3077.48	4192.92	2905.43	3319.87	242.39	7.88
云浮市	4789.45	2853.17	3530.57	4512.47	2912.33	3492.13	-38.44	-1.09

附表 2－23　广东省分地市义务教育学校每百名学生拥有教学用计算机台数

单位：台

地区	2016 年		2017 年		增长率（%）	
	小学	初中	小学	初中	小学	初中
广东省	15.14	28.37	19.93	36.93	24.03	23.17
珠江三角洲	14.92	32.38	18.94	40.95	21.23	20.94
东翼	18.79	28.32	23.99	37.18	21.69	23.83
西翼	12.93	20.96	19.86	29.51	34.91	28.98
山区	14.28	24.98	19.21	32.61	25.65	23.40
广州市	14.72	35.28	19.00	45.90	22.51	23.13
深圳市	19.06	44.86	27.44	68.03	30.54	34.06
珠海市	11.93	22.47	17.46	30.22	31.67	25.64
汕头市	18.28	30.37	25.05	41.84	27.03	27.42
佛山市	15.80	26.48	17.59	29.13	10.20	9.10
韶关市	12.42	21.06	16.56	27.48	24.99	23.35
河源市	13.01	20.97	17.32	27.33	24.87	23.28
梅州市	13.24	26.35	18.59	35.53	28.78	25.84
惠州市	12.49	22.84	15.09	27.01	17.25	15.45
汕尾市	17.42	20.33	21.59	26.21	19.30	22.44
东莞市	11.24	26.95	15.08	34.73	25.45	22.39
中山市	17.60	37.64	17.83	37.04	1.30	－1.61
江门市	15.39	30.26	17.56	33.40	12.33	9.40
阳江市	10.96	21.17	26.05	36.96	57.92	42.72
湛江市	11.82	20.72	16.14	25.73	26.77	19.48
茂名市	14.79	21.11	21.33	30.75	30.68	31.35
肇庆市	13.57	32.76	15.15	35.79	10.46	8.47
清远市	13.90	23.64	18.73	31.86	25.79	25.81
潮州市	17.19	28.26	20.81	33.63	17.40	15.96
揭阳市	20.65	30.43	25.35	39.46	18.56	22.88
云浮市	20.01	34.59	25.94	42.00	22.87	17.64

附表 2-24 广东省分地市小学大班额比例（%）

地区	2016年			2017年			变化情况	
	城市	农村	合计	城市	农村	合计	增减	增长率（%）
广东省	6.59	1.23	3.87	5.40	1.12	3.26	-0.61	-15.76
珠江三角洲	7.63	2.75	6.32	6.45	2.89	5.51	-0.81	-12.82
东翼	1.11	0.74	0.86	0.57	0.04	0.21	-0.65	-75.58
西翼	5.93	0.00	1.78	3.35	0.00	1.03	-0.75	-42.13
山区	6.55	1.43	2.59	6.16	1.54	2.63	0.04	1.54
广州市	0.04	0.05	0.05	0.00	0.03	0.01	-0.04	-80
深圳市	13.28	—	13.28	13.52	—	13.52	0.24	1.81
珠海市	3.01	0.00	2.43	2.16	0.00	1.74	-0.69	-28.4
汕头市	1.89	0.04	0.87	0.74	0.07	0.37	-0.50	-57.47
佛山市	1.18	0.00	1.07	0.49	0.00	0.44	-0.63	-58.88
韶关市	13.32	3.76	6.36	13.54	3.99	6.63	0.27	4.25
河源市	26.47	3.57	7.18	24.48	4.14	7.57	0.39	5.43
梅州市	0.00	0.00	0.00	0.00	0.00	0.00	0.00	—
惠州市	30.83	8.64	16.48	27.89	8.92	15.90	-0.58	-3.52
汕尾市	2.67	3.43	3.28	2.32	0.10	0.52	-2.76	-84.15
东莞市	10.22	2.87	9.56	4.60	1.09	4.33	-5.23	-54.71
中山市	1.24	0.28	0.91	0.43	0.18	0.34	-0.57	-62.64
江门市	5.59	0.42	3.52	5.91	0.62	3.85	0.33	9.38
阳江市	0.00	0.00	0.00	0.00	0.00	0.00	0.00	—
湛江市	6.55	0.00	1.83	2.79	0.00	0.81	-1.02	-55.74
茂名市	8.32	0.00	2.34	5.72	0.01	1.62	-0.72	-30.77
肇庆市	12.49	0.65	3.34	12.32	1.28	3.84	0.50	14.97
清远市	0.26	0.22	0.23	0.04	0.00	0.01	-0.22	-95.65
潮州市	0.00	0.00	0.00	0.00	0.00	0.00	0.00	—
揭阳市	0.00	0.00	0.00	0.00	0.00	0.00	0.00	—
云浮市	0.00	0.00	0.00	0.00	0.00	0.00	0.00	—

附表 2－25　广东省分地市初中阶段大班额比例（%）

地区	2016 年			2017 年			变化情况	
	城市	农村	合计	城市	农村	合计	增减	增长率（%）
广东省	3.74	0.63	2.32	3.27	0.80	2.16	－0.16	－6.90
珠江三角洲	4.97	1.94	4.22	4.65	1.47	3.88	－0.34	－8.06
东翼	0.00	0.00	0.00	0.00	0.02	0.01	0.01	1.00
西翼	3.27	－0.83	0.69	0.86	0.00	0.35	－0.34	－49.28
山区	0.92	0.50	0.62	0.96	0.74	0.80	0.18	29.03
广州市	0.08	0.00	0.06	0.02	0.00	0.01	－0.05	－83.33
深圳市	4.92	—	4.92	5.61	—	5.61	0.69	14.02
珠海市	0.73	0.00	0.62	1.45	0.00	1.22	0.60	96.77
汕头市	0.00	0.00	0.00	0.00	0.00	0.00	0.00	—
佛山市	1.69	0.23	1.55	1.33	0.00	1.20	－0.35	－22.58
韶关市	0.14	1.55	1.10	0.55	2.18	1.65	0.55	50.00
河源市	4.43	1.10	1.78	2.66	1.64	1.86	0.08	4.49
梅州市	1.07	0.00	0.28	1.96	0.00	0.52	0.24	85.71
惠州市	18.79	6.21	11.47	16.34	5.20	9.97	－1.50	－13.08
汕尾市	0.00	0.00	0.00	0.00	0.10	0.08	0.08	8.00
东莞市	14.58	7.60	14.31	12.55	6.29	12.34	－1.97	－13.77
中山市	1.84	1.91	1.86	0.27	0.26	0.27	－1.59	－85.48
江门市	1.71	0.00	1.11	2.26	0.10	1.53	0.42	37.84
阳江市	1.60	0.00	1.68	3.02	0.00	1.52	－0.16	－9.52
湛江市	5.07	0.00	0.77	0.00	0.00	0.00	－0.77	－100.00
茂名市	3.97	0.00	1.50	0.80	0.00	0.29	－1.21	－80.67
肇庆市	0.80	0.32	0.45	0.22	0.04	0.09	－0.36	－80.00
清远市	0.00	0.00	0.00	0.00	0.00	0.00	0.00	—
潮州市	0.00	0.00	0.00	0.00	0.00	0.00	0.00	—
揭阳市	0.00	0.00	0.00	0.00	0.00	0.00	0.00	—
云浮市	0.00	0.00	0.00	0.00	0.00	0.00	0.00	—

三、高中阶段教育有关表格

附表 3 - 1　广东省分地市高中阶段教育规模变化情况

单位：人

地区	招生规模			在校生规模		
	2016 年	2017 年	增长率(%)	2016 年	2017 年	增长率(%)
广东省	995 202	933 651	-6.18	3 039 472	2 886 519	-5.03
珠江三角洲	474 083	452 311	-4.59	1 408 253	1 366 205	-2.99
东翼	189 223	169 185	-10.59	622 434	570 288	-8.38
西翼	174 608	161 329	-7.61	535 218	500 486	-6.49
山区	155 906	149 591	-4.05	469 601	445 707	-5.09
广州市	125 564	117 153	-6.70	392 433	366 676	-6.56
深圳市	56 579	56 580	1.00	163 881	166 333	1.50
珠海市	17 542	16 339	-6.86	50 549	49 833	-1.42
汕头市	66 237	61 033	-7.86	210 994	199 340	-5.52
佛山市	63 260	60 063	-5.05	188 272	183 750	-2.40
韶关市	26 679	26 709	0.11	81 055	78 093	-3.65
河源市	29 073	28 391	-2.35	85 006	82 879	-2.50
梅州市	41 137	37 724	-8.30	130 732	118 700	-9.20
惠州市	50 799	49 405	-2.74	145 707	143 846	-1.28
汕尾市	26 327	22 814	-13.34	81 175	73 833	-9.04
东莞市	48 850	48 619	-0.47	137 094	139 016	1.40
中山市	23 614	23 701	0.37	70 990	70 345	-0.91
江门市	40 745	38 985	-4.32	119 524	115 806	-3.11
阳江市	21 075	19 323	-8.31	61 821	59 354	-3.99
湛江市	74 474	68 367	-8.20	238 734	218 829	-8.34
茂名市	79 059	73 639	-6.86	234 663	222 303	-5.27
肇庆市	47 130	41 466	-12.02	139 803	130 600	-6.58
清远市	35 690	33 771	-5.38	101 991	98 908	-3.02
潮州市	20 972	19 363	-7.67	67 558	61 383	-9.14
揭阳市	75 687	65 975	-12.83	262 707	235 732	-10.27
云浮市	23 327	22 996	-1.42	72 332	67 127	-7.20

附表3-2　广东省分地市普通高中教育学生规模变化情况

单位：人

地区	招生规模			在校生规模		
	2016年	2017年	增长率(%)	2016年	2017年	增长率(%)
广东省	643 293	611 384	-4.96	1 973 727	1 892 669	-4.11
珠江三角洲	276 778	270 475	-2.28	821 895	814 430	-0.91
东翼	131 366	123 109	-6.29	416 565	390 729	-6.20
西翼	126 332	114 058	-9.72	401 416	370 608	-7.67
山区	108 817	103 742	-4.66	333 851	316 902	-5.08
广州市	58 260	54 406	-6.62	176 275	170 676	-3.18
深圳市	42 615	43 575	2.25	124 216	127 099	2.32
珠海市	9902	10 493	5.97	29 285	29 991	2.41
汕头市	47 233	46 429	-1.70	146 265	140 639	-3.85
佛山市	39 384	39 117	-0.68	116 350	116 913	0.48
韶关市	17 576	16 990	-3.33	56 167	52 754	-6.08
河源市	20 975	20 844	-0.62	62 652	60 983	-2.66
梅州市	30 792	27 964	-9.18	98 209	89 626	-8.74
惠州市	30 966	30 262	-2.27	90 261	90 562	0.33
汕尾市	21 626	18 688	-13.59	68 964	62 544	-9.31
东莞市	27 153	27 916	2.81	79 851	81 052	1.50
中山市	15 758	15 528	-1.46	47 851	47 212	-1.34
江门市	26 061	26 047	-0.05	76 293	75 599	-0.91
阳江市	15 536	14 381	-7.43	47 250	44 955	-4.86
湛江市	49 910	46 711	-6.41	167 483	153 396	-8.41
茂名市	60 886	52 966	-13.01	186 683	172 257	-7.73
肇庆市	26 679	23 131	-13.30	81 513	75 326	-7.59
清远市	23 765	22 626	-4.79	69 236	67 981	-1.81
潮州市	17 512	16 288	-6.99	56 528	51 911	-8.17
揭阳市	44 995	41 704	-7.31	144 808	135 635	-6.33
云浮市	15 709	15 318	-2.49	47 587	45 558	-4.26

附表 3－3　广东省分地市中等职业教育学生规模变化情况

单位：人

地区	招生规模			在校生规模		
	2016 年	2017 年	增长率(％)	2016 年	2017 年	增长率(％)
广东省	351 909	322 267	－8. 42	1 065 745	993 850	－6. 75
珠江三角洲	197 305	181 836	－7. 84	586 358	551 775	－5. 90
东翼	57 857	46 076	－20. 36	205 869	179 559	－12. 78
西翼	48 276	47 271	－2. 08	133 802	129 878	－2. 93
山区	47 089	45 849	－2. 63	135 750	128 805	－5. 12
广州市	67 304	62 747	－6. 77	216 158	196 000	－9. 33
深圳市	13 964	13 005	－6. 87	39 665	39 234	－1. 09
珠海市	7640	5846	－23. 48	21 264	19 842	－6. 69
汕头市	19 004	14 604	－23. 15	64 729	58 701	－9. 31
佛山市	23 876	20 946	－12. 27	71 922	66 837	－7. 07
韶关市	9103	9719	6. 77	24 888	25 339	1. 81
河源市	8098	7547	－6. 80	22 354	21 896	－2. 05
梅州市	10 345	9760	－5. 65％	32 523	29 074	－10. 60
惠州市	19 833	19 143	－3. 48	55 446	53 284	－3. 90
汕尾市	4701	4126	－12. 23	12 211	11 289	－7. 55
东莞市	21 697	20 703	－4. 58	57 243	57 964	1. 26
中山市	7856	8173	4. 04	23 139	23 133	－0. 03
江门市	14 684	12 938	－11. 89	43 231	40 207	－6. 99
阳江市	5539	4942	－10. 78	14 571	14 399	－1. 18
湛江市	24 564	21 656	－11. 84	71 251	65 433	－8. 17
茂名市	18 173	20 673	13. 76	47 980	50 046	4. 31
肇庆市	20 451	18 335	－10. 35	58 290	55 274	－5. 17
清远市	11 925	11 145	－6. 54	32 755	30 927	－5. 58
潮州市	3460	3075	－11. 13	11 030	9472	－14. 13
揭阳市	30 692	24 271	－20. 92	117 899	100 097	－15. 10
云浮市	7618	7678	0. 79	23 230	21 569	－7. 15

附表3－4　广东省分地市普通高中专任教师配备情况

地区	专任教师规模（人）			生师比		
	2016年	2017年	增长率(%)	2016年	2017年	增减
广东省	151 612	151 435	－0.12	13.02∶1	12.50∶1	－0.52
珠江三角洲	63 937	65 050	1.74	12.85∶1	12.52∶1	－0.33
东翼	30 542	30 006	－1.75	13.64∶1	13.02∶1	－0.62
西翼	30 072	29 681	－1.30	13.35∶1	12.49∶1	－0.86
山区	27 061	26 698	－1.34	12.34∶1	11.87∶1	－0.47
广州市	14 352	14 569	1.51	12.28∶1	11.72∶1	－0.57
深圳市	10 264	10 810	5.32	12.10∶1	11.76∶1	－0.34
珠海市	2464	2487	0.93	11.89∶1	12.06∶1	0.17
汕头市	10 649	10 615	－0.32	13.74∶1	13.25∶1	－0.49
佛山市	8785	8977	2.19	13.24∶1	13.02∶1	－0.22
韶关市	4387	4394	0.16	12.80∶1	12.01∶1	－0.80
河源市	5284	5162	－2.31	11.86∶1	11.81∶1	－0.04
梅州市	8387	8286	－1.20	11.71∶1	10.82∶1	－0.89
惠州市	6588	6696	1.64	13.70∶1	13.52∶1	－0.18
汕尾市	4824	4767	－1.18	14.30∶1	13.12∶1	－1.18
东莞市	5671	5867	3.46	14.08∶1	13.81∶1	－0.27
中山市	3590	3659	1.92	13.33∶1	12.90∶1	－0.43
江门市	5809	5846	0.64	13.13∶1	12.93∶1	－0.20
阳江市	3561	3561	0.00	13.27∶1	12.62∶1	－0.64
湛江市	12 231	12 036	－1.59	13.69∶1	12.74∶1	－0.95
茂名市	14 280	14 084	－1.37	13.07∶1	12.23∶1	－0.84
肇庆市	6414	6139	－4.29	12.71∶1	12.27∶1	－0.44
清远市	5359	5400	0.77	12.92∶1	12.59∶1	－0.33
潮州市	4437	4453	0.36	12.74∶1	11.66∶1	－1.08
揭阳市	10 632	10 171	－4.34	13.62∶1	13.34∶1	－0.28
云浮市	3644	3456	－5.16	13.06∶1	13.18∶1	0.12

附表 3－5 广东省分地市中等职业教育（机构）教师配备情况

地区	专任教师规模（人）			生师比		
	2016 年	2017 年	增长率(%)	2016 年	2017 年	增减
广东省	44 776	45 197	0.94	23.80∶1	21.90∶1	－1.90
珠江三角洲	26 232	27 058	3.15	22.41∶1	20.39∶1	－2.02
东翼	5681	5312	－6.50	36.24∶1	33.80∶1	－2.44
西翼	5994	5876	－1.97	22.48∶1	22.10∶1	－0.38
山区	6869	6951	1.19	19.98∶1	18.53∶1	－1.45
广州市	7812	8044	2.97	27.77∶1	24.37∶1	－3.40
深圳市	2511	2636	4.98	15.80∶1	14.88∶1	－0.92
珠海市	906	952	5.08	23.84∶1	20.84∶1	－3.00
汕头市	1730	1699	－1.79	37.42∶1	34.55∶1	－2.87
佛山市	3954	3960	0.15	18.20∶1	16.88∶1	－1.32
韶关市	1533	1617	5.48	16.23∶1	15.67∶1	－0.56
河源市	1199	1107	－7.67	18.64∶1	19.78∶1	－1.14
梅州市	1522	1555	2.17	21.37∶1	18.70∶1	－2.67
惠州市	2348	2404	2.39	23.61∶1	22.16∶1	－1.45
汕尾市	754	757	0.40	16.19∶1	14.91∶1	－1.28
东莞市	2557	2755	7.74	22.39∶1	21.04∶1	－1.35
中山市	1496	1559	4.21	15.47∶1	14.84∶1	－0.63
江门市	2231	2166	－2.91	19.51∶1	18.56∶1	－0.95
阳江市	587	584	－0.51	24.88∶1	24.66∶1	－0.22
湛江市	3143	2741	－12.79	22.67∶1	23.87∶1	1.20
茂名市	2264	2551	12.68	21.60∶1	19.62∶1	－1.98
肇庆市	2417	2582	6.83	24.12∶1	21.41∶1	－2.71
清远市	1576	1613	2.35	20.79∶1	19.17∶1	－1.80
潮州市	796	766	－3.77	13.86∶1	12.37∶1	－1.49
揭阳市	2401	2090	－12.95	49.10∶1	47.89∶1	－1.21
云浮市	1039	1059	1.92	23.82∶1	20.37∶1	－3.45

附表3-6　广东省分地市普通高中教育生均校舍建筑面积情况

单位：平方米

地区	生均校舍建筑面积		变化情况	
	2016年	2017年	增减	增长率(%)
广东省	25.21	26.95	1.74	6.90
珠江三角洲	29.79	31.37	1.58	5.30
东翼	20.20	21.83	1.63	8.07
西翼	22.43	24.30	1.87	8.34
山区	23.49	25.01	1.52	6.47
广州市	30.39	32.40	2.01	6.60
深圳市	33.36	35.53	2.17	6.50
珠海市	29.41	29.47	0.06	0.20
汕头市	20.28	21.74	1.46	7.19
佛山市	33.74	34.88	1.14	3.38
韶关市	23.90	25.06	1.16	4.86
河源市	25.27	26.01	0.74	2.94
梅州市	21.73	24.82	3.09	14.22
惠州市	22.70	24.77	2.07	9.12
汕尾市	20.76	24.26	3.50	17.28
东莞市	39.61	41.60	1.99	5.02
中山市	29.70	30.48	0.78	2.63
江门市	22.45	22.34	-0.11	-0.49
阳江市	19.96	22.68	2.72	13.63
湛江市	24.39	26.00	1.61	6.59
茂名市	21.31	23.20	1.89	8.90
肇庆市	22.74	23.90	1.16	5.11
清远市	24.84	25.45	0.61	2.47
潮州市	16.94	18.39	1.45	8.56
揭阳市	21.13	22.11	0.98	4.65
云浮市	22.34	23.30	0.96	4.30

附表3－7 广东省分地市中等职业教育（机构）生均校舍建筑面积情况

单位：平方米

地区	生均校舍建筑面积		变化情况	
	2016年	2017年	增减	增长率（%）
广东省	15.38	16.82	1.44	9.36
珠江三角洲	16.34	17.82	1.48	9.06
东翼	8.76	10.59	1.83	20.89
西翼	17.90	18.96	1.06	5.92
山区	18.75	19.08	0.33	1.76
广州市	13.07	14.49	1.42	10.86
深圳市	21.09	27.48	6.39	30.32
珠海市	15.93	17.09	1.16	7.25
汕头市	10.70	12.30	1.60	14.96
佛山市	21.87	21.81	－0.06	－0.27
韶关市	26.39	25.41	－0.99	－3.74
河源市	19.50	20.87	1.38	7.06
梅州市	18.89	17.40	－1.49	－7.89
惠州市	17.83	18.60	0.77	4.32
汕尾市	18.94	22.38	3.44	18.17
东莞市	18.60	20.10	1.50	8.06
中山市	16.98	16.20	－0.78	－4.61
江门市	15.55	16.03	0.48	3.09
阳江市	18.96	19.49	0.53	2.80
湛江市	16.26	18.16	1.90	11.72
茂名市	19.97	19.85	－0.12	－0.60
肇庆市	15.31	17.06	1.75	11.45
清远市	16.85	17.29	0.44	2.63
潮州市	16.00	18.46	2.46	15.35
揭阳市	5.97	7.52	1.56	26.09
云浮市	12.74	14.65	1.92	15.06

附表 3－8　广东省分地市普通高中教育生均实验室面积情况

单位：平方米

地区	生均实验室和实习场地面积		变化情况	
	2016 年	2017 年	增减	增长率（%）
广东省	1.60	1.67	0.07	4.38
珠江三角洲	1.87	1.93	0.06	3.21
东翼	1.44	1.49	0.05	3.47
西翼	1.32	1.39	0.07	5.30
山区	1.46	1.59	0.13	8.90
广州市	2.27	2.31	0.05	2.02
深圳市	1.89	1.88	－0.01	－0.29
珠海市	1.64	1.77	0.12	7.55
汕头市	1.11	1.20	0.10	8.60
佛山市	2.47	2.69	0.22	8.90
韶关市	1.53	1.62	0.10	6.35
河源市	1.26	1.32	0.05	4.23
梅州市	1.36	1.67	0.31	22.79
惠州市	1.15	1.30	0.14	12.30
汕尾市	2.39	2.46	0.06	2.60
东莞市	1.89	1.86	－0.03	－1.70
中山市	1.52	1.54	0.02	1.35
江门市	1.30	1.25	－0.06	－4.34
阳江市	1.42	1.36	－0.06	－4.30
湛江市	0.98	1.04	0.06	6.29
茂名市	1.59	1.70	0.11	6.91
肇庆市	1.70	1.77	0.08	4.55
清远市	1.62	1.64	0.02	1.04
潮州市	1.49	1.52	0.03	2.26
揭阳市	1.30	1.33	0.03	2.04
云浮市	1.61	1.65	0.04	2.32

附表 3-9　广东省分地市中等职业教育（机构）生均实验室和实习场地面积情况

单位：平方米

地区	生均实验室和实习场地面积		变化情况	
	2016 年	2017 年	增减	增长率（%）
广东省	3.08	3.34	0.26	8.44
珠江三角洲	3.30	3.58	0.28	8.48
东翼	1.90	2.17	0.27	14.21
西翼	3.24	3.38	0.14	4.32
山区	3.77	3.95	0.18	4.77
广州市	2.42	2.96	0.54	22.31
深圳市	3.79	4.89	1.09	28.84
珠海市	2.97	3.26	0.29	9.78
汕头市	2.26	2.49	0.23	10.20
佛山市	5.48	5.66	0.17	3.16
韶关市	5.97	5.99	0.03	0.47
河源市	3.54	3.72	0.18	5.20
梅州市	3.43	3.20	-0.23	-6.62
惠州市	2.39	2.68	0.28	11.91
汕尾市	2.76	4.16	1.40	50.80
东莞市	3.31	3.33	0.01	0.41
中山市	4.33	3.74	-0.59	-13.63
江门市	3.51	3.62	0.12	3.36
阳江市	3.15	3.19	0.04	1.40
湛江市	2.51	2.72	0.20	8.12
茂名市	4.31	4.30	-0.01	-0.26
肇庆市	3.99	3.47	-0.52	-13.06
清远市	4.10	4.43	0.32	7.86
潮州市	3.27	3.81	0.54	16.42
揭阳市	1.49	1.60	0.12	7.89
云浮市	1.78	2.08	0.30	17.12

附表 3-10　广东省分地市普通高中教育生均运动场地面积情况

单位：平方米

地区	生均运动场地面积		变化情况	
	2016 年	2017 年	增减	增长率（%）
广东省	11.13	11.95	0.82	7.37
珠江三角洲	11.53	12.27	0.74	6.42
东翼	9.17	9.79	0.62	6.76
西翼	10.14	11.30	1.16	11.44
山区	13.80	14.54	0.74	5.36
广州市	12.27	13.30	1.03	8.38
深圳市	11.72	14.28	2.55	21.79
珠海市	8.16	7.79	-0.37	-4.58
汕头市	8.62	9.07	0.45	5.25
佛山市	11.78	12.49	0.71	6.05
韶关市	11.29	12.13	0.84	7.45
河源市	12.40	12.69	0.29	2.35
梅州市	15.74	17.29	1.55	9.85
惠州市	8.21	8.75	0.55	6.65
汕尾市	10.77	11.88	1.11	10.34
东莞市	13.22	12.81	-0.41	-3.12
中山市	14.70	13.17	-1.53	-10.38
江门市	12.62	12.79	0.18	1.40
阳江市	8.61	9.93	1.32	15.30
湛江市	11.27	12.12	0.85	7.54
茂名市	9.50	10.92	1.42	14.92
肇庆市	9.66	10.57	0.91	9.39
清远市	16.09	16.49	0.40	2.49
潮州市	9.20	9.94	0.74	8.03
揭阳市	8.95	9.50	0.56	6.22
云浮市	11.28	11.47	0.19	1.72

附表 3 - 11 广东省分地市中等职业教育（机构）生均运动场地面积情况

单位：平方米

地区	生均运动场地面积		变化情况	
	2016 年	2017 年	增减	增长率（%）
广东省	5.15	5.70	0.55	10.68
珠江三角洲	5.29	5.82	0.53	10.02
东翼	3.02	3.55	0.53	17.55
西翼	6.53	6.87	0.34	5.21
山区	6.42	6.97	0.55	8.57
广州市	3.57	3.65	0.08	2.19
深圳市	5.42	6.26	0.84	15.52
珠海市	6.71	7.70	1.00	14.86
汕头市	2.96	3.27	0.31	10.49
佛山市	7.99	9.10	1.12	13.97
韶关市	9.63	9.11	-0.52	-5.40
河源市	4.36	4.50	0.14	3.14
梅州市	7.28	9.18	1.90	26.04
惠州市	5.33	5.56	0.23	4.28
汕尾市	9.42	10.00	0.58	6.12
东莞市	6.63	6.42	-0.21	-3.17
中山市	8.02	11.59	3.58	44.64
江门市	7.35	7.98	0.63	8.60
阳江市	9.29	10.27	0.97	10.49
湛江市	5.66	5.98	0.32	5.67
茂名市	6.98	7.06	0.08	1.22
肇庆市	3.75	4.20	0.45	12.00
清远市	5.79	5.95	0.16	2.85
潮州市	6.86	8.95	2.09	30.50
揭阳市	2.03	2.47	0.44	21.67
云浮市	4.76	5.47	0.71	14.92

附表 3 - 12　广东省分地市普通高中教育生均图书量情况

单位：册

地区	生均图书量		变化情况	
	2016 年	2017 年	增减	增长率（%）
广东省	58.54	61.90	3.36	5.74
珠江三角洲	58.33	59.99	1.66	2.85
东翼	61.90	66.83	4.93	7.96
西翼	55.97	60.51	4.54	8.11
山区	57.95	62.37	4.42	7.63
广州市	77.08	79.93	2.85	3.70
深圳市	69.84	73.05	3.21	4.60
珠海市	34.93	33.52	-1.41	-4.03
汕头市	67.54	74.78	7.24	10.71
佛山市	51.30	52.12	0.81	1.59
韶关市	53.68	56.95	3.27	6.09
河源市	48.52	54.69	6.17	12.71
梅州市	64.89	72.00	7.11	10.96
惠州市	48.44	45.85	-2.60	-5.36
汕尾市	57.57	58.74	1.17	2.02
东莞市	42.57	46.50	3.93	9.23
中山市	47.25	48.34	1.08	2.29
江门市	55.08	56.09	1.01	1.84
阳江市	41.61	46.65	5.03	12.10
湛江市	58.36	63.59	5.23	8.96
茂名市	57.45	61.39	3.94	6.86
肇庆市	54.59	58.25	3.66	6.71
清远市	59.35	60.19	0.84	1.42
潮州市	53.62	55.93	2.31	4.31
揭阳市	61.50	66.49	4.99	8.11
云浮市	59.08	63.22	4.14	7.00

附表 3 - 13　广东省分地市中等职业教育（机构）生均图书量情况

单位：册

地区	生均图书量		变化情况	
	2016 年	2017 年	增减	增长率（%）
广东省	26. 08	26. 97	0. 89	3. 41
珠江三角洲	26. 61	27. 35	0. 74	2. 78
东翼	18. 89	20. 08	1. 19	6. 30
西翼	28. 07	28. 13	0. 06	0. 21
山区	32. 66	33. 75	1. 09	3. 34
广州市	27. 80	28. 36	0. 56	2. 03
深圳市	28. 16	30. 82	2. 66	9. 46
珠海市	11. 25	12. 51	1. 26	11. 17
汕头市	24. 08	22. 77	-1. 31	-5. 42
佛山市	29. 82	29. 07	-0. 75	-2. 52
韶关市	47. 85	46. 43	-1. 42	-2. 97
河源市	21. 41	22. 95	1. 54	7. 17
梅州市	35. 20	36. 52	1. 32	3. 74
惠州市	23. 02	20. 96	-2. 06	-8. 95
汕尾市	35. 25	36. 80	1. 56	4. 42
东莞市	21. 36	22. 35	0. 99	4. 62
中山市	32. 01	32. 50	0. 49	1. 54
江门市	27. 98	26. 05	-1. 94	-6. 92
阳江市	22. 15	12. 71	-9. 44	-42. 61
湛江市	28. 57	28. 86	0. 29	1. 01
茂名市	29. 10	31. 62	2. 53	8. 68
肇庆市	28. 27	34. 74	6. 47	22. 88
清远市	33. 01	32. 45	-0. 55	-1. 68
潮州市	40. 65	41. 70	1. 05	2. 58
揭阳市	12. 31	14. 57	2. 26	18. 35
云浮市	23. 74	27. 95	4. 21	17. 75

附表3-14　广东省分地市普通高中教育生均教学、实习仪器设备资产值

单位：元

地区	生均教学、实习仪器设备资产值		变化情况	
	2016年	2017年	增减	增长率（%）
广东省	4592.40	5151.92	559.52	12.18
珠江三角洲	6675.37	7344.5831	669.21	10.02
东翼	3456.26	3917.4904	461.23	13.34
西翼	2567.34	2814.3847	247.04	9.62
山区	3316.93	3772.5224	455.59	13.74
广州市	7567.20	7945.8787	378.68	5.00
深圳市	14 018.34	16 446.249	2427.91	17.32
珠海市	3980.16	3696.9858	-283.18	-7.11
汕头市	3936.40	4382.3612	445.96	11.33
佛山市	4811.52	5282.2817	470.76	9.78
韶关市	3500.40	4125.7573	625.35	17.87
河源市	3411.67	3792.0748	380.40	11.15
梅州市	2941.08	3652.1155	711.04	24.18
惠州市	4139.52	4509.8209	370.30	8.95
汕尾市	3013.92	3505.4282	491.50	16.31
东莞市	6431.23	5994.6911	-436.54	-6.79
中山市	4523.67	5279.1663	755.50	16.70
江门市	3936.21	4298.3399	362.13	9.20
阳江市	1856.83	2185.4165	328.59	17.70
湛江市	2635.11	2859.7975	224.69	8.53
茂名市	2686.38	2938.0902	251.71	9.37
肇庆市	4059.69	4490.3778	430.69	10.61
清远市	3533.44	3811.5738	278.14	7.87
潮州市	2764.41	2896.7367	132.32	4.79
揭阳市	3452.03	4016.1477	564.12	16.34
云浮市	3436.32	3515.9248	79.60	2.32

附表 3－15　广东省分地市中等职业教育（机构）生均教学、实习仪器设备资产值

单位：元

地区	生均教学、实习仪器设备资产值		变化情况	
	2016 年	2017 年	增减	增长率（%）
广东省	6626.15	7626.85	1000.70	15.10
珠江三角洲	8038.47	9078.83	1040.36	12.94
东翼	2853.06	3633.33	780.27	27.35
西翼	5496.75	5993.75	497.00	9.04
山区	7345.48	8620.71	1275.23	17.36
广州市	7980.09	9162.63	1182.54	14.82
深圳市	11 738.58	14 187.83	2449.25	20.86
珠海市	8122.47	9373.55	1251.08	15.40
汕头市	3591.49	4676.73	1085.24	30.22
佛山市	11 269.86	12 410.78	1140.92	10.12
韶关市	11 287.62	13 088.94	1801.31	15.96
河源市	5053.87	5654.84	600.96	11.89
梅州市	6065.60	6811.67	746.06	12.30
惠州市	4099.57	4630.15	530.58	12.94
汕尾市	5867.98	6842.84	974.86	16.61
东莞市	9083.67	9894.63	810.96	8.93
中山市	8349.99	9168.49	818.50	9.80
江门市	7051.01	7921.50	870.48	12.35
阳江市	9595.46	9781.30	185.84	1.94
湛江市	4447.51	5096.61	649.09	14.59
茂名市	5801.20	6076.99	275.79	4.75
肇庆市	5051.35	5257.80	206.44	4.09
清远市	7802.56	9257.51	1454.96	18.65
潮州市	6933.33	8830.87	1897.54	27.37
揭阳市	1753.65	2167.63	413.98	23.61
云浮市	6527.72	7907.72	1380.00	21.14

附表3-16　广东省分地市普通高中教育信息化水平情况

地区	生均电子图书（GB）			每百名学生拥有教学用计算机（台）		
	2016年	2017年	增减	2016年	2017年	增长率（%）
广东省	65.63	71.23	5.60	25.79	28.84	11.83
珠江三角洲	135.91	129.31	-6.60	30.36	32.29	6.36
东翼	29.36	50.48	21.12	25.57	30.12	17.79
西翼	4.43	7.67	3.24	19.35	23.32	20.52
山区	11.46	21.89	10.43	22.59	24.86	10.05
广州市	19.84	33.50	13.66	35.96	36.94	2.74
深圳市	8.84	83.63	74.79	38.08	45.26	18.84
珠海市	0.15	0.44	0.30	23.27	23.25	-0.08
汕头市	24.60	34.70	10.11	26.88	33.79	25.71
佛山市	850.83	77.31	-773.52	27.62	29.86	8.12
韶关市	8.22	46.84	38.63	16.03	17.56	9.56
河源市	6.38	5.54	-0.84	22.10	22.84	3.35
梅州市	13.07	26.72	13.66	24.09	28.17	16.96
惠州市	6.68	13.62	6.93	18.57	18.39	-0.96
汕尾市	2.99	3.71	0.72	18.08	20.90	15.59
东莞市	41.65	812.91	771.26	28.07	28.01	-0.19
中山市	40.15	201.22	161.07	32.02	33.28	3.92
江门市	20.61	26.59	5.98	27.40	28.71	4.79
阳江市	16.21	20.14	3.93	18.37	21.97	19.57
湛江市	4.27	5.95	1.67	20.02	21.70	8.39
茂名市	1.60	5.94	4.34	19.00	25.12	32.23
肇庆市	8.45	17.03	8.58	30.04	31.51	4.89
清远市	16.44	15.63	-0.81	20.37	20.43	0.31
潮州市	8.13	15.70	7.56	24.88	26.92	8.22
揭阳市	55.01	101.71	46.70	28.08	31.78	13.18
云浮市	11.43	14.75	3.32	31.11	36.12	16.12

附表 3 - 17　广东省分地市中等职业教育信息化水平情况

地区	生均电子图书（GB）			每百名学生拥有教学用计算机（台）		
	2016 年	2017 年	增减	2016 年	2017 年	增长率(%)
广东省	66.23	41.49	-24.74	25.73	28.75	11.74
珠江三角洲	111.44	63.36	-48.08	31.52	34.50	9.45
东翼	5.31	10.68	5.37	14.28	16.93	18.56
西翼	8.76	15.17	6.41	19.34	22.60	16.86
山区	20.38	17.25	-3.13	24.37	26.75	9.77
广州市	13.82	17.71	3.89	27.20	30.86	13.46
深圳市	2.71	8.00	5.30	46.28	48.78	5.40
珠海市	2.93	3.66	0.73	35.52	43.85	23.45
汕头市	9.88	12.53	2.65	18.37	20.44	11.27
佛山市	801.12	43.96	-757.16	41.49	44.19	6.52
韶关市	22.20	25.66	3.46	35.36	39.48	11.66
河源市	0.08	0.08	0.00	20.18	21.96	8.84
梅州市	2.21	7.64	5.43	25.19	25.92	2.88
惠州市	10.04	6.37	-3.67	23.38	24.41	4.40
汕尾市	24.24	72.28	48.04	30.37	36.64	20.62
东莞市	38.99	343.97	304.98	35.72	38.02	6.45
中山市	46.59	237.76	191.17	47.53	49.35	3.84
江门市	9.79	27.76	17.97	28.12	29.46	4.78
阳江市	7.53	7.78	0.25	22.56	33.53	48.60
湛江市	10.56	24.49	13.93	15.84	20.48	29.27
茂名市	6.51	5.11	-1.40	23.48	22.23	-5.32
肇庆市	6.80	23.02	16.22	23.58	25.69	8.93
清远市	48.48	24.68	-23.80	23.72	24.97	5.27
潮州市	2.03	1.34	-0.69	44.92	50.53	12.48
揭阳市	1.14	3.54	2.40	7.50	9.47	26.35
云浮市	23.53	27.07	3.54	16.85	20.31	20.53

四、高等教育有关表格

附表 4－1　广东省各高等院校研究生规模发展情况

单位：人

学校	招生			在校生		
	2016 年	2017 年	增长率（%）	2016 年	2017 年	增长率（%）
中山大学	6545	7421	13.38	18 646	20 531	10.11
华南理工大学	4597	5842	27.08	14 487	15 893	9.71
暨南大学	3122	3636	16.46	9809	10 293	4.93
华南农业大学	1601	2118	32.29	4455	5023	12.75
南方医科大学	1633	1726	5.70	4604	4898	6.39
广州中医药大学	1398	1465	4.79	3908	4150	6.19
华南师范大学	2934	3492	19.02	8395	9121	8.65
广东工业大学	1752	2365	34.99	4864	5767	18.56
广东外语外贸大学	1120	1208	7.86	2891	3150	8.96
汕头大学	948	1072	13.08	2790	3105	11.29
广东财经大学	586	709	20.99	1629	1733	6.38
广东海洋大学	205	278	35.61	517	651	25.92
广东医科大学	394	398	1.02	1122	1175	4.72
仲恺农业工程学院	127	269	111.81	282	440	56.03
广东药科大学	406	434	6.90	1172	1249	6.57
星海音乐学院	70	93	32.86	229	251	9.61
广州美术学院	248	250	0.81	650	721	10.92
广州体育学院	211	309	46.45	613	725	18.27
广东技术师范大学	152	344	126.32	298	574	92.62
广东金融学院	49	73	48.98	90	122	35.56
广州大学	1190	1471	23.61	2920	3619	23.94
广州医科大学	718	738	2.79	2037	2131	4.61
深圳大学	2027	2681	32.26	5609	6538	16.56
佛山科学技术学院	117	158	35.04	220	316	43.64
五邑大学	139	171	23.02	335	411	22.69

注：除以上院校外，其他院校各项数据皆为 0。

附表 4－2　广东省各高等院校普通本专科生规模发展情况

单位：人

学校	招生			在校生		
	2016 年	2017 年	增长率（%）	2016 年	2017 年	增长率（%）
中山大学	7796	7752	－0. 56	32 491	32 489	－0. 01
华南理工大学	6143	6092	－0. 83	24 885	24 646	－0. 96
暨南大学	6129	6030	－1. 62	23 645	24 517	3. 69
华南农业大学	8921	8898	－0. 26	36 973	36 560	－1. 12
南方医科大学	3010	3040	1. 00	13 680	13 605	－0. 55
广州中医药大学	3001	2918	－2. 77	13 672	13 383	－2. 11
华南师范大学	6054	6085	0. 51	24 894	24 835	－0. 24
广东工业大学	8892	8864	－0. 31	39 508	37 878	－4. 13
广东外语外贸大学	4996	4920	－1. 52	20 067	19 985	－0. 41
汕头大学	1764	1771	0. 40	7397	7444	0. 64
广东财经大学	6346	5846	－7. 88	26 036	26 148	0. 43
广东海洋大学	7861	7432	－5. 46	31 158	31 862	2. 26
广东医科大学	4078	4445	9. 00	18 904	18 319	－3. 09
仲恺农业工程学院	5149	5329	3. 50	20 067	20 483	2. 07
广东药科大学	4915	6229	26. 73	18 458	19 918	7. 91
星海音乐学院	1028	1214	18. 09	4017	4264	6. 15
广州美术学院	1383	1261	－8. 82	5422	5303	－2. 19
广州体育学院	1578	1669	5. 77	6560	6569	0. 14
广东技术师范大学	5850	1590	－72. 82	20 281	16 035	－20. 94
岭南师范学院	6647	7535	13. 36	27 588	27 013	－2. 08
韩山师范学院	5003	5201	3. 96	19 305	18 969	－1. 74
广东石油化工学院	5773	5935	2. 81	24 371	23 054	－5. 40
广东金融学院	5478	5693	3. 92	21 622	22 223	2. 78
广东警官学院	1706	1634	－4. 22	5685	6286	10. 57
广州大学	10 037	9599	－4. 36	37 891	37 466	－1. 12
广州医科大学	1898	1893	－0. 26	9898	9425	－4. 78
深圳大学	7054	6754	－4. 25	28 538	28 417	－0. 42
佛山科学技术学院	3959	4841	22. 28	15 367	16 469	7. 17
韶关学院	8397	7442	－11. 37	29 887	29 509	－1. 26

续附表 4－2

学校	招生			在校生		
	2016 年	2017 年	增长率（%）	2016 年	2017 年	增长率（%）
嘉应学院	7090	6813	－3.91	25 874	25 443	－1.67
惠州学院	4020	4192	4.28	16781	16 824	0.26
东莞理工学院	5201	5167	－0.65	19 406	20 429	5.27
五邑大学	4826	5207	7.89	18 122	18 808	3.79
肇庆学院	6005	5873	－2.20	22 773	22 910	0.60
广东第二师范学院	3031	3271	7.92	10 674	11 559	8.29
南方科技大学	991	1002	1.11	2900	3528	21.66
广州航海学院	4661	4508	－3.28	12 731	12 965	1.84
广东白云学院	4303	5009	16.41	17 258	18 005	4.33
广东培正学院	3537	4719	33.42	14 064	14 993	6.61
广东科技学院	4197	4362	3.93	17 106	17 325	1.28
广州商学院	4731	4405	－6.89	16 553	17 988	8.67
广东东软学院	2327	2408	3.48	8917	9330	4.63
广州工商学院	7229	6937	－4.04	19 889	22 052	10.88
广东理工学院	7812	8008	2.51	21 216	24 206	14.09
北京师范大学－香港浸会大学联合国际学院	1404	1599	13.89	5196	5563	7.06
香港中文大学（深圳）	799	943	18.02	1695	216	－87.26
深圳北理莫斯科大学	—	113	—	—	2634	—
广东以色列理工学院	—	216	—	—	113	—
电子科技大学中山学院	4816	4634	－3.78	18 602	18 758	0.84
北京师范大学珠海分校	5592	6341	13.39	22 446	23 262	3.64
广东工业大学华立学院	3645	4301	18.00	14 184	13 059	－7.93
广州大学松田学院	2373	1820	－23.30	9660	8758	－9.34
北京理工大学珠海学院	7008	6250	－10.82	26 484	26 190	－1.11

续附表 4 - 2

学校	招生			在校生		
	2016 年	2017 年	增长率（%）	2016 年	2017 年	增长率（%）
吉林大学珠海学院	7526	8197	8.92	28 406	29 803	4.92
东莞理工学院城市学院	5210	5134	-1.46	20 022	20 220	0.99
中山大学新华学院	5796	5587	-3.61	21 551	22 260	3.29
广州大学华软软件学院	3548	3378	-4.79	13 516	14 322	5.96
中山大学南方学院	4669	4900	4.95	17 759	18 283	2.95
广东外语外贸大学南国商学院	2305	2214	-3.95	9008	9052	0.49
广东财经大学华商学院	5406	5384	-0.41	21 951	21 931	-0.09
广东海洋大学寸金学院	4976	6821	37.08	20 406	22 029	7.95
华南农业大学珠江学院	2655	3267	23.05	11 095	11 739	5.80
广东技术师范大学天河学院	3988	4458	11.79	14 212	14 227	0.11
华南理工大学广州学院	5538	5380	-2.85	21 255	21 583	1.54
广州民航职业技术学院	4179	4141	-0.91	12 229	12 542	2.56
广东轻工职业技术学院	6218	6456	3.83	20 812	19 965	-4.07
广东省外语艺术职业学院	2629	2963	12.70	6972	7167	2.80
广东机电职业技术学院	4391	5219	18.86	14 528	14 579	0.35
广东工贸职业技术学院	5010	4952	-1.16	14 811	14 642	-1.14
广东交通职业技术学院	4702	4917	4.57	13 376	14 031	4.90
广东水利电力职业技术学院	4683	4795	2.39	13 495	14 143	4.80
广东司法警官职业学院	1378	1552	12.63	4332	4355	0.53
广东女子职业技术学院	2024	1799	-11.12	6307	6092	-3.41
广东农工商职业技术学院	6006	6598	9.86	178 70	18 616	4.17
广东邮电职业技术学院	1302	1627	24.96	4305	4488	4.25
广东松山职业技术学院	2892	3188	10.24	9157	9289	1.44
广东建设职业技术学院	2629	2678	1.86	7277	7728	6.20
广东职业技术学院	4147	4487	8.20	13 613	13 204	-3.00

续附表 4－2

学校	招生			在校生		
	2016 年	2017 年	增长率（%）	2016 年	2017 年	增长率（%）
广东科学技术职业学院	8107	7535	－7. 06	21 194	22 827	7. 71
广东行政职业学院	1551	1921	23. 86	3881	4385	12. 99
广东体育职业技术学院	925	1158	25. 19	2638	2893	9. 67
广东食品药品职业学院	4007	5017	25. 21	13 871	13 629	－1. 74
广东文艺职业学院	1212	1324	9. 24	4228	4155	－1. 73
广州工程技术职业学院	2637	2703	2. 50	7865	8173	3. 92
广州番禺职业技术学院	3953	4293	8. 60	11 596	11 631	0. 30
广州体育职业技术学院	702	817	16. 38	2003	2074	3. 54
深圳职业技术学院	7163	7293	1. 81	21 880	21 990	0. 50
深圳信息职业技术学院	5187	5354	3. 22	16 021	15 604	－2. 60
珠海城市职业技术学院	2255	2114	－6. 25	6062	6192	2. 14
汕头职业技术学院	3509	3449	－1. 71	10 817	10 159	－6. 08
佛山职业技术学院	2476	3591	45. 03	9067	8277	－8. 71
顺德职业技术学院	5112	4711	－7. 84	15 791	15 703	－0. 56
河源职业技术学院	4130	4359	5. 54	12 112	12 015	－0. 80
汕尾职业技术学院	2107	2349	11. 49	5866	6145	4. 76
中山火炬职业技术学院	2243	2403	7. 13	5650	6243	10. 50
江门职业技术学院	4017	4040	0. 57	12 367	11 937	－3. 48
广东江门中医药职业学院	—	845	—	—	845	—
阳江职业技术学院	3203	3856	20. 39	9884	10 397	5. 19
茂名职业技术学院	4172	4864	16. 59	12 310	13 112	6. 52
肇庆医学高等专科学校	2936	3033	3. 30	10 643	9700	－8. 86
清远职业技术学院	3880	4070	4. 90	12 656	11 560	－8. 66
揭阳职业技术学院	2264	2207	－2. 52	6906	6240	－9. 64
罗定职业技术学院	3339	3422	2. 49	9050	9345	3. 26

续附表 4 - 2

学校	招生			在校生		
	2016 年	2017 年	增长率（%）	2016 年	2017 年	增长率（%）
广东理工职业学院	4016	3932	-2.09	10 936	11 760	7.53
广州城市职业学院	3110	2875	-7.56	9345	8918	-4.57
广东工程职业技术学院	3505	3605	2.85	10 494	9320	-11.19
广州铁路职业技术学院	2866	2800	-2.30	7562	7687	1.65
广东科贸职业学院	3129	3131	0.06	8413	9149	8.75
广州科技贸易职业学院	1790	1576	-11.96	6676	5763	-13.68
中山职业技术学院	2783	2767	-0.57	7441	7824	5.15
东莞职业技术学院	2969	3556	19.77	9478	9493	0.16
广东环境保护工程职业学院	3469	3206	-7.58	10 043	10 009	-0.34
广东青年职业学院	1819	1775	-2.42	6059	5774	-4.70
广东舞蹈戏剧职业学院	839	753	-10.25	1943	2359	21.41
惠州卫生职业技术学院	1538	1618	5.20	4787	4911	2.59
广东生态工程职业学院	1994	1936	-2.91	4279	5317	24.26
惠州城市职业学院	2449	2489	1.63	5289	6844	29.40
惠州工程职业学院	—	814	—	—	814	—
公安边防部队高等专科学校	—	—	—	—	—	—
广东茂名健康职业学院	1080	1667	54.35	1763	3418	93.87
广东茂名幼儿师范专科学校	1542	2541	64.79	1542	4064	163.55
广州卫生职业技术学院	1516	1652	8.97	1516	3158	108.31
湛江幼儿师范专科学校	686	1794	161.52	686	2477	261.08
广东南华工商职业学院	3246	3593	10.69	10 881	10 598	-2.60
私立华联学院	2402	2579	7.37	7246	7314	0.94
潮汕职业技术学院	1558	2145	37.68	5038	5559	10.34
广东新安职业技术学院	1451	1765	21.64	4224	4228	0.09
广东亚视演艺职业学院	527	1056	100.38	2152	2032	-5.58

续附表 4－2

学校	招生			在校生		
	2016 年	2017 年	增长率（%）	2016 年	2017 年	增长率（%）
广东岭南职业技术学院	6156	6559	6.55	16 303	17 842	9.44
广州康大职业技术学院	—	—	—	2979	1335	－55.19
珠海艺术职业学院	1444	1827	26.52	3562	4314	21.11
广州涉外经济职业技术学院	3240	3092	－4.57	10 380	9943	－4.21
广州南洋理工职业学院	3576	3713	3.83	10 770	10 744	－0.24
广州科技职业技术学院	3530	2775	－21.39	13 034	10 381	－20.35
惠州经济职业技术学院	3637	3680	1.18	10 465	10 603	1.32
广东工商职业学院	3811	1554	－59.22	11 998	9580	－20.15
广州现代信息工程职业技术学院	2370	2569	8.40	6173	6768	9.64
广州华南商贸职业学院	1621	1724	6.35	5345	5164	－3.39
广州华立科技职业学院	4265	4744	11.23	12 914	13 472	4.32
广州珠江职业技术学院	2570	3374	31.28	7325	8793	20.04
广州松田职业学院	992	1087	9.58	3759	3327	－11.49
广东文理职业学院	3887	4104	5.58	10 140	11 299	11.43
广州城建职业学院	6068	6594	8.67	18 106	18 765	3.64
广东南方职业学院	3258	3888	19.34	9220	9896	7.33
广州华商职业学院	3380	3335	－1.33	9895	9771	－1.25
广州华夏职业学院	4416	4947	12.02	12 398	13 657	10.15
广州东华职业学院	3533	3571	1.08	9042	10 174	12.52
广东创新科技职业学院	4679	4597	－1.75	12 538	13 434	7.15
广东信息工程职业学院	673	755	12.18	3577	2941	－17.78
广东碧桂园职业学院	371	405	9.16	1018	1126	10.61
广东酒店管理职业技术学院	723	3426	373.86	723	4143	473.03

附表4－3　广东省各高等院校研究生和普通本专科毕业生增长情况

单位：人

学校	研究生毕业生			普通本专科毕业生		
	2016年	2017年	增长率（%）	2016年	2017年	增长率（%）
中山大学	5531	5056	－8.59	7458	7388	－0.94
华南理工大学	3929	4074	3.69	5739	5822	1.45
暨南大学	2780	2832	1.87	4389	4975	13.35
华南农业大学	1295	1476	13.98	9267	9167	－1.08
南方医科大学	1251	1278	2.16	3250	2924	－10.03
广州中医药大学	1439	1183	－17.79	3192	3145	－1.47
华南师范大学	2636	2710	2.81	6669	6081	－8.82
广东工业大学	1274	1418	11.30	10 144	9982	－1.60
广东外语外贸大学	964	1048	8.71	4822	4833	0.23
汕头大学	769	746	－2.99	1680	1672	－0.48
广东财经大学	480	608	26.67	4141	5632	36.01
广东海洋大学	145	138	－4.83	6540	6185	－5.43
广东医科大学	—	346	—	—	4927	—
仲恺农业工程学院	—	107	—	—	4852	—
广东药科大学	—	358	—	—	4736	—
星海音乐学院	—	71	—	—	943	—
广州美术学院	166	168	1.20	1313	1352	2.97
广州体育学院	178	181	1.69	1406	1621	15.29
广东技术师范大学	57	65	14.04	5789	5736	－0.92
岭南师范学院	—	—	—	7373	8038	9.02
韩山师范学院	—	—	—	4853	5410	11.48
广东石油化工学院	—	—	—	6826	7132	4.48
广东金融学院	33	41	24.24	4910	5028	2.40
广东警官学院	0	0	0.00	1620	1022	－36.91
广州大学	991	726	－26.74	8579	9567	11.52
广州医科大学	611	644	5.40	2437	2311	－5.17

续附表4-3

学校	研究生毕业生			普通本专科毕业生		
	2016年	2017年	增长率（%）	2016年	2017年	增长率（%）
深圳大学	1661	1644	-1.02	6061	6328	4.41
佛山科学技术学院	—	57	—	3313	3654	10.29
韶关学院	—	—	—	7658	7727	0.90
嘉应学院	—	—	—	6410	7138	11.36
惠州学院	—	—	—	3891	4131	6.17
东莞理工学院	—	—	—	3192	3630	13.72
五邑大学	114	90	-21.05	4255	4109	-3.43
肇庆学院	—	—	—	5739	5601	-2.40
广东第二师范学院	—	—	—	2888	2291	-20.67
南方科技大学	—	—	—	168	337	100.60
广州航海学院	—	—	—	3665	3960	8.05
广东白云学院	—	—	—	4151	4115	-0.87
广东培正学院	—	—	—	3868	3676	-4.96
广东科技学院	—	—	—	3541	3996	12.85
广州商学院	—	—	—	1994	2839	42.38
广东东软学院	—	—	—	862	1923	123.09
广州工商学院	—	—	—	2404	4535	88.64
广东理工学院	—	—	—	3008	4766	58.44
北京师范大学-香港浸会大学联合国际学院	—	—	—	1029	1171	13.80
香港中文大学（深圳）	—	—	—	—	—	—
深圳北理莫斯科大学	—	—	—	—	—	—
广东以色列理工学院	—	—	—	—	—	—
电子科技大学中山学院	—	—	—	3402	3532	3.82
北京师范大学珠海分校	—	—	—	5432	5016	-7.66
广东工业大学华立学院	—	—	—	4476	5243	17.14
广州大学松田学院	—	—	—	2557	2592	1.37

续附表 4－3

学校	研究生毕业生			普通本专科毕业生		
	2016 年	2017 年	增长率（%）	2016 年	2017 年	增长率（%）
北京理工大学珠海学院	—	—	—	5543	5827	5.12
吉林大学珠海学院	—	—	—	6484	6656	2.65
东莞理工学院城市学院	—	—	—	4635	4601	－0.73
中山大学新华学院	—	—	—	2920	4714	61.44
广州大学华软软件学院	—	—	—	2475	2390	－3.43
中山大学南方学院	—	—	—	4619	4210	－8.85
广东外语外贸大学南国商学院	—	—	—	2181	1984	－9.03
广东财经大学华商学院	—	—	—	5565	5354	－3.79
广东海洋大学寸金学院	—	—	—	4785	4875	1.88
华南农业大学珠江学院	—	—	—	2946	2577	－12.53
广东技术师范大学天河学院	—	—	—	4139	4384	5.92
华南理工大学广州学院	—	—	—	4254	4705	10.60
广州民航职业技术学院	—	—	—	3427	3662	6.86
广东轻工职业技术学院	—	—	—	6893	6813	－1.16
广东省外语艺术职业学院	—	—	—	2862	2738	－4.33
广东机电职业技术学院	—	—	—	4579	4928	7.62
广东工贸职业技术学院	—	—	—	4937	4816	－2.45
广东交通职业技术学院	—	—	—	4314	3863	－10.45
广东水利电力职业技术学院	—	—	—	4069	4076	0.17
广东司法警官职业学院	—	—	—	1565	1498	－4.28
广东女子职业技术学院	—	—	—	1964	1985	1.07
广东农工商职业技术学院	—	—	—	6611	5402	－18.29
广东邮电职业技术学院	—	—	—	896	1249	39.40
广东松山职业技术学院	—	—	—	2951	2962	0.37
广东建设职业技术学院	—	—	—	2362	2036	－13.80
广东职业技术学院	—	—	—	3929	4431	12.78

续附表4－3

学校	研究生毕业生			普通本专科毕业生		
	2016年	2017年	增长率（%）	2016年	2017年	增长率（%）
广东科学技术职业学院	—	—	—	7400	5502	－25.65
广东行政职业学院	—	—	—	1739	1368	－21.33
广东体育职业技术学院	—	—	—	807	887	9.91
广东食品药品职业学院	—	—	—	4606	4791	4.02
广东文艺职业学院	—	—	—	1159	1232	6.30
广州工程技术职业学院	—	—	—	2672	2265	－15.23
广州番禺职业技术学院	—	—	—	3483	4200	20.59
广州体育职业技术学院	—	—	—	490	672	37.14
深圳职业技术学院	—	—	—	7703	7237	－6.05
深圳信息职业技术学院	—	—	—	5156	5026	－2.52
珠海城市职业技术学院	—	—	—	2408	1989	－17.40
汕头职业技术学院	—	—	—	3901	4061	4.10
佛山职业技术学院	—	—	—	1886	4205	122.96
顺德职业技术学院	—	—	—	4989	4796	－3.87
河源职业技术学院	—	—	—	4088	4166	1.91
汕尾职业技术学院	—	—	—	1823	2038	11.79
中山火炬职业技术学院	—	—	—	3126	1782	－42.99
江门职业技术学院	—	—	—	3916	4114	5.06
广东江门中医药职业学院	—	—	—	—	—	—
阳江职业技术学院	—	—	—	2903	3251	11.99
茂名职业技术学院	—	—	—	2858	3730	30.51
肇庆医学高等专科学校	—	—	—	3661	3955	8.03
清远职业技术学院	—	—	—	4524	5104	12.82
揭阳职业技术学院	—	—	—	2571	2801	8.95
罗定职业技术学院	—	—	—	2833	3103	9.53
广东理工职业学院	—	—	—	3170	2853	－10.00
广州城市职业学院	—	—	—	3022	3067	1.49

续附表4－3

学校	研究生毕业生			普通本专科毕业生		
	2016年	2017年	增长率（%）	2016年	2017年	增长率（%）
广东工程职业技术学院	—	—	—	4370	4512	3.25
广州铁路职业技术学院	—	—	—	2986	2545	－14.77
广东科贸职业学院	—	—	—	2698	2337	－13.38
广州科技贸易职业学院	—	—	—	2081	2269	9.03
中山职业技术学院	—	—	—	2768	2203	－20.41
东莞职业技术学院	—	—	—	2912	3401	16.79
广东环境保护工程职业学院	—	—	—	3178	3105	－2.30
广东青年职业学院	—	—	—	1320	1968	49.09
广东舞蹈戏剧职业学院	—	—	—	225	287	27.56
惠州卫生职业技术学院	—	—	—	1074	1460	35.94
广东生态工程职业学院	—	—	—	—	892	—
惠州城市职业学院	—	—	—	—	851	—
惠州工程职业学院	—	—	—	—	—	—
公安边防部队高等专科学校	—	—	—	—	—	—
广东茂名健康职业学院	—	—	—	—	—	—
广东茂名幼儿师范专科学校	—	—	—	—	—	—
广州卫生职业技术学院	—	—	—	—	—	—
湛江幼儿师范专科学校	—	—	—	—	—	—
广东南华工商职业学院	—	—	—	3170	3486	9.97
私立华联学院	—	—	—	2941	2325	－20.95
潮汕职业技术学院	—	—	—	1230	1589	29.19
广东新安职业技术学院	—	—	—	1535	1574	2.54
广东亚视演艺职业学院	—	—	—	471	1157	145.65
广东岭南职业技术学院	—	—	—	5377	4355	－19.01
广州康大职业技术学院	—	—	—	2405	1580	－34.30

续附表 4-3

学校	研究生毕业生			普通本专科毕业生		
	2016 年	2017 年	增长率（%）	2016 年	2017 年	增长率（%）
珠海艺术职业学院	—	—	—	1006	952	-5.37
广州涉外经济职业技术学院	—	—	—	3243	3356	3.48
广州南洋理工职业学院	—	—	—	3291	3641	10.64
广州科技职业技术学院	—	—	—	3917	4151	5.97
惠州经济职业技术学院	—	—	—	3233	3362	3.99
广东工商职业学院	—	—	—	2752	3946	43.39
广州现代信息工程职业技术学院	—	—	—	1971	1807	-8.32
广州华南商贸职业学院	—	—	—	1754	1824	3.99
广州华立科技职业学院	—	—	—	3418	3918	14.63
广州珠江职业技术学院	—	—	—	1383	1747	26.32
广州松田职业学院	—	—	—	1311	1484	13.20
广东文理职业学院	—	—	—	2279	2802	22.95
广州城建职业学院	—	—	—	5258	5553	5.61
广东南方职业学院	—	—	—	2716	3098	14.06
广州华商职业学院	—	—	—	3421	3304	-3.42
广州华夏职业学院	—	—	—	3240	3481	7.44
广州东华职业学院	—	—	—	1403	2147	53.03
广东创新科技职业学院	—	—	—	2792	3403	21.88
广东信息工程职业学院	—	—	—	1297	1338	3.16
广东碧桂园职业学院	—	—	—	—	290	—
广东酒店管理职业技术学院	—	—	—	—	—	—

附表4-4 广东省各普通高校专任教师情况

单位：人

学校	2016年	2017年	比上年增长
中山大学	3528	3596	68
华南理工大学	2625	2811	186
暨南大学	2093	2215	122
华南农业大学	2269	2471	202
南方医科大学	1867	1869	2
广州中医药大学	1304	1363	59
华南师范大学	1979	2030	51
广东工业大学	2396	2225	-171
广东外语外贸大学	1329	1460	131
汕头大学	963	895	-68
广东财经大学	1206	1248	42
广东海洋大学	1434	1463	29
广东医学院	1392	1356	-36
仲恺农业工程学院	1036	1062	26
广东药学院	1283	1332	49
星海音乐学院	312	315	3
广州美术学院	478	516	38
广州体育学院	419	426	7
广东技术师范学院	1078	1027	-51
岭南师范学院	1289	1294	5
韩山师范学院	975	946	-29
广东石油化工学院	1105	1126	21
广东金融学院	988	951	-37
广东警官学院	276	263	-13
广州大学	1870	2141	271
广州医科大学	1458	1348	-110

续附表4－4

学校	2016年	2017年	比上年增长
深圳大学	2052	2234	182
佛山科学技术学院	824	932	108
韶关学院	1281	1281	0
嘉应学院	1257	1257	0
惠州学院	734	728	－6
东莞理工学院	804	1110	306
五邑大学	812	843	31
肇庆学院	1011	1015	4
广东第二师范学院	474	502	28
南方科技大学	247	376	129
广州航海学院	603	612	9
广东白云学院	843	946	103
广东培正学院	631	634	3
广东科技学院	799	798	－1
广州商学院	715	811	96
广东东软学院	406	407	1
广州工商学院	912	972	60
广东理工学院	962	1115	153
北京师范大学－香港浸会大学联合国际学院	375	376	1
香港中文大学（深圳）	98	150	52
深圳北理莫斯科大学	—	14	—
广东以色列理工学院	—	15	—
电子科技大学中山学院	781	793	12
北京师范大学珠海分校	1012	1008	－4
广东工业大学华立学院	701	681	－20
广州大学松田学院	378	357	－21

续附表 4－4

学校	2016 年	2017 年	比上年增长
北京理工大学珠海学院	1143	1103	－40
吉林大学珠海学院	1320	1355	35
东莞理工学院城市学院	741	821	80
中山大学新华学院	877	931	54
广州大学华软软件学院	558	565	7
中山大学南方学院	552	584	32
广东外语外贸大学南国商学院	470	469	－1
广东财经大学华商学院	854	793	－61
广东海洋大学寸金学院	822	932	110
华南农业大学珠江学院	423	461	38
广东技术师范学院天河学院	582	714	132
华南理工大学广州学院	891	916	25
广州民航职业技术学院	549	564	15
广东轻工职业技术学院	883	865	－18
广东省外语艺术职业学院	376	370	－6
广东机电职业技术学院	761	780	19
广东工贸职业技术学院	640	646	6
广东交通职业技术学院	632	647	15
广东水利电力职业技术学院	561	590	29
广东司法警官职业学院	189	189	0
广东女子职业技术学院	236	202	－34
广东农工商职业技术学院	851	879	28
广东邮电职业技术学院	149	156	7
广东松山职业技术学院	439	447	8
广东建设职业技术学院	320	328	8
广东职业技术学院	586	578	－8
广东科学技术职业学院	1045	1037	－8

续附表 4－4

学校	2016 年	2017 年	比上年增长
广东行政职业学院	230	217	－13
广东体育职业技术学院	148	167	19
广东食品药品职业学院	628	628	0
广东文艺职业学院	223	223	0
广州工程技术职业学院	403	410	7
广州番禺职业技术学院	541	539	－2
广州体育职业技术学院	170	174	4
深圳职业技术学院	1177	1184	7
深圳信息职业技术学院	685	675	－10
珠海城市职业技术学院	325	343	18
汕头职业技术学院	496	475	－21
佛山职业技术学院	383	387	4
顺德职业技术学院	721	730	9
河源职业技术学院	537	534	－3
汕尾职业技术学院	324	340	16
中山火炬职业技术学院	352	351	－1
江门职业技术学院	610	612	2
广东江门中医药职业学院	—	66	—
阳江职业技术学院	447	468	21
茂名职业技术学院	561	563	2
肇庆医学高等专科学校	557	542	－15
清远职业技术学院	521	525	4
揭阳职业技术学院	341	337	－4
罗定职业技术学院	450	446	－4
广东理工职业学院	450	447	－3
广州城市职业学院	443	416	－27
广东工程职业技术学院	544	410	－134

续附表 4－4

学校	2016 年	2017 年	比上年增长
广州铁路职业技术学院	359	359	0
广东科贸职业学院	382	398	16
广州科技贸易职业学院	325	296	－29
中山职业技术学院	429	440	11
东莞职业技术学院	470	455	－15
广东环境保护工程职业学院	496	451	－45
广东青年职业学院	238	236	－2
广东舞蹈戏剧职业学院	224	248	24
惠州卫生职业技术学院	242	200	－42
广东生态工程职业学院	206	197	－9
惠州城市职业学院	475	452	－23
惠州工程职业学院	—	127	—
公安边防部队高等专科学校	149	149	0
广东茂名健康职业学院	101	151	50
广东茂名幼儿师范专科学校	255	271	16
广州卫生职业技术学院	209	221	12
湛江幼儿师范专科学校	161	162	1
广东南华工商职业学院	—	430	—
私立华联学院	349	335	－14
潮汕职业技术学院	281	326	45
广东新安职业技术学院	178	189	11
广东亚视演艺职业学院	137	125	－12
广东岭南职业技术学院	868	969	101
广州康大职业技术学院	133	60	－73
珠海艺术职业学院	179	191	12
广州涉外经济职业技术学院	480	480	0
广州南洋理工职业学院	480	496	16

续附表 4－4

学校	2016 年	2017 年	比上年增长
广州科技职业技术学院	660	646	－14
惠州经济职业技术学院	474	462	－12
广东工商职业学院	664	590	－74
广州现代信息工程职业技术学院	423	425	2
广州华南商贸职业学院	217	211	－6
广州华立科技职业学院	647	710	63
广州珠江职业技术学院	392	415	23
广州松田职业学院	196	184	－12
广东文理职业学院	517	658	141
广州城建职业学院	836	840	4
广东南方职业学院	418	451	33
广州华商职业学院	415	402	－13
广州华夏职业学院	499	548	49
广州东华职业学院	404	454	50
广东创新科技职业学院	537	566	29
广东信息工程职业学院	150	147	－3
广东碧桂园职业学院	51	63	12
广东酒店管理职业技术学院	45	209	164

附表 4-5 广东省普通高校生师比

学校名称	2016 年	2017 年	比上年增长
中山大学	15.65:1	15.94:1	0.29
华南理工大学	20.46:1	18.50:1	-1.96
暨南大学	20.62:1	20.36:1	-0.26
华南农业大学	18.53:1	17.46:1	-1.07
南方医科大学	12.10:1	11.55:1	-0.55
广州中医药大学	15.27:1	14.85:1	-0.42
华南师范大学	19.34:1	20.00:1	0.66
广东工业大学	18.30:1	19.67:1	1.37
广东外语外贸大学	17.28:1	20.62:1	3.34
汕头大学	13.40:1	14.35:1	0.95
广东财经大学	23.08:1	22.23:1	-0.85
广东海洋大学	21.37:1	20.34:1	-1.03
广东医科大学	14.71:1	16.50:1	1.79
仲恺农业工程学院	19.15:1	19.12:1	-0.03
广东药科大学	17.00:1	16.78:1	-0.22
星海音乐学院	10.17:1	11.13:1	0.96
广州美术学院	13.35:1	13.45:1	0.10
广州体育学院	16.26:1	16.20:1	-0.06
广东技术师范大学	20.86:1	18.45:1	-2.41
岭南师范学院	20.91:1	19.91:1	-1.00
韩山师范学院	20.20:1	20.28:1	0.08
广东石油化工学院	21.40:1	20.10:1	-1.30
广东金融学院	22.45:1	23.24:1	0.79
广东警官学院	19.04:1	22.77:1	3.73
广州大学	20.15:1	19.20:1	-0.95
广州医科大学	10.37:1	11.79:1	1.42
深圳大学	17.23:1	16.75:1	-0.48

续附表4－5

学校名称	2016年	2017年	比上年增长
佛山科学技术学院	19.96:1	18.64:1	－1.32
韶关学院	21.47:1	20.79:1	－0.68
嘉应学院	20.82:1	20.25:1	－0.57
惠州学院	21.90:1	21.98:1	0.08
东莞理工学院	21.24:1	17.04:1	－4.20
五邑大学	20.46:1	19.91:1	－0.55
肇庆学院	20.04:1	19.95:1	－0.09
广东第二师范学院	21.41:1	46.02:1	24.61
南方科技大学	11.50:1	9.50:1	－2.00
广州航海学院	19.37:1	19.80:1	0.43
广东白云学院	19.99:1	18.80:1	－1.19
广东培正学院	19.76:1	20.48:1	0.72
广东科技学院	19.00:1	18.24:1	－0.76
广州商学院	20.80:1	19.88:1	－0.92
广东东软学院	19.15:1	22.03:1	2.88
广州工商学院	19.86:1	19.96:1	0.10
广东理工学院	21.05:1	21.02:1	－0.03
北京师范大学－香港浸会大学联合国际学院	13.10:1	14.16:1	1.06
香港中文大学（深圳）	16.10:1	17.55:1	1.45
深圳北理莫斯科大学	—	5.95:1	—
广东以色列理工学院	—	13.94:1	—
电子科技大学中山学院	21.83:1	21.64:1	－0.19
北京师范大学珠海分校	19.16:1	19.92:1	0.76
广东工业大学华立学院	18.00:1	17.06:1	－0.94
广州大学松田学院	21.95:1	21.84:1	－0.11
北京理工大学珠海学院	19.57:1	19.98:1	0.41

续附表 4 – 5

学校名称	2016 年	2017 年	比上年增长
吉林大学珠海学院	20.12:1	20.48:1	0.36
东莞理工学院城市学院	21.52:1	21.36:1	–0.16
中山大学新华学院	20.56:1	21.26:1	0.70
广州大学华软软件学院	21.20:1	21.42:1	0.22
中山大学南方学院	21.76:1	21.56:1	–0.20
广东外语外贸大学南国商学院	18.81:1	18.82:1	0.01
广东财经大学华商学院	22.89:1	22.88:1	–0.01
广东海洋大学寸金学院	20.91:1	20.78:1	–0.13
华南农业大学珠江学院	19.64:1	19.63:1	–0.01
广东技术师范大学天河学院	20.72:1	19.73:1	–0.99
华南理工大学广州学院	21.52:1	20.99:1	–0.53
广州民航职业技术学院	19.30:1	17.02:1	–2.28
广东轻工职业技术学院	17.48:1	17.57:1	0.09
广东省外语艺术职业学院	17.97:1	17.51:1	–0.46
广东机电职业技术学院	15.27:1	12.88:1	–2.39
广东工贸职业技术学院	21.43:1	20.68:1	–0.75
广东交通职业技术学院	18.43:1	18.47:1	0.04
广东水利电力职业技术学院	14.88:1	15.11:1	0.23
广东司法警官职业学院	18.88:1	18.69:1	–0.19
广东女子职业技术学院	19.32:1	20.89:1	1.57
广东农工商职业技术学院	19.56:1	19.41:1	–0.15
广东邮电职业技术学院	17.75:1	18.02:1	0.27
广东松山职业技术学院	18.76:1	18.78:1	0.02
广东建设职业技术学院	20.88:1	21.47:1	0.59
广东职业技术学院	20.17:1	19.77:1	–0.40
广东科学技术职业学院	15.28:1	19.85:1	4.57
广东行政职业学院	16.61:1	18.13:1	1.52

续附表4-5

学校名称	2016年	2017年	比上年增长
广东体育职业技术学院	12.21:1	12.31:1	0.10
广东食品药品职业学院	21.19:1	20.54:1	-0.65
广东文艺职业学院	16.68:1	16.52:1	-0.16
广州工程技术职业学院	19.48:1	19.58:1	0.10
广州番禺职业技术学院	18.54:1	17.98:1	-0.56
广州体育职业技术学院	14.31:1	12.91:1	-1.40
深圳职业技术学院	20.84:1	22.02:1	1.18
深圳信息职业技术学院	21.19:1	21.40:1	0.21
珠海城市职业技术学院	16.10:1	13.94:1	-2.16
汕头职业技术学院	21.10:1	20.63:1	-0.47
佛山职业技术学院	15.64:1	14.19:1	-1.45
顺德职业技术学院	15.87:1	15.78:1	-0.09
河源职业技术学院	18.09:1	17.70:1	-0.39
汕尾职业技术学院	17.50:1	19.58:1	2.08
中山火炬职业技术学院	18.40:1	17.98:1	-0.42
江门职业技术学院	20.53:1	20.53	0.00
广东江门中医药职业学院	—	11.74:1	—
阳江职业技术学院	20.17:1	20.25:1	0.08
茂名职业技术学院	21.16:1	21.86:1	0.70
肇庆医学高等专科学校	17.58:1	16.30:1	-1.28
清远职业技术学院	18.80:1	16.78:1	-2.02
揭阳职业技术学院	19.22:1	18.18:1	-1.04
罗定职业技术学院	20.29:1	21.56:1	1.27
广东理工职业学院	19.32:1	21.38:1	2.06
广州城市职业学院	21.34:1	21.61:1	0.27
广东工程职业技术学院	15.99:1	19.58:1	3.59
广州铁路职业技术学院	17.07:1	18.02:1	0.95

续附表4－5

学校名称	2016年	2017年	比上年增长
广东科贸职业学院	18.74:1	19.28:1	0.54
广州科技贸易职业学院	13.63:1	20.18:1	6.55
中山职业技术学院	13.04:1	13.09:1	0.05
东莞职业技术学院	16.79:1	15.99:1	－0.80
广东环境保护工程职业学院	15.92:1	15.69:1	－0.23
广东青年职业学院	20.40:1	19.46:1	－0.94
广东舞蹈戏剧职业学院	8.83:1	9.04:1	0.21
惠州卫生职业技术学院	18.10:1	17.26:1	－0.84
广东生态工程职业学院	20.77:1	24.11:1	3.34
惠州城市职业学院	10.71:1	14.61:1	3.90
惠州工程职业学院	—	5.27:1	—
公安边防部队高等专科学校	—	—	—
广东茂名健康职业学院	16.48:1	21.63:1	5.15
广东茂名幼儿师范专科学校	6.97:1	15.82:1	8.85
广州卫生职业技术学院	5.79:1	8.76:1	2.97
湛江幼儿师范专科学校	8.64:1	17.73:1	9.09
广东南华工商职业学院	22.63:1	21.95:1	－0.68
私立华联学院	19.78:1	20.14:1	0.36
潮汕职业技术学院	17.44:1	16.96:1	－0.48
广东新安职业技术学院	21.02:1	19.88:1	－1.14
广东亚视演艺职业学院	15.90:1	16.05:1	0.15
广东岭南职业技术学院	19.15:1	19.06:1	－0.09
广州康大职业技术学院	20.36:1	20.16:1	－0.20
珠海艺术职业学院	18.40:1	17.21:1	－1.19
广州涉外经济职业技术学院	17.54:1	16.62:1	－0.92
广州南洋理工职业学院	19.23:1	20.31:1	1.08
广州科技职业技术学院	17.59:1	14.29:1	－3.30

续附表 4－5

学校名称	2016 年	2017 年	比上年增长
惠州经济职业技术学院	18.63:1	19.73:1	1.10
广东工商职业学院	18.06:1	17.99:1	－0.07
广州现代信息工程职业技术学院	17.45:1	17.95:1	0.50
广州华南商贸职业学院	22.02:1	22.10:1	0.08
广州华立科技职业学院	20.76:1	23.15:1	2.39
广州珠江职业技术学院	19.16:1	20.51:1	1.35
广州松田职业学院	17.16:1	16.72:1	－0.44
广东文理职业学院	17.58:1	15.73:1	－1.85
广州城建职业学院	17.14:1	17.17:1	0.03
广东南方职业学院	17.97:1	17.83:1	－0.14
广州华商职业学院	20.43:1	20.62:1	0.19
广州华夏职业学院	21.92:1	22.71:1	0.79
广州东华职业学院	19.96:1	19.99:1	0.03
广东创新科技职业学院	20.84:1	20.37:1	－0.47
广东信息工程职业学院	20.64:1	17.59:1	－3.05
广东碧桂园职业学院	17.25:1	16.09:1	－1.16
广东酒店管理职业技术学院	16.07:1	19.82:1	3.75

附表 4－6　广东省普通高校高级职称教师比例（%）

学校名称	2016 年	2017 年	比上年增长
中山大学	73. 04	75. 86	2. 82
华南理工大学	66. 21	70. 94	4. 73
暨南大学	66. 60	67. 00	0. 40
华南农业大学	55. 27	52. 97	－2. 30
南方医科大学	55. 87	70. 84	14. 97
广州中医药大学	64. 11	63. 32	－0. 79
华南师范大学	59. 68	56. 75	－2. 93
广东工业大学	45. 24	48. 31	3. 07
广东外语外贸大学	49. 36	47. 47	－1. 89
汕头大学	71. 03	69. 61	－1. 42
广东财经大学	50. 50	50. 00	－0. 50
广东海洋大学	41. 07	40. 05	－1. 02
广东医科大学	48. 49	51. 92	3. 43
仲恺农业工程学院	41. 02	39. 64	－1. 38
广东药科大学	54. 87	52. 70	－2. 17
星海音乐学院	53. 21	50. 48	－2. 73
广州美术学院	43. 72	43. 80	0. 08
广州体育学院	44. 63	44. 84	0. 21
广东技术师范大学	44. 25	48. 59	4. 34
岭南师范学院	33. 51	35. 01	1. 50
韩山师范学院	37. 54	39. 53	1. 99
广东石油化工学院	29. 68	32. 42	2. 74
广东金融学院	41. 40	43. 22	1. 82
广东警官学院	57. 97	57. 03	－0. 94
广州大学	49. 25	48. 01	－1. 24
广州医科大学	58. 30	86. 80	28. 50
深圳大学	53. 51	50. 27	－3. 24

续附表4－6

学校名称	2016年	2017年	比上年增长
佛山科学技术学院	48.18	51.07	2.89
韶关学院	36.92	36.38	－0.54
嘉应学院	37.15	36.99	－0.16
惠州学院	38.69	41.76	3.07
东莞理工学院	50.62	45.14	－5.48
五邑大学	43.84	44.96	1.12
肇庆学院	46.29	47.59	1.30
广东第二师范学院	36.92	37.45	0.53
南方科技大学	59.92	59.31	－0.61
广州航海学院	35.49	34.97	－0.52
广东白云学院	30.13	31.61	1.48
广东培正学院	14.42	16.09	1.67
广东科技学院	30.04	19.80	－10.24
广州商学院	30.21	30.09	－0.12
广东东软学院	20.44	22.36	1.92
广州工商学院	25.22	22.63	－2.59
广东理工学院	24.74	17.31	－7.43
北京师范大学－香港浸会大学联合国际学院	37.87	30.59	－7.28
香港中文大学（深圳）	100.00	100.00	0.00
深圳北理莫斯科大学	—	50.00	—
广东以色列理工学院	—	0.00	—
电子科技大学中山学院	36.11	36.32	0.21
北京师范大学珠海分校	37.55	37.50	－0.05
广东工业大学华立学院	35.24	38.77	3.53
广州大学松田学院	12.17	10.64	－1.53
北京理工大学珠海学院	34.30	34.36	0.06

续附表 4－6

学校名称	2016 年	2017 年	比上年增长
吉林大学珠海学院	44. 32	43. 25	－1. 07
东莞理工学院城市学院	25. 78	23. 39	－2. 39
中山大学新华学院	35. 58	37. 38	1. 80
广州大学华软软件学院	26. 16	26. 90	0. 74
中山大学南方学院	17. 03	19. 18	2. 15
广东外语外贸大学南国商学院	41. 06	40. 94	－0. 12
广东财经大学华商学院	27. 75	26. 61	－1. 14
广东海洋大学寸金学院	30. 05	30. 04	－0. 01
华南农业大学珠江学院	21. 51	23. 21	1. 70
广东技术师范大学天河学院	19. 59	31. 37	11. 78
华南理工大学广州学院	29. 41	33. 41	4. 00
广州民航职业技术学院	24. 41	26. 77	2. 36
广东轻工职业技术学院	40. 54	45. 09	4. 55
广东省外语艺术职业学院	36. 44	37. 30	0. 86
广东机电职业技术学院	28. 52	33. 97	5. 45
广东工贸职业技术学院	26. 41	29. 10	2. 69
广东交通职业技术学院	30. 70	30. 60	－0. 10
广东水利电力职业技术学院	40. 64	40. 51	－0. 13
广东司法警官职业学院	37. 04	39. 15	2. 11
广东女子职业技术学院	37. 29	45. 54	8. 25
广东农工商职业技术学院	26. 20	29. 12	2. 92
广东邮电职业技术学院	28. 19	26. 28	－1. 91
广东松山职业技术学院	20. 96	20. 13	－0. 83
广东建设职业技术学院	26. 25	25. 91	－0. 34
广东职业技术学院	23. 72	23. 18	－0. 54
广东科学技术职业学院	29. 09	33. 85	4. 76
广东行政职业学院	36. 96	27. 65	－9. 31

续附表 4-6

学校名称	2016 年	2017 年	比上年增长
广东体育职业技术学院	30. 41	28. 14	-2. 27
广东食品药品职业学院	27. 87	31. 37	3. 50
广东文艺职业学院	16. 59	15. 70	-0. 89
广州工程技术职业学院	27. 57	31. 71	4. 14
广州番禺职业技术学院	25. 32	28. 20	2. 88
广州体育职业技术学院	31. 18	28. 16	-3. 02
深圳职业技术学院	59. 47	58. 36	-1. 11
深圳信息职业技术学院	46. 13	48. 59	2. 46
珠海城市职业技术学院	25. 85	27. 70	1. 85
汕头职业技术学院	25. 00	26. 53	1. 53
佛山职业技术学院	22. 98	25. 32	2. 34
顺德职业技术学院	29. 26	30. 27	1. 01
河源职业技术学院	21. 97	22. 10	0. 13
汕尾职业技术学院	15. 43	15. 88	0. 45
中山火炬职业技术学院	35. 23	36. 75	1. 52
江门职业技术学院	21. 80	23. 53	1. 73
广东江门中医药职业学院	—	74. 24	—
阳江职业技术学院	23. 27	23. 08	-0. 19
茂名职业技术学院	15. 33	15. 81	0. 48
肇庆医学高等专科学校	44. 70	46. 13	1. 43
清远职业技术学院	23. 22	22. 10	-1. 12
揭阳职业技术学院	22. 29	22. 55	0. 26
罗定职业技术学院	10. 89	11. 21	0. 32
广东理工职业学院	22. 44	24. 83	2. 39
广州城市职业学院	32. 28	30. 05	-2. 23
广东工程职业技术学院	21. 09	24. 39	3. 30
广州铁路职业技术学院	30. 36	31. 75	1. 39

续附表 4－6

学校名称	2016 年	2017 年	比上年增长
广东科贸职业学院	29. 06	28. 89	－0. 17
广州科技贸易职业学院	28. 33	40. 40	12. 07
中山职业技术学院	30. 54	31. 14	0. 60
东莞职业技术学院	29. 79	31. 87	2. 08
广东环境保护工程职业学院	20. 56	23. 06	2. 50
广东青年职业学院	17. 23	17. 37	0. 14
广东舞蹈戏剧职业学院	21. 88	20. 97	－0. 91
惠州卫生职业技术学院	22. 73	21. 50	－1. 23
广东生态工程职业学院	16. 02	39. 59	23. 57
惠州城市职业学院	17. 05	16. 81	－0. 24
惠州工程职业学院	－	43. 31	－
公安边防部队高等专科学校	20. 81	20. 13	－0. 68
广东茂名健康职业学院	16. 08	27. 15	11. 07
广东茂名幼儿师范专科学校	35. 64	14. 39	－21. 25
广州卫生职业技术学院	39. 23	33. 94	－5. 29
湛江幼儿师范专科学校	21. 12	22. 22	1. 10
广东南华工商职业学院	15. 89	15. 81	－0. 08
私立华联学院	16. 05	17. 01	0. 96
潮汕职业技术学院	20. 64	20. 25	－0. 39
广东新安职业技术学院	20. 22	20. 11	－0. 11
广东亚视演艺职业学院	21. 90	15. 20	－6. 70
广东岭南职业技术学院	30. 30	25. 49	－4. 81
广州康大职业技术学院	20. 30	20. 00	－0. 30
珠海艺术职业学院	12. 85	12. 57	－0. 28
广州涉外经济职业技术学院	27. 50	30. 63	3. 13
广州南洋理工职业学院	20. 63	20. 97	0. 34
广州科技职业技术学院	24. 31	28. 04	3. 73

续附表4-6

学校名称	2016年	2017年	比上年增长
惠州经济职业技术学院	20.04	20.35	0.31
广东工商职业学院	31.17	37.63	6.46
广州现代信息工程职业技术学院	14.18	15.06	0.88
广州华南商贸职业学院	21.20	18.01	-3.19
广州华立科技职业学院	22.87	22.96	0.09
广州珠江职业技术学院	15.56	19.04	3.48
广州松田职业学院	15.31	19.02	3.71
广东文理职业学院	39.26	39.51	0.25
广州城建职业学院	24.28	27.38	3.10
广东南方职业学院	21.29	23.06	1.77
广州华商职业学院	30.84	33.58	2.74
广州华夏职业学院	21.64	21.53	-0.11
广州东华职业学院	20.30	20.48	0.18
广东创新科技职业学院	20.11	21.02	0.91
广东信息工程职业学院	6.67	6.80	0.13
广东碧桂园职业学院	31.37	28.57	-2.80
广东酒店管理职业技术学院	24.44	20.10	-4.34

附表 4－7　广东省各普通高校校园占地面积

单位：万平方米

学校名称	2016 年	2017 年	增长率（%）
中山大学	600. 24	600. 24	0. 00
华南理工大学	294. 96	280. 61	－4. 87
暨南大学	212. 21	212. 21	0. 00
华南农业大学	553. 78	553. 78	0. 00
南方医科大学	168. 12	168. 11	－0. 01
广州中医药大学	90. 32	90. 32	0. 00
华南师范大学	201. 70	201. 70	0. 00
广东工业大学	223. 20	204. 44	－8. 41
广东外语外贸大学	158. 09	158. 12	0. 02
汕头大学	125. 91	125. 91	0. 00
广东财经大学	151. 63	151. 63	0. 00
广东海洋大学	325. 64	325. 63	0. 00
广东医科大学	126. 47	126. 46	－0. 01
仲恺农业工程学院	111. 47	140. 80	26. 31
广东药科大学	124. 95	130. 86	4. 73
星海音乐学院	22. 50	22. 55	0. 22
广州美术学院	37. 93	37. 93	0. 00
广州体育学院	28. 83	28. 83	0. 00
广东技术师范大学	103. 09	103. 51	0. 41
岭南师范学院	79. 09	79. 09	0. 00
韩山师范学院	77. 78	89. 37	14. 90
广东石油化工学院	77. 36	66. 33	－14. 26
广东金融学院	53. 94	53. 94	0. 00
广东警官学院	37. 38	37. 38	0. 00
广州大学	164. 26	164. 26	0. 00
广州医科大学	86. 50	37. 23	－56. 96
深圳大学	271. 91	271. 91	0. 00
佛山科学技术学院	150. 98	148. 38	－1. 72

续附表 4－7

学校名称	2016 年	2017 年	增长率（%）
韶关学院	179.58	179.22	－0.20
嘉应学院	108.55	108.55	0.00
惠州学院	165.08	165.08	0.00
东莞理工学院	123.25	123.25	0.00
五邑大学	61.40	61.40	0.00
肇庆学院	83.40	83.40	0.00
广东第二师范学院	50.86	50.86	0.00
南方科技大学	197.98	197.98	0.00
广州航海学院	36.88	36.88	0.00
广东白云学院	40.61	40.61	0.00
广东培正学院	57.90	57.90	0.00
广东科技学院	62.27	62.27	0.00
广州商学院	89.94	93.43	3.88
广东东软学院	40.88	40.88	0.00
广州工商学院	92.67	92.67	0.00
广东理工学院	67.94	67.94	0.00
北京师范大学－香港浸会大学联合国际学院	27.53	24.49	－11.04
香港中文大学（深圳）	50.14	50.14	0.00
深圳北理莫斯科大学	—	3.42	—
广东以色列理工学院	—	6.86	—
电子科技大学中山学院	43.32	43.32	0.00
北京师范大学珠海分校	431.36	431.35	0.00
广东工业大学华立学院	61.01	61.01	0.00
广州大学松田学院	23.48	23.48	0.00
北京理工大学珠海学院	329.32	329.31	0.00
吉林大学珠海学院	310.33	310.33	0.00
东莞理工学院城市学院	81.89	81.89	0.00

续附表 4－7

学校名称	2016 年	2017 年	增长率（%）
中山大学新华学院	97.09	97.08	－0.01
广州大学华软软件学院	33.56	33.56	0.00
中山大学南方学院	72.81	72.81	0.00
广东外语外贸大学南国商学院	49.61	52.29	5.40
广东财经大学华商学院	56.16	56.16	0.00
广东海洋大学寸金学院	92.93	92.93	0.00
华南农业大学珠江学院	48.59	48.59	0.00
广东技术师范大学天河学院	73.39	35.63	－51.45
华南理工大学广州学院	116.84	116.84	0.00
广州民航职业技术学院	72.19	74.15	2.72
广东轻工职业技术学院	114.82	114.82	0.00
广东省外语艺术职业学院	18.39	18.96	3.10
广东机电职业技术学院	53.75	53.75	0.00
广东工贸职业技术学院	69.20	69.20	0.00
广东交通职业技术学院	28.89	28.85	－0.14
广东水利电力职业技术学院	61.00	68.50	12.30
广东司法警官职业学院	13.23	13.23	0.00
广东女子职业技术学院	14.39	14.39	0.00
广东农工商职业技术学院	142.71	142.70	－0.01
广东邮电职业技术学院	10.42	10.42	0.00
广东松山职业技术学院	55.44	55.44	0.00
广东建设职业技术学院	26.18	26.18	0.00
广东职业技术学院	73.16	73.15	－0.01
广东科学技术职业学院	134.13	134.13	0.00
广东行政职业学院	22.29	23.39	4.93
广东体育职业技术学院	30.76	30.76	—
广东食品药品职业学院	30.33	30.33	0.00

续附表 4 – 7

学校名称	2016 年	2017 年	增长率（%）
广东文艺职业学院	12. 58	12. 58	0. 00
广州工程技术职业学院	23. 77	23. 77	0. 00
广州番禺职业技术学院	137. 80	137. 79	– 0. 01
广州体育职业技术学院	17. 27	17. 27	0. 00
深圳职业技术学院	212. 65	212. 64	0. 00
深圳信息职业技术学院	92. 49	92. 49	0. 00
珠海城市职业技术学院	36. 14	33. 22	– 8. 08
汕头职业技术学院	42. 16	42. 16	0. 00
佛山职业技术学院	63. 81	63. 81	0. 00
顺德职业技术学院	116. 59	116. 59	0. 00
河源职业技术学院	100. 05	101. 76	1. 71
汕尾职业技术学院	19. 40	19. 40	0. 00
中山火炬职业技术学院	63. 29	37. 15	– 41. 30
江门职业技术学院	80. 94	80. 94	0. 00
广东江门中医药职业学院	—	21. 12	—
阳江职业技术学院	58. 47	58. 47	0. 00
茂名职业技术学院	66. 92	66. 92	0. 00
肇庆医学高等专科学校	58. 95	47. 47	– 19. 47
清远职业技术学院	151. 17	151. 17	0. 00
揭阳职业技术学院	34. 15	34. 15	0. 00
罗定职业技术学院	27. 65	27. 65	0. 00
广东理工职业学院	66. 76	66. 76	0. 00
广州城市职业学院	20. 24	20. 24	0. 00
广东工程职业技术学院	69. 47	70. 45	1. 41
广州铁路职业技术学院	17. 22	17. 21	– 0. 06
广东科贸职业学院	27. 27	27. 82	2. 02
广州科技贸易职业学院	12. 76	12. 76	0. 00

续附表 4－7

学校名称	2016 年	2017 年	增长率（%）
中山职业技术学院	41.30	41.30	0.00
东莞职业技术学院	62.03	55.20	－11.01
广东环境保护工程职业学院	30.01	30.01	0.00
广东青年职业学院	32.90	33.44	1.64
广东舞蹈戏剧职业学院	20.76	21.68	4.43
惠州卫生职业技术学院	27.54	27.54	0.00
广东生态工程职业学院	37.63	40.80	8.42
惠州城市职业学院	29.21	30.00	2.70
惠州工程职业学院	—	38.05	—
公安边防部队高等专科学校	10.01	10.01	0.00
广东茂名健康职业学院	23.50	20.31	－13.57
广东茂名幼儿师范专科学校	33.01	49.75	50.71
广州卫生职业技术学院	45.53	45.53	0.00
湛江幼儿师范专科学校	39.50	39.50	0.00
广东南华工商职业学院	73.31	73.31	0.00
私立华联学院	18.20	18.20	0.00
潮汕职业技术学院	24.95	24.95	0.00
广东新安职业技术学院	9.13	9.13	0.00
广东亚视演艺职业学院	15.26	17.58	15.20
广东岭南职业技术学院	87.75	85.53	－2.53
广州康大职业技术学院	12.79	12.79	0.00
珠海艺术职业学院	10.26	10.26	0.00
广州涉外经济职业技术学院	42.34	42.34	0.00
广州南洋理工职业学院	33.89	33.89	0.00
广州科技职业技术学院	50.42	62.46	23.88
惠州经济职业技术学院	55.37	51.36	－7.24
广东工商职业学院	88.12	88.12	0.00

续附表4－7

学校名称	2016年	2017年	增长率（%）
广州现代信息工程职业技术学院	51.56	51.56	0.00
广州华南商贸职业学院	13.59	13.59	0.00
广州华立科技职业学院	52.70	52.70	0.00
广州珠江职业技术学院	76.76	17.03	－77.81
广州松田职业学院	12.67	12.67	0.00
广东文理职业学院	65.59	112.26	71.15
广州城建职业学院	90.33	90.33	0.00
广东南方职业学院	50.23	50.42	0.38
广州华商职业学院	27.68	29.04	4.91
广州华夏职业学院	41.20	41.20	0.00
广州东华职业学院	50.56	50.56	0.00
广东创新科技职业学院	61.70	61.52	－0.29
广东信息工程职业学院	10.10	10.10	0.00
广东碧桂园职业学院	16.12	16.12	0.00
广东酒店管理职业技术学院	36.99	36.99	0.00

附表4－8　广东省各普通高校校舍建筑面积

单位：万平方米

学校名称	2016年	2017年	增长率（%）
中山大学	216.78	214.08	－1.25
华南理工大学	195.17	195.14	－0.02
暨南大学	151.60	157.74	4.05
华南农业大学	136.25	147.24	8.07
南方医科大学	84.31	84.31	0.00
广州中医药大学	79.41	79.65	0.30
华南师范大学	155.13	154.89	－0.15
广东工业大学	156.46	158.99	1.62
广东外语外贸大学	103.98	103.98	0.00
汕头大学	56.80	56.80	0.00
广东财经大学	72.66	72.84	0.25
广东海洋大学	77.77	77.93	0.21
广东医科大学	58.30	58.92	1.06
仲恺农业工程学院	37.99	37.75	－0.63
广东药科大学	79.30	79.30	0.00
星海音乐学院	17.79	20.01	12.48
广州美术学院	41.19	41.19	0.00
广州体育学院	24.91	24.91	0.00
广东技术师范大学	47.56	53.10	11.65
岭南师范学院	64.12	64.69	0.89
韩山师范学院	42.71	45.76	7.14
广东石油化工学院	42.24	42.28	0.09
广东金融学院	31.64	31.65	0.03
广东警官学院	31.10	31.10	0.00
广州大学	116.40	116.40	0.00
广州医科大学	68.81	56.01	－18.60
深圳大学	144.39	143.23	－0.80
佛山科学技术学院	37.66	57.16	51.78

续附表 4－8

学校名称	2016 年	2017 年	增长率（%）
韶关学院	72.37	72.71	0.47
嘉应学院	59.98	62.01	3.38
惠州学院	35.45	37.96	7.08
东莞理工学院	68.27	68.27	0.00
五邑大学	54.12	54.12	0.00
肇庆学院	52.17	52.90	1.40
广东第二师范学院	34.29	36.96	7.79
南方科技大学	28.97	38.69	33.55
广州航海学院	30.24	30.24	0.00
广东白云学院	40.37	40.37	0.00
广东培正学院	32.22	32.24	0.06
广东科技学院	52.17	48.98	－6.11
广州商学院	36.07	36.99	2.55
广东东软学院	21.73	21.66	－0.32
广州工商学院	50.17	50.64	0.94
广东理工学院	42.83	55.37	29.28
北京师范大学－香港浸会大学联合国际学院	17.60	34.34	95.11
香港中文大学（深圳）	9.40	39.20	317.02
深圳北理莫斯科大学	—	3.42	—
广东以色列理工学院	—	10.29	—
电子科技大学中山学院	39.49	41.57	5.27
北京师范大学珠海分校	68.10	68.10	0.00
广东工业大学华立学院	28.76	28.76	0.00
广州大学松田学院	14.30	14.48	1.26
北京理工大学珠海学院	55.47	55.46	－0.02
吉林大学珠海学院	56.99	59.20	3.88
东莞理工学院城市学院	42.15	42.15	0.00

续附表4－8

学校名称	2016年	2017年	增长率（%）
中山大学新华学院	44.51	45.84	2.99
广州大学华软软件学院	26.92	26.92	0.00
中山大学南方学院	39.26	39.26	0.00
广东外语外贸大学南国商学院	12.34	12.55	1.70
广东财经大学华商学院	34.15	38.75	13.47
广东海洋大学寸金学院	36.73	36.73	0.00
华南农业大学珠江学院	20.50	20.50	0.00
广东技术师范大学天河学院	35.44	35.44	0.00
华南理工大学广州学院	51.65	51.65	0.00
广州民航职业技术学院	32.97	32.97	0.00
广东轻工职业技术学院	43.02	42.62	－0.93
广东省外语艺术职业学院	21.25	21.82	2.68
广东机电职业技术学院	25.53	25.34	－0.74
广东工贸职业技术学院	25.22	24.77	－1.78
广东交通职业技术学院	29.70	29.41	－0.98
广东水利电力职业技术学院	30.34	30.34	0.00
广东司法警官职业学院	12.01	12.01	0.00
广东女子职业技术学院	14.71	14.71	0.00
广东农工商职业技术学院	44.46	44.46	0.00
广东邮电职业技术学院	9.09	9.09	0.00
广东松山职业技术学院	23.01	23.01	0.00
广东建设职业技术学院	14.14	14.14	0.00
广东职业技术学院	26.49	26.49	0.00
广东科学技术职业学院	45.65	45.36	－0.64
广东行政职业学院	8.12	10.49	29.19
广东体育职业技术学院	9.01	8.21	－8.88
广东食品药品职业学院	15.56	23.42	50.51

续附表4－8

学校名称	2016年	2017年	增长率（%）
广东文艺职业学院	9.59	10.48	9.28
广州工程技术职业学院	15.54	15.54	0.00
广州番禺职业技术学院	33.33	34.29	2.88
广州体育职业技术学院	17.72	17.72	0.00
深圳职业技术学院	58.92	58.92	0.00
深圳信息职业技术学院	58.48	58.48	0.00
珠海城市职业技术学院	14.77	20.97	41.98
汕头职业技术学院	23.89	23.89	0.00
佛山职业技术学院	24.02	24.02	0.00
顺德职业技术学院	50.74	50.79	0.10
河源职业技术学院	26.36	26.00	－1.37
汕尾职业技术学院	11.23	11.23	0.00
中山火炬职业技术学院	24.92	24.02	－3.61
江门职业技术学院	29.25	29.25	0.00
广东江门中医药职业学院	—	6.64	—
阳江职业技术学院	19.45	19.45	0.00
茂名职业技术学院	16.35	18.93	15.78
肇庆医学高等专科学校	33.64	33.64	0.00
清远职业技术学院	24.46	24.46	0.00
揭阳职业技术学院	12.02	12.02	0.00
罗定职业技术学院	19.27	19.57	1.56
广东理工职业学院	23.75	24.75	4.21
广州城市职业学院	19.76	19.76	0.00
广东工程职业技术学院	24.13	18.27	－24.29
广州铁路职业技术学院	18.15	18.15	0.00
广东科贸职业学院	16.74	17.03	1.73
广州科技贸易职业学院	11.14	11.14	0.00

续附表 4 – 8

学校名称	2016 年	2017 年	增长率（%）
中山职业技术学院	25. 60	25. 60	0. 00
东莞职业技术学院	33. 95	33. 95	0. 00
广东环境保护工程职业学院	24. 46	18. 58	–24. 04
广东青年职业学院	16. 80	17. 14	2. 02
广东舞蹈戏剧职业学院	10. 04	10. 28	2. 39
惠州卫生职业技术学院	12. 04	12. 04	0. 00
广东生态工程职业学院	8. 74	12. 47	42. 68
惠州城市职业学院	20. 23	20. 51	1. 38
惠州工程职业学院	—	15. 78	—
公安边防部队高等专科学校	10. 17	10. 29	1. 18
广东茂名健康职业学院	9. 26	8. 50	–8. 21
广东茂名幼儿师范专科学校	16. 83	16. 83	0. 00
广州卫生职业技术学院	13. 02	13. 02	0. 00
湛江幼儿师范专科学校	14. 52	14. 52	0. 00
广东南华工商职业学院	17. 42	17. 42	0. 00
私立华联学院	19. 76	20. 10	1. 72
潮汕职业技术学院	13. 01	13. 01	0. 00
广东新安职业技术学院	5. 30	5. 30	0. 00
广东亚视演艺职业学院	7. 02	10. 40	48. 15
广东岭南职业技术学院	51. 59	52. 70	2. 15
广州康大职业技术学院	10. 99	10. 99	0. 00
珠海艺术职业学院	8. 01	8. 93	11. 49
广州涉外经济职业技术学院	19. 88	20. 61	3. 67
广州南洋理工职业学院	16. 81	16. 88	0. 42
广州科技职业技术学院	25. 70	37. 05	44. 16
惠州经济职业技术学院	21. 10	21. 10	0. 00
广东工商职业学院	32. 44	32. 44	0. 00

续附表4－8

学校名称	2016年	2017年	增长率（%）
广州现代信息工程职业技术学院	25.50	25.50	0.00
广州华南商贸职业学院	7.75	7.75	0.00
广州华立科技职业学院	22.40	22.40	0.00
广州珠江职业技术学院	28.35	13.83	－51.22
广州松田职业学院	8.52	8.52	0.00
广东文理职业学院	29.89	40.26	34.69
广州城建职业学院	42.77	43.70	2.17
广东南方职业学院	21.79	27.54	26.39
广州华商职业学院	22.39	22.40	0.04
广州华夏职业学院	25.80	25.80	0.00
广州东华职业学院	25.88	26.94	4.10
广东创新科技职业学院	29.25	33.47	14.43
广东信息工程职业学院	7.49	7.47	－0.27
广东碧桂园职业学院	9.74	9.74	0.00
广东酒店管理职业技术学院	6.70	19.27	187.61

附表4－9　广东省各普通高校教学与行政用房面积

单位：万平方米

学校名称	2016年	2017年	增长率（%）
中山大学	96.77	95.42	－1.40
华南理工大学	84.90	83.29	－1.90
暨南大学	55.81	53.00	－5.03
华南农业大学	66.12	66.30	0.27
南方医科大学	34.36	36.51	6.26
广州中医药大学	33.70	33.70	0.00
华南师范大学	59.90	59.67	－0.38
广东工业大学	76.90	79.43	3.29
广东外语外贸大学	37.15	37.15	0.00
汕头大学	31.90	31.90	0.00
广东财经大学	33.64	28.40	－15.58
广东海洋大学	33.09	33.68	1.78
广东医科大学	33.09	33.09	0.00
仲恺农业工程学院	18.98	19.25	1.42
广东药科大学	44.84	44.84	0.00
星海音乐学院	13.00	12.45	－4.23
广州美术学院	30.67	24.98	－18.55
广州体育学院	13.54	13.54	0.00
广东技术师范大学	26.55	25.90	－2.45
岭南师范学院	25.36	27.98	10.33
韩山师范学院	19.89	22.07	10.96
广东石油化工学院	20.21	20.25	0.20
广东金融学院	12.30	11.80	－4.07
广东警官学院	10.50	10.50	0.00
广州大学	63.11	63.11	0.00
广州医科大学	28.77	21.72	－24.50
深圳大学	105.34	95.09	－9.73
佛山科学技术学院	18.23	33.06	81.35

续附表4－9

学校名称	2016年	2017年	增长率（%）
韶关学院	36.33	36.14	－0.52
嘉应学院	30.66	30.42	－0.78
惠州学院	20.67	20.44	－1.11
东莞理工学院	35.80	35.80	0.00
五邑大学	29.11	28.08	－3.54
肇庆学院	21.56	21.63	0.32
广东第二师范学院	24.44	16.86	－31.01
南方科技大学	17.35	21.94	26.46
广州航海学院	16.80	16.80	0.00
广东白云学院	24.71	24.71	0.00
广东培正学院	11.02	11.10	0.73
广东科技学院	24.58	29.13	18.51
广州商学院	19.83	19.83	0.00
广东东软学院	15.16	15.09	－0.46
广州工商学院	28.51	28.48	－0.11
广东理工学院	39.58	32.63	－17.56
北京师范大学－香港浸会大学联合国际学院	13.99	17.02	21.66
香港中文大学（深圳）	34.79	21.39	－38.52
深圳北理莫斯科大学	—	1.78	—
广东以色列理工学院	—	4.53	—
电子科技大学中山学院	20.17	18.21	－9.72
北京师范大学珠海分校	19.03	19.03	0.00
广东工业大学华立学院	16.82	16.82	0.00
广州大学松田学院	9.74	8.61	－11.60
北京理工大学珠海学院	22.26	24.50	10.06
吉林大学珠海学院	22.75	23.95	5.27
东莞理工学院城市学院	19.60	19.60	0.00

续附表 4－9

学校名称	2016 年	2017 年	增长率（%）
中山大学新华学院	17.03	18.36	7.81
广州大学华软软件学院	13.63	13.20	－3.15
中山大学南方学院	21.06	20.62	－2.09
广东外语外贸大学南国商学院	4.68	4.68	0.00
广东财经大学华商学院	12.96	17.31	33.56
广东海洋大学寸金学院	18.66	22.77	22.03
华南农业大学珠江学院	11.65	11.65	0.00
广东技术师范大学天河学院	19.39	19.39	0.00
华南理工大学广州学院	22.55	22.55	0.00
广州民航职业技术学院	19.96	20.09	0.65
广东轻工职业技术学院	20.80	21.17	1.78
广东省外语艺术职业学院	11.50	12.42	8.00
广东机电职业技术学院	14.28	14.28	0.00
广东工贸职业技术学院	14.49	14.44	－0.35
广东交通职业技术学院	17.05	17.05	0.00
广东水利电力职业技术学院	15.03	17.95	19.43
广东司法警官职业学院	5.73	5.73	0.00
广东女子职业技术学院	8.81	8.81	0.00
广东农工商职业技术学院	25.69	25.69	0.00
广东邮电职业技术学院	4.98	4.98	0.00
广东松山职业技术学院	14.92	14.92	0.00
广东建设职业技术学院	11.27	11.27	0.00
广东职业技术学院	12.68	12.68	0.00
广东科学技术职业学院	24.68	20.40	－17.34
广东行政职业学院	3.86	6.25	61.92
广东体育职业技术学院	4.94	4.15	－15.99
广东食品药品职业学院	20.02	13.51	－32.52

续附表4－9

学校名称	2016年	2017年	增长率（%）
广东文艺职业学院	4.94	5.83	18.02
广州工程技术职业学院	9.79	9.79	0.00
广州番禺职业技术学院	20.75	19.82	－4.48
广州体育职业技术学院	9.17	8.57	－6.54
深圳职业技术学院	36.49	36.49	0.00
深圳信息职业技术学院	27.14	27.14	0.00
珠海城市职业技术学院	15.20	15.20	0.00
汕头职业技术学院	14.53	14.53	0.00
佛山职业技术学院	14.17	14.17	0.00
顺德职业技术学院	28.59	28.59	0.00
河源职业技术学院	17.73	18.40	3.78
汕尾职业技术学院	5.30	5.30	0.00
中山火炬职业技术学院	16.13	15.55	－3.60
江门职业技术学院	17.86	17.86	0.00
广东江门中医药职业学院	—	3.78	—
阳江职业技术学院	11.69	11.69	0.00
茂名职业技术学院	13.93	13.26	－4.81
肇庆医学高等专科学校	24.61	24.54	－0.28
清远职业技术学院	13.83	13.83	0.00
揭阳职业技术学院	6.27	8.87	41.47
罗定职业技术学院	11.72	10.89	－7.08
广东理工职业学院	14.22	13.21	－7.10
广州城市职业学院	10.29	10.39	0.97
广东工程职业技术学院	15.02	10.06	－33.02
广州铁路职业技术学院	13.06	13.17	0.84
广东科贸职业学院	10.35	10.46	1.06
广州科技贸易职业学院	7.04	6.30	－10.51

续附表 4 – 9

学校名称	2016 年	2017 年	增长率（%）
中山职业技术学院	16. 24	16. 24	0. 00
东莞职业技术学院	17. 48	17. 48	0. 00
广东环境保护工程职业学院	17. 33	11. 45	–33. 93
广东青年职业学院	11. 09	10. 56	–4. 78
广东舞蹈戏剧职业学院	5. 51	5. 74	4. 17
惠州卫生职业技术学院	6. 94	6. 94	0. 00
广东生态工程职业学院	3. 98	6. 93	74. 12
惠州城市职业学院	11. 48	11. 77	2. 53
惠州工程职业学院	—	11. 58	—
公安边防部队高等专科学校	4. 40	4. 40	0. 00
广东茂名健康职业学院	4. 80	3. 63	–24. 38
广东茂名幼儿师范专科学校	7. 90	7. 90	0. 00
广州卫生职业技术学院	7. 75	7. 75	0. 00
湛江幼儿师范专科学校	9. 61	9. 61	0. 00
广东南华工商职业学院	8. 63	8. 63	0. 00
私立华联学院	8. 87	9. 22	3. 95
潮汕职业技术学院	7. 11	7. 47	5. 06
广东新安职业技术学院	3. 70	3. 70	0. 00
广东亚视演艺职业学院	2. 91	2. 91	0. 00
广东岭南职业技术学院	23. 81	23. 81	0. 00
广州康大职业技术学院	6. 57	6. 57	0. 00
珠海艺术职业学院	5. 20	6. 13	17. 88
广州涉外经济职业技术学院	10. 05	10. 16	1. 09
广州南洋理工职业学院	8. 69	8. 73	0. 46
广州科技职业技术学院	15. 26	22. 79	49. 34
惠州经济职业技术学院	9. 96	9. 96	0. 00
广东工商职业学院	32. 57	32. 94	1. 14

续附表4－9

学校名称	2016年	2017年	增长率（%）
广州现代信息工程职业技术学院	18.24	18.24	0.00
广州华南商贸职业学院	11.69	7.10	－39.26
广州华立科技职业学院	11.14	11.14	0.00
广州珠江职业技术学院	17.16	9.73	－43.30
广州松田职业学院	3.33	3.33	0.00
广东文理职业学院	18.59	24.95	34.21
广州城建职业学院	22.97	24.92	8.49
广东南方职业学院	14.49	17.47	20.57
广州华商职业学院	17.24	13.51	－21.64
广州华夏职业学院	15.18	15.18	0.00
广州东华职业学院	18.67	17.88	－4.23
广东创新科技职业学院	15.79	19.17	21.41
广东信息工程职业学院	3.33	2.91	－12.61
广东碧桂园职业学院	4.73	4.73	0.00
广东酒店管理职业技术学院	16.25	14.34	－11.75

附表 4－10 广东省各普通高校图书数

单位：万册

学校名称	2016 年	2017 年	增长率（%）
中山大学	629.81	669.69	6.33
华南理工大学	346.07	354.60	2.46
暨南大学	384.70	338.70	－11.96
华南农业大学	242.08	253.35	4.66
南方医科大学	246.93	255.93	3.64
广州中医药大学	152.00	156.59	3.02
华南师范大学	374.00	377.50	0.94
广东工业大学	377.28	377.74	0.12
广东外语外贸大学	294.74	296.24	0.51
汕头大学	157.16	166.22	5.76
广东财经大学	261.15	272.02	4.16
广东海洋大学	194.00	208.83	7.64
广东医科大学	170.28	176.21	3.48
仲恺农业工程学院	93.77	99.07	5.65
广东药科大学	224.51	239.65	6.74
星海音乐学院	35.74	35.98	0.67
广州美术学院	46.00	49.75	8.15
广州体育学院	60.07	62.39	3.86
广东技术师范大学	216.09	222.00	2.73
岭南师范学院	240.49	242.01	0.63
韩山师范学院	166.81	175.78	5.38
广东石油化工学院	162.18	167.42	3.23
广东金融学院	176.00	182.26	3.56
广东警官学院	84.20	86.82	3.11
广州大学	345.85	363.60	5.13
广州医科大学	166.60	125.81	－24.48
深圳大学	394.60	409.52	3.78
佛山科学技术学院	178.82	183.16	2.43

续附表4－10

学校名称	2016年	2017年	增长率（%）
韶关学院	257.12	269.40	4.78
嘉应学院	223.08	229.51	2.88
惠州学院	153.14	164.92	7.69
东莞理工学院	187.63	193.10	2.92
五邑大学	161.09	169.57	5.26
肇庆学院	162.86	172.55	5.95
广东第二师范学院	126.44	119.31	－5.64
南方科技大学	20.26	21.98	8.49
广州航海学院	77.46	83.30	7.54
广东白云学院	135.85	137.99	1.58
广东培正学院	150.56	151.83	0.84
广东科技学院	153.18	177.32	15.76
广州商学院	128.25	140.15	9.28
广东东软学院	56.94	60.39	6.06
广州工商学院	136.36	158.88	16.52
广东理工学院	123.12	130.60	6.08
北京师范大学－香港浸会大学联合国际学院	22.00	24.70	12.27
香港中文大学（深圳）	7.19	7.24	0.70
深圳北理莫斯科大学	—	0.90	—
广东以色列理工学院	—	—	—
电子科技大学中山学院	134.24	140.88	4.95
北京师范大学珠海分校	149.62	154.08	2.98
广东工业大学华立学院	135.03	137.42	1.77
广州大学松田学院	55.04	55.24	0.36
北京理工大学珠海学院	145.99	153.16	4.91
吉林大学珠海学院	154.27	158.64	2.83
东莞理工学院城市学院	109.99	119.48	8.63

续附表 4－10

学校名称	2016 年	2017 年	增长率（%）
中山大学新华学院	115.60	125.83	8.85
广州大学华软软件学院	88.57	93.78	5.88
中山大学南方学院	196.90	203.95	3.58
广东外语外贸大学南国商学院	90.63	98.02	8.15
广东财经大学华商学院	143.16	155.79	8.82
广东海洋大学寸金学院	141.82	154.21	8.74
华南农业大学珠江学院	100.63	106.83	6.16
广东技术师范大学天河学院	120.00	124.00	3.33
华南理工大学广州学院	110.59	120.13	8.63
广州民航职业技术学院	74.19	77.75	4.80
广东轻工职业技术学院	147.10	153.57	4.40
广东省外语艺术职业学院	69.86	73.13	4.68
广东机电职业技术学院	67.06	73.50	9.60
广东工贸职业技术学院	61.25	64.25	4.90
广东交通职业技术学院	99.79	102.70	2.92
广东水利电力职业技术学院	77.59	80.45	3.69
广东司法警官职业学院	32.62	32.62	0.00
广东女子职业技术学院	54.31	56.19	3.46
广东农工商职业技术学院	115.55	121.25	4.93
广东邮电职业技术学院	19.19	21.68	12.98
广东松山职业技术学院	56.66	56.13	－0.94
广东建设职业技术学院	38.65	40.53	4.86
广东职业技术学院	60.61	62.11	2.47
广东科学技术职业学院	147.03	149.85	1.92
广东行政职业学院	53.46	57.12	6.85
广东体育职业技术学院	14.99	16.20	8.07
广东食品药品职业学院	60.32	64.32	6.63

续附表4-10

学校名称	2016年	2017年	增长率（%）
广东文艺职业学院	28.58	30.45	6.54
广州工程技术职业学院	65.60	65.91	0.47
广州番禺职业技术学院	113.14	117.38	3.75
广州体育职业技术学院	18.30	19.10	4.37
深圳职业技术学院	493.60	253.90	-48.56
深圳信息职业技术学院	126.60	131.33	3.74
珠海城市职业技术学院	37.90	41.26	8.87
汕头职业技术学院	54.83	56.32	2.72
佛山职业技术学院	46.80	51.15	9.29
顺德职业技术学院	108.55	113.96	4.98
河源职业技术学院	103.97	105.68	1.64
汕尾职业技术学院	36.02	37.77	4.86
中山火炬职业技术学院	45.50	46.52	2.24
江门职业技术学院	68.49	70.87	3.47
广东江门中医药职业学院	—	15.31	—
阳江职业技术学院	49.63	53.03	6.85
茂名职业技术学院	56.70	60.00	5.82
肇庆医学高等专科学校	54.68	61.44	12.36
清远职业技术学院	71.65	75.07	4.77
揭阳职业技术学院	41.90	42.78	2.10
罗定职业技术学院	51.90	52.61	1.37
广东理工职业学院	57.76	59.72	3.39
广州城市职业学院	82.29	84.82	3.07
广东工程职业技术学院	75.12	75.70	0.77
广州铁路职业技术学院	53.51	55.89	4.45
广东科贸职业学院	50.05	53.13	6.15
广州科技贸易职业学院	47.62	47.32	-0.63

续附表 4 - 10

学校名称	2016 年	2017 年	增长率（%）
中山职业技术学院	54. 05	54. 94	1. 65
东莞职业技术学院	80. 12	83. 94	4. 77
广东环境保护工程职业学院	55. 44	60. 79	9. 65
广东青年职业学院	52. 53	47. 52	-9. 54
广东舞蹈戏剧职业学院	12. 68	20. 67	63. 01
惠州卫生职业技术学院	32. 99	33. 12	0. 39
广东生态工程职业学院	16. 80	20. 38	21. 31
惠州城市职业学院	15. 60	26. 93	72. 63
惠州工程职业学院	—	16. 89	—
公安边防部队高等专科学校	16. 50	16. 50	0. 00
广东茂名健康职业学院	16. 78	17. 49	4. 23
广东茂名幼儿师范专科学校	29. 45	30. 95	5. 09
广州卫生职业技术学院	22. 78	26. 05	14. 35
湛江幼儿师范专科学校	19. 85	21. 78	9. 72
广东南华工商职业学院	62. 69	66. 15	5. 52
私立华联学院	55. 35	56. 69	2. 42
潮汕职业技术学院	45. 44	47. 44	4. 40
广东新安职业技术学院	37. 60	38. 10	1. 33
广东亚视演艺职业学院	10. 24	10. 24	0. 00
广东岭南职业技术学院	149. 54	151. 56	1. 35
广州康大职业技术学院	49. 86	49. 86	0. 00
珠海艺术职业学院	14. 56	22. 37	53. 64
广州涉外经济职业技术学院	92. 28	92. 28	0. 00
广州南洋理工职业学院	71. 11	85. 52	20. 26
广州科技职业技术学院	92. 52	106. 60	15. 22
惠州经济职业技术学院	52. 20	58. 00	11. 11
广东工商职业学院	119. 30	110. 55	-7. 33

续附表 4 - 10

学校名称	2016 年	2017 年	增长率（%）
广州现代信息工程职业技术学院	67.73	68.71	1.45
广州华南商贸职业学院	33.07	34.66	4.81
广州华立科技职业学院	100.21	101.73	1.52
广州珠江职业技术学院	49.40	52.60	6.48
广州松田职业学院	35.30	35.71	1.16
广东文理职业学院	104.02	116.77	12.26
广州城建职业学院	100.06	109.23	9.16
广东南方职业学院	96.33	106.33	10.38
广州华商职业学院	85.08	88.00	3.43
广州华夏职业学院	77.95	82.52	5.86
广州东华职业学院	78.13	85.13	8.96
广东创新科技职业学院	95.18	109.30	14.84
广东信息工程职业学院	25.85	25.85	0.00
广东碧桂园职业学院	3.10	5.63	81.61
广东酒店管理职业技术学院	6.39	20.00	212.99

附表 4－11 广东省各普通高校教学仪器设备值

单位：万元

学校名称	2016 年	2017 年	增长率（%）
中山大学	326 504. 57	357 336. 75	9. 44
华南理工大学	244 517. 64	265 328. 69	8. 51
暨南大学	104 291. 51	125 601. 32	20. 43
华南农业大学	93 082. 54	112 175. 95	20. 51
南方医科大学	58 357. 51	54 422. 07	－6. 74
广州中医药大学	71 988. 64	83 361. 44	15. 80
华南师范大学	81 015. 32	87 693. 76	8. 24
广东工业大学	69 708. 75	93 957. 27	34. 79
广东外语外贸大学	27 669. 60	29 450. 22	6. 44
汕头大学	47 546. 43	56 272. 65	18. 35
广东财经大学	12 470. 00	13 080. 00	4. 89
广东海洋大学	32 965. 91	39 453. 11	19. 68
广东医学院	23 698. 29	26 358. 06	11. 22
仲恺农业工程学院	11 203. 23	14 902. 27	33. 02
广东药学院	28 815. 29	30 862. 69	7. 11
星海音乐学院	6034. 36	6633. 62	9. 93
广州美术学院	7510. 14	6350. 01	－15. 45
广州体育学院	6437. 55	7460. 20	15. 89
广东技术师范大学	22 030. 85	22 267. 16	1. 07
岭南师范学院	20 074. 39	22 512. 20	12. 14
韩山师范学院	17 462. 45	19 652. 48	12. 54
广东石油化工学院	19 578. 04	22 137. 67	13. 07
广东金融学院	11 875. 33	12 529. 80	5. 51
广东警官学院	5426. 06	5161. 65	－4. 87
广州大学	64 183. 85	66 728. 93	3. 97
广州医科大学	55 307. 70	63 012. 33	13. 93
韶关学院	24 389. 85	27 131. 55	11. 24
嘉应学院	18 832. 84	20 660. 34	9. 70

续附表4-11

学校名称	2016年	2017年	增长率（%）
惠州学院	15 030.40	16 834.20	12.00
东莞理工学院	33 531.82	36 590.45	9.12
五邑大学	16 213.56	17 648.88	8.85
肇庆学院	18 452.20	22 037.26	19.43
广东第二师范学院	10 711.38	10 232.62	-4.47
南方科技大学	68 108.46	106 682.00	56.64
广州航海学院	14 469.94	15 704.77	8.53
广东白云学院	10 683.94	10 714.68	0.29
广东培正学院	4848.41	5027.90	3.70
广东科技学院	10 602.28	10 752.28	1.41
广州商学院	7451.10	8192.95	9.96
广东东软学院	4686.00	4748.71	1.34
广州工商学院	7209.46	8344.15	15.74
广东理工学院	10 989.15	12 366.84	12.54
北京师范大学-香港浸会大学联合国际学院	1761.15	1742.25	-1.07
香港中文大学（深圳）	2982.92	6298.81	111.16
深圳北理莫斯科大学	—	168.72	—
广东以色列理工学院	—	496 123.60	—
电子科技大学中山学院	11 677.35	11 714.58	0.32
北京师范大学珠海分校	11 014.84	8259.80	-25.01
广东工业大学华立学院	10 126.25	10 530.45	3.99
广州大学松田学院	3317.25	3574.67	7.76
北京理工大学珠海学院	17 129.93	17 488.88	2.10
吉林大学珠海学院	15 050.32	15 939.54	5.91
东莞理工学院城市学院	9021.38	9499.59	5.30
中山大学新华学院	6792.14	8032.68	18.26
广州大学华软软件学院	6654.21	7221.91	8.53

续附表 4－11

学校名称	2016 年	2017 年	增长率（%）
中山大学南方学院	9261.20	9798.79	5.80
广东外语外贸大学南国商学院	3350.98	3393.81	1.28
广东财经大学华商学院	4811.66	5192.49	7.91
广东海洋大学寸金学院	7171.74	8296.96	15.69
华南农业大学珠江学院	5190.08	5493.85	5.85
广东技术师范大学天河学院	7200.44	7197.00	－0.05
华南理工大学广州学院	10 969.29	11 696.96	6.63
广州民航职业技术学院	23 069.31	24 377.03	5.67
广东轻工职业技术学院	15 514.86	17 393.95	12.11
广东省外语艺术职业学院	9224.33	10 767.48	16.73
广东机电职业技术学院	11 148.08	12 293.11	10.27
广东工贸职业技术学院	9483.81	10 000.19	5.44
广东交通职业技术学院	13 281.30	14 534.27	9.43
广东水利电力职业技术学院	13 109.98	14 622.38	11.54
广东司法警官职业学院	3095.45	3558.94	14.97
广东女子职业技术学院	6240.80	7231.84	15.88
广东农工商职业技术学院	8801.18	8967.30	1.89
广东邮电职业技术学院	2815.39	3081.59	9.46
广东松山职业技术学院	6866.83	7639.32	11.25
广东建设职业技术学院	5837.33	5840.34	0.05
广东职业技术学院	6666.55	7431.61	11.48
广东科学技术职业学院	16 224.91	18 393.26	13.36
广东行政职业学院	1669.58	2338.97	40.09
广东体育职业技术学院	1973.22	2250.69	14.06
广东食品药品职业学院	8544.35	8732.30	2.20
广东文艺职业学院	2354.35	2507.11	6.49
广州工程技术职业学院	9523.04	10 452.00	9.75

续附表 4－11

学校名称	2016 年	2017 年	增长率（%）
广州番禺职业技术学院	20 582. 00	23 734. 91	15. 32
广州体育职业技术学院	3997. 55	4415. 01	10. 44
深圳职业技术学院	72 399. 49	79 359. 87	9. 61
深圳信息职业技术学院	27 193. 13	36 786. 36	35. 28
珠海城市职业技术学院	6647. 74	7355. 69	10. 65
汕头职业技术学院	6698. 91	6978. 95	4. 18
佛山职业技术学院	12 403. 00	14 105. 00	13. 72
顺德职业技术学院	31 186. 28	33 864. 19	8. 59
河源职业技术学院	9039. 66	9444. 10	4. 47
汕尾职业技术学院	3175. 64	3674. 52	15. 71
中山火炬职业技术学院	10 257. 28	10 619. 99	3. 54
江门职业技术学院	8551. 15	9353. 44	9. 38
广东江门中医药职业学院	—	2275. 00	—
阳江职业技术学院	8245. 64	11 563. 42	40. 24
茂名职业技术学院	4083. 73	4478. 77	9. 67
肇庆医学高等专科学校	7760. 06	8872. 94	14. 34
清远职业技术学院	6611. 00	7280. 00	10. 12
揭阳职业技术学院	4769. 91	5991. 38	25. 61
罗定职业技术学院	4291. 15	4693. 45	9. 38
广东理工职业学院	6309. 37	6585. 96	4. 38
广州城市职业学院	12 063. 89	13 086. 80	8. 48
广东工程职业技术学院	6805. 84	8631. 56	26. 83
广州铁路职业技术学院	21 834. 34	24 117. 63	10. 46
广东科贸职业学院	6649. 94	7304. 25	9. 84
广州科技贸易职业学院	3967. 80	4210. 05	6. 11
中山职业技术学院	13 684. 61	14 228. 99	3. 98
东莞职业技术学院	14 076. 80	15 396. 54	9. 38

续附表 4－11

学校名称	2016 年	2017 年	增长率（%）
广东环境保护工程职业学院	5577.26	8250.00	47.92
广东青年职业学院	3817.10	3688.34	－3.37
广东舞蹈戏剧职业学院	1859.45	2144.44	15.33
惠州卫生职业技术学院	3341.50	4070.09	21.80
广东生态工程职业学院	1464.00	3441.00	135.04
惠州城市职业学院	1366.00	4138.32	202.95
惠州工程职业学院	—	3891.28	—
公安边防部队高等专科学校	2042.52	2821.31	38.13
广东茂名健康职业学院	2152.31	2650.69	23.16
广东茂名幼儿师范专科学校	2825.02	3564.22	26.17
广州卫生职业技术学院	6641.36	8128.02	22.38
湛江幼儿师范专科学校	3694.87	3694.87	0.00
广东南华工商职业学院	3589.14	3294.09	－8.22
私立华联学院	3201.00	3265.68	2.02
潮汕职业技术学院	1613.97	1803.39	11.74
广东新安职业技术学院	1790.22	1884.08	5.24
广东亚视演艺职业学院	1070.57	940.35	－12.16
广东岭南职业技术学院	12 747.72	14 177.82	11.22
广州康大职业技术学院	2966.20	2781.56	－6.22
珠海艺术职业学院	792.88	1008.92	27.25
广州涉外经济职业技术学院	3966.17	4412.90	11.26
广州南洋理工职业学院	4025.13	4331.53	7.61
广州科技职业技术学院	7221.54	11 466.04	58.78
惠州经济职业技术学院	5950.00	6448.22	8.37
广东工商职业学院	8622.43	10 464.97	21.37
广州现代信息工程职业技术学院	3784.04	4198.83	10.96
广州华南商贸职业学院	1808.10	1871.90	3.53

续附表 4－11

学校名称	2016 年	2017 年	增长率（%）
广州华立科技职业学院	7290.87	7770.15	6.57
广州珠江职业技术学院	3046.00	3348.00	9.91
广州松田职业学院	1487.54	1351.89	－9.12
广东文理职业学院	11 362.89	12 453.98	9.60
广州城建职业学院	8418.36	10 066.97	19.58
广东南方职业学院	5006.66	5679.79	13.44
广州华商职业学院	3947.42	4347.83	10.14
广州华夏职业学院	5083.83	5442.31	7.05
广州东华职业学院	4208.70	4355.20	3.48
广东创新科技职业学院	4385.04	5575.37	27.15
广东信息工程职业学院	1339.05	1339.05	0.00
广东碧桂园职业学院	661.07	935.32	41.49
广东酒店管理职业技术学院	298.30	455.42	52.67

附表 4－12 广东省各普通高校生均信息化设备值

单位：元

学校名称	2016 年	2017 年	增长率（%）
中山大学	58 805. 17	68 297. 20	16. 14
华南理工大学	60 140. 04	64 477. 85	7. 21
暨南大学	37 424. 51	43 856. 24	17. 19
华南农业大学	24 061. 96	29 084. 14	20. 87
南方医科大学	17 532. 30	19 901. 78	13. 51
广州中医药大学	9719. 58	11 144. 07	14. 66
华南师范大学	32 510. 07	32 018. 21	－1. 51
广东工业大学	25 364. 26	31 511. 05	24. 23
广东外语外贸大学	22 365. 41	23 571. 61	5. 39
汕头大学	11 112. 56	16 268. 51	46. 40
广东财经大学	11 823. 00	12 904. 00	9. 14
广东海洋大学	7882. 77	8911. 68	13. 05
广东医科大学	5249. 64	5767. 68	9. 87
仲恺农业工程学院	4307. 90	4704. 23	9. 20
广东药科大学	8139. 62	8447. 06	3. 78
星海音乐学院	235. 00	252. 00	7. 23
广州美术学院	2615. 12	2946. 96	12. 69
广州体育学院	1883. 00	2052. 41	9. 00
广东技术师范大学	8796. 23	8674. 31	－1. 39
岭南师范学院	10 702. 94	12 023. 18	12. 34
韩山师范学院	6554. 00	7730. 00	17. 94
广东石油化工学院	3722. 56	4243. 00	13. 98
广东金融学院	10 281. 08	10 647. 25	3. 56
广东警官学院	2341. 52	2304. 09	－1. 60
广州大学	11 161. 09	11 615. 96	4. 08
广州医科大学	7907. 62	7380. 73	－6. 66
深圳大学	34 470. 49	42 055. 38	22. 00
佛山科学技术学院	2661. 00	2974. 00	11. 76
韶关学院	5943. 45	6337. 65	6. 63

续附表 4－12

学校名称	2016 年	2017 年	增长率（%）
嘉应学院	6121.55	7189.42	17.44
惠州学院	4547.08	6437.17	41.57
东莞理工学院	11 437.00	11 282.33	－1.35
五邑大学	4361.66	4794.36	9.92
肇庆学院	7968.61	9834.96	23.42
广东第二师范学院	3750.05	3336.87	－11.02
南方科技大学	18 973.86	28 661.64	51.06
广州航海学院	6019.34	6416.79	6.60
广东白云学院	3659.40	3722.31	1.72
广东培正学院	4831.05	4932.62	2.10
广东科技学院	6555.90	6318.38	－3.62
广州商学院	2193.18	2300.47	4.89
广东东软学院	1726.00	1500.17	－13.08
广州工商学院	2981.67	3273.75	9.80
广东理工学院	1924.81	2366.78	22.96
北京师范大学－香港浸会大学联合国际学院	1090.63	1181.55	8.34
香港中文大学（深圳）	2415.02	4592.87	90.18
深圳北理莫斯科大学	—	188.06	—
广东以色列理工学院	—	73.25	—
电子科技大学中山学院	2507.72	3814.06	52.09
北京师范大学珠海分校	9655.76	8878.90	－8.05
广东工业大学华立学院	1450.00	1450.00	0.00
广州大学松田学院	1143.90	1179.10	3.08
北京理工大学珠海学院	6310.86	9717.36	53.98
吉林大学珠海学院	4879.30	5316.46	8.96
东莞理工学院城市学院	4356.96	4805.39	10.29
中山大学新华学院	2887.98	3920.89	35.77

续附表 4－12

学校名称	2016 年	2017 年	增长率（%）
广州大学华软软件学院	501. 48	527. 82	5. 25
中山大学南方学院	2960. 25	3345. 85	13. 03
广东外语外贸大学南国商学院	3931. 58	4065. 40	3. 40
广东财经大学华商学院	3354. 12	3476. 68	3. 65
广东海洋大学寸金学院	760. 82	817. 55	7. 46
华南农业大学珠江学院	1593. 89	1623. 90	1. 88
广东技术师范大学天河学院	1996. 26	2126. 60	6. 53
华南理工大学广州学院	3742. 69	4034. 75	7. 80
广州民航职业技术学院	6214. 21	6204. 35	－0. 16
广东轻工职业技术学院	8027. 95	9146. 95	13. 94
广东省外语艺术职业学院	5240. 85	5641. 31	7. 64
广东机电职业技术学院	3719. 16	4232. 61	13. 81
广东工贸职业技术学院	6039. 29	6647. 67	10. 07
广东交通职业技术学院	2907. 06	3186. 45	9. 61
广东水利电力职业技术学院	4622. 50	4920. 64	6. 45
广东司法警官职业学院	790. 83	799. 83	1. 14
广东女子职业技术学院	4744. 95	5626. 01	18. 57
广东农工商职业技术学院	3589. 02	3709. 35	3. 35
广东邮电职业技术学院	1793. 50	1932. 12	7. 73
广东松山职业技术学院	4943. 11	5336. 94	7. 97
广东建设职业技术学院	884. 90	961. 44	8. 65
广东职业技术学院	3968. 64	4859. 50	22. 45
广东科学技术职业学院	7961. 77	11 459. 36	43. 93
广东行政职业学院	1571. 25	2067. 71	31. 60
广东体育职业技术学院	535. 53	720. 58	34. 55
广东食品药品职业学院	3259. 00	3247. 86	－0. 34
广东文艺职业学院	873. 04	879. 93	0. 79

续附表4－12

学校名称	2016年	2017年	增长率（%）
广州工程技术职业学院	3676.93	4038.00	9.82
广州番禺职业技术学院	6125.92	7551.40	23.27
广州体育职业技术学院	161.45	520.89	222.63
深圳职业技术学院	10 138.99	10 230.24	0.90
深圳信息职业技术学院	17 272.84	21 002.93	21.60
珠海城市职业技术学院	2341.08	2942.08	25.67
汕头职业技术学院	3497.23	3834.45	9.64
佛山职业技术学院	5144.00	5644.00	9.72
顺德职业技术学院	13 054.77	16 039.16	22.86
河源职业技术学院	3125.76	3040.72	－2.72
汕尾职业技术学院	397.32	1112.17	179.92
中山火炬职业技术学院	574.61	650.53	13.21
江门职业技术学院	876.77	896.43	2.24
广东江门中医药职业学院	—	83.00	—
阳江职业技术学院	2511.59	3752.73	49.42
茂名职业技术学院	570.72	570.72	0.00
肇庆医学高等专科学校	2346.53	2836.48	20.88
清远职业技术学院	3240.00	3535.00	9.10
揭阳职业技术学院	1975.05	2503.37	26.75
罗定职业技术学院	2997.95	3148.15	5.01
广东理工职业学院	942.15	3576.27	279.59
广州城市职业学院	9323.88	10 219.72	9.61
广东工程职业技术学院	954.30	1151.12	20.62
广州铁路职业技术学院	4600.79	5211.11	13.27
广东科贸职业学院	1681.31	1806.93	7.47
广州科技贸易职业学院	3076.47	3035.46	－1.33
中山职业技术学院	1598.03	1497.70	－6.28

续附表 4 - 12

学校名称	2016 年	2017 年	增长率（%）
东莞职业技术学院	8762.65	9533.62	8.80
广东环境保护工程职业学院	1632.93	2540.00	55.55
广东青年职业学院	2751.86	3984.75	44.80
广东舞蹈戏剧职业学院	2573.41	2862.61	11.24
惠州卫生职业技术学院	1174.52	1812.00	54.28
广东生态工程职业学院	0.00	716.00	0.00
惠州城市职业学院	328.00	913.81	178.60
惠州工程职业学院	—	1218.02	—
公安边防部队高等专科学校	1115.38	1336.98	19.87
广东茂名健康职业学院	732.00	1400.00	91.26
广东茂名幼儿师范专科学校	1628.35	1811.87	11.27
广州卫生职业技术学院	2232.00	2232.00	0.00
湛江幼儿师范专科学校	698.69	1328.69	90.17
广东南华工商职业学院	3332.14	3266.43	-1.97
私立华联学院	468.19	379.33	-18.98
潮汕职业技术学院	112.00	112.00	0.00
广东新安职业技术学院	134.28	248.55	85.10
广东亚视演艺职业学院	198.05	214.10	8.10
广东岭南职业技术学院	6847.08	7285.85	6.41
广州康大职业技术学院	1427.60	1329.01	-6.91
珠海艺术职业学院	343.87	548.05	59.38
广州涉外经济职业技术学院	2954.64	3364.91	13.89
广州南洋理工职业学院	2396.79	2622.64	9.42
广州科技职业技术学院	215.00	1921.15	793.56
惠州经济职业技术学院	4235.00	4710.27	11.22
广东工商职业学院	1232.00	1428.90	15.98
广州现代信息工程职业技术学院	291.58	434.56	49.04

续附表 4 - 12

学校名称	2016 年	2017 年	增长率（%）
广州华南商贸职业学院	383. 60	406. 20	5. 89
广州华立科技职业学院	970. 45	970. 45	0. 00
广州珠江职业技术学院	386. 00	386. 00	0. 00
广州松田职业学院	517. 76	519. 77	0. 39
广东文理职业学院	612. 17	748. 51	22. 27
广州城建职业学院	1918. 76	2137. 98	11. 43
广东南方职业学院	1363. 82	1456. 10	6. 77
广州华商职业学院	627. 15	647. 45	3. 24
广州华夏职业学院	1306. 48	1578. 73	20. 84
广州东华职业学院	265. 90	300. 90	13. 16
广东创新科技职业学院	665. 35	737. 10	10. 78
广东信息工程职业学院	571. 00	571. 00	0. 00
广东碧桂园职业学院	1345. 62	1496. 71	11. 23
广东酒店管理职业技术学院	28. 00	298. 72	966. 86

附表 4 - 13　广东省各普通高校每百名学生拥有教学用计算机台数

单位：台

学校名称	2016 年	2017 年	增长率（%）
中山大学	23.09	23.14	0.22
华南理工大学	81.78	79.58	-2.69
暨南大学	30.50	33.23	8.95
华南农业大学	25.82	28.24	9.37
南方医科大学	44.24	34.05	-23.03
广州中医药大学	19.23	20.65	7.38
华南师范大学	40.70	43.44	6.73
广东工业大学	30.42	33.06	8.68
广东外语外贸大学	39.42	36.08	-8.47
汕头大学	48.70	49.85	2.36
广东财经大学	19.44	20.68	6.38
广东海洋大学	19.32	20.89	8.13
广东医学院	30.90	30.81	-0.29
仲恺农业工程学院	16.94	20.58	21.49
广东药学院	30.93	29.65	-4.14
星海音乐学院	16.32	16.78	2.82
广州美术学院	14.03	14.88	6.06
广州体育学院	18.60	18.85	1.34
广东技术师范大学	43.59	48.83	12.02
岭南师范学院	24.60	26.84	9.11
韩山师范学院	31.05	34.17	10.05
广东石油化工学院	14.10	15.93	12.98
广东金融学院	14.05	12.46	-11.32
广东警官学院	15.89	12.66	-20.33
广州大学	31.20	30.96	-0.77
广州医科大学	39.28	29.33	-25.33
深圳大学	43.46	44.84	3.18
佛山科学技术学院	27.07	22.81	-15.74

续附表 4-13

学校名称	2016 年	2017 年	增长率（%）
韶关学院	24.57	25.88	5.33
嘉应学院	23.26	25.15	8.13
惠州学院	26.00	27.40	5.38
东莞理工学院	40.79	38.61	-5.34
五邑大学	20.87	23.67	13.42
肇庆学院	18.79	21.35	13.62
广东第二师范学院	26.34	11.23	-57.37
南方科技大学	27.42	22.52	-17.87
广州航海学院	47.91	50.10	4.57
广东白云学院	35.04	33.60	-4.11
广东培正学院	27.87	25.66	-7.93
广东科技学院	16.87	21.59	27.98
广州商学院	34.88	30.98	-11.18
广东东软学院	11.16	9.89	-11.38
广州工商学院	22.69	29.74	31.07
广东理工学院	21.85	19.94	-8.74
北京师范大学-香港浸会大学联合国际学院	19.50	47.10	141.54
香港中文大学（深圳）	76.78	59.17	-22.94
深圳北理莫斯科大学	—	72.79	—
广东以色列理工学院	—	43.52	—
电子科技大学中山学院	18.98	22.00	15.91
北京师范大学珠海分校	33.59	28.53	-15.06
广东工业大学华立学院	40.95	44.48	8.62
广州大学松田学院	25.14	28.40	12.97
北京理工大学珠海学院	22.84	22.61	-1.01
吉林大学珠海学院	18.90	19.74	4.44
东莞理工学院城市学院	19.98	21.16	5.91

续附表 4－13

学校名称	2016 年	2017 年	增长率（%）
中山大学新华学院	15. 09	18. 49	22. 53
广州大学华软软件学院	40. 28	41. 85	3. 90
中山大学南方学院	15. 71	17. 46	11. 14
广东外语外贸大学南国商学院	18. 45	20. 54	11. 33
广东财经大学华商学院	16. 71	16. 82	0. 66
广东海洋大学寸金学院	10. 68	10. 73	0. 47
华南农业大学珠江学院	20. 71	20. 90	0. 92
广东技术师范大学天河学院	17. 34	20. 21	16. 55
华南理工大学广州学院	20. 38	21. 45	5. 25
广州民航职业技术学院	25. 28	26. 40	4. 43
广东轻工职业技术学院	37. 21	43. 01	15. 59
广东省外语艺术职业学院	43. 39	45. 03	3. 78
广东机电职业技术学院	22. 60	26. 19	15. 88
广东工贸职业技术学院	28. 38	29. 76	4. 86
广东交通职业技术学院	31. 77	33. 19	4. 47
广东水利电力职业技术学院	19. 90	19. 50	－2. 01
广东司法警官职业学院	19. 39	23. 31	20. 22
广东女子职业技术学院	65. 69	70. 35	7. 09
广东农工商职业技术学院	34. 87	33. 25	－4. 65
广东邮电职业技术学院	27. 39	26. 47	－3. 36
广东松山职业技术学院	34. 74	39. 54	13. 82
广东建设职业技术学院	43. 64	42. 15	－3. 41
广东职业技术学院	27. 38	29. 79	8. 80
广东科学技术职业学院	41. 46	42. 57	2. 68
广东行政职业学院	38. 86	34. 07	－12. 33
广东体育职业技术学院	23. 96	21. 85	－8. 81
广东食品药品职业学院	20. 77	20. 11	－3. 18

续附表 4－13

学校名称	2016年	2017年	增长率（%）
广东文艺职业学院	23.97	26.91	12.27
广州工程技术职业学院	47.79	47.03	－1.59
广州番禺职业技术学院	61.52	71.87	16.82
广州体育职业技术学院	18.04	17.58	－2.55
深圳职业技术学院	55.51	49.52	－10.79
深圳信息职业技术学院	59.12	78.44	32.68
珠海城市职业技术学院	39.18	46.08	17.61
汕头职业技术学院	42.53	47.54	11.78
佛山职业技术学院	36.99	44.50	20.30
顺德职业技术学院	54.46	43.88	－19.43
河源职业技术学院	30.59	30.99	1.31
汕尾职业技术学院	16.71	21.09	26.21
中山火炬职业技术学院	49.90	45.66	－8.50
江门职业技术学院	25.21	29.00	15.03
广东江门中医药职业学院	—	50.89	—
阳江职业技术学院	22.84	22.20	－2.80
茂名职业技术学院	11.23	8.01	－28.67
肇庆医学高等专科学校	17.01	17.76	4.41
清远职业技术学院	19.91	23.87	19.89
揭阳职业技术学院	22.53	31.30	38.93
罗定职业技术学院	19.07	19.13	0.31
广东理工职业学院	25.14	27.41	9.03
广州城市职业学院	67.34	75.01	11.39
广东工程职业技术学院	35.14	45.78	30.28
广州铁路职业技术学院	54.72	58.31	6.56
广东科贸职业学院	36.63	34.22	－6.58
广州科技贸易职业学院	45.87	52.91	15.35

续附表 4－13

学校名称	2016 年	2017 年	增长率（%）
中山职业技术学院	62. 01	63. 02	1. 63
东莞职业技术学院	50. 74	50. 90	0. 32
广东环境保护工程职业学院	16. 76	22. 23	32. 64
广东青年职业学院	54. 20	53. 45	－1. 38
广东舞蹈戏剧职业学院	29. 93	28. 32	－5. 38
惠州卫生职业技术学院	28. 60	27. 88	－2. 52
广东生态工程职业学院	27. 76	26. 63	－4. 07
惠州城市职业学院	5. 97	34. 61	479. 73
惠州工程职业学院	—	213. 64	—
公安边防部队高等专科学校	—	—	—
广东茂名健康职业学院	34. 60	18. 08	－47. 75
广东茂名幼儿师范专科学校	47. 96	21. 73	－54. 69
广州卫生职业技术学院	119. 00	69. 79	－41. 35
湛江幼儿师范专科学校	0. 00	41. 64	0. 00
广东南华工商职业学院	15. 89	14. 93	－6. 04
私立华联学院	42. 92	39. 46	－8. 06
潮汕职业技术学院	28. 36	26. 43	－6. 81
广东新安职业技术学院	27. 30	27. 67	1. 36
广东亚视演艺职业学院	26. 86	29. 53	9. 94
广东岭南职业技术学院	39. 48	39. 13	－0. 89
广州康大职业技术学院	79. 39	170. 19	114. 37
珠海艺术职业学院	14. 89	18. 05	21. 22
广州涉外经济职业技术学院	26. 81	28. 35	5. 74
广州南洋理工职业学院	18. 88	18. 67	－1. 11
广州科技职业技术学院	20. 09	33. 15	65. 01
惠州经济职业技术学院	35. 67	35. 20	－1. 32
广东工商职业学院	37. 01	51. 57	39. 34

续附表 4－13

学校名称	2016 年	2017 年	增长率（%）
广州现代信息工程职业技术学院	33. 79	42. 35	25. 33
广州华南商贸职业学院	28. 34	29. 43	3. 85
广州华立科技职业学院	22. 67	19. 44	－14. 25
广州珠江职业技术学院	16. 31	14. 75	－9. 56
广州松田职业学院	18. 78	21. 22	12. 99
广东文理职业学院	17. 06	18. 46	8. 21
广州城建职业学院	29. 61	33. 82	14. 22
广东南方职业学院	13. 81	14. 66	6. 15
广州华商职业学院	30. 83	31. 53	2. 27
广州华夏职业学院	23. 29	21. 84	－6. 23
广州东华职业学院	11. 63	10. 83	－6. 88
广东创新科技职业学院	21. 18	23. 75	12. 13
广东信息工程职业学院	17. 03	20. 71	21. 61
广东碧桂园职业学院	24. 95	26. 55	6. 41
广东酒店管理职业技术学院	21. 02	7. 24	－65. 56

附表 4 – 14　广东省各普通高校上网课程数量

单位：门

学校名称	2016 年	2017 年	增长率（%）
中山大学	3301	3377	2.30
华南理工大学	1171	1064	–9.14
暨南大学	1160	1187	2.33
华南农业大学	150	160	6.67
南方医科大学	514	513	–0.19
广州中医药大学	130	139	6.92
华南师范大学	652	952	46.01
广东工业大学	101	125	23.76
广东外语外贸大学	2232	2300	3.05
汕头大学	1728	1768	2.31
广东财经大学	1246	1200	–3.69
广东海洋大学	186	184	–1.08
广东医学院	486	218	–55.14
仲恺农业工程学院	110	111	0.91
广东药学院	100	100	0
星海音乐学院	0	0	0
广州美术学院	43	67	55.81
广州体育学院	66	0	–100.00
广东技术师范大学	307	307	0
岭南师范学院	278	261	–6.12
韩山师范学院	200	230	15.00
广东石油化工学院	200	200	0
广东金融学院	1000	1000	0
广东警官学院	97	29	–70.10
广州大学	487	501	2.87
广州医科大学	0	0	0.00
佛山科学技术学院	360	360	0
韶关学院	0	0	0

续附表 4-14

学校名称	2016 年	2017 年	增长率（%）
嘉应学院	420	420	0
惠州学院	30	50	66.67
东莞理工学院	128	335	161.72
五邑大学	1384	1398	1.01
肇庆学院	36	17	-52.78
广东第二师范学院	2	50	2400.00
南方科技大学	0	390	0
广州航海学院	628	648	3.18
广东白云学院	318	382	20.13
广东培正学院	20	20	0
广东科技学院	245	300	22.45
广州商学院	90	90	0
广东东软学院	833	0	-100.00
广州工商学院	0	0	0
广东理工学院	50	40	-20.00
北京师范大学-香港浸会大学联合国际学院	955	1061	11.10
香港中文大学（深圳）	120	330	175.00
深圳北理莫斯科大学	—	0	—
广东以色列理工学院	—	0	—
电子科技大学中山学院	0	0	0
北京师范大学珠海分校	413	415	0.48
广东工业大学华立学院	0	0	0
广州大学松田学院	0	0	0
北京理工大学珠海学院	533	548	2.81
吉林大学珠海学院	129	150	16.28
东莞理工学院城市学院	0	0	0
中山大学新华学院	337	338	0.30

续附表 4 - 14

学校名称	2016 年	2017 年	增长率（%）
广州大学华软软件学院	0	0	0
中山大学南方学院	3	0	- 100. 00
广东外语外贸大学南国商学院	247	269	8. 91
广东财经大学华商学院	0	45	0
广东海洋大学寸金学院	145	171	17. 93
华南农业大学珠江学院	73	84	15. 07
广东技术师范大学天河学院	0	0	0
华南理工大学广州学院	63	55	- 12. 70
广州民航职业技术学院	261	277	6. 13
广东轻工职业技术学院	372	279	- 25. 00
广东省外语艺术职业学院	437	453	3. 66
广东机电职业技术学院	184	189	2. 72
广东工贸职业技术学院	240	276	15. 00
广东交通职业技术学院	436	469	7. 57
广东水利电力职业技术学院	300	352	17. 33
广东司法警官职业学院	37	37	0
广东女子职业技术学院	90	158	75. 56
广东农工商职业技术学院	221	230	4. 07
广东邮电职业技术学院	110	191	73. 64
广东松山职业技术学院	25	25	0
广东建设职业技术学院	76	80	5. 26
广东职业技术学院	103	102	- 0. 97
广东科学技术职业学院	329	339	3. 04
广东行政职业学院	28	28	0
广东体育职业技术学院	18	18	0
广东食品药品职业学院	75	80	6. 67
广东文艺职业学院	0	0	0

续附表4-14

学校名称	2016年	2017年	增长率（%）
广州工程技术职业学院	259	687	165.25
广州番禺职业技术学院	51	233	356.86
广州体育职业技术学院	0	10	0
深圳职业技术学院	630	800	26.98
深圳信息职业技术学院	0	1383	0
珠海城市职业技术学院	172	195	13.37
汕头职业技术学院	1	0	-100.00
佛山职业技术学院	397	461	16.12
顺德职业技术学院	201	212	5.47
河源职业技术学院	118	125	5.93
汕尾职业技术学院	0	0	0
中山火炬职业技术学院	120	120	0
江门职业技术学院	68	68	0
广东江门中医药职业学院	—	62	—
阳江职业技术学院	79	79	0
茂名职业技术学院	0	0	0
肇庆医学高等专科学校	28	250	792.86
清远职业技术学院	53	100	88.68
揭阳职业技术学院	20	18	-10.00
罗定职业技术学院	22	6	-72.73
广东理工职业学院	276	292	5.80
广州城市职业学院	302	325	7.62
广东工程职业技术学院	53	39	-26.42
广州铁路职业技术学院	135	135	0
广东科贸职业学院	38	38	0
广州科技贸易职业学院	69	69	0
中山职业技术学院	395	403	2.03

续附表 4－14

学校名称	2016 年	2017 年	增长率（%）
东莞职业技术学院	119	119	0
广东环境保护工程职业学院	43	64	48.84
广东青年职业学院	43	41	－4.65
广东舞蹈戏剧职业学院	0	0	0
惠州卫生职业技术学院	5	5	0
广东生态工程职业学院	25	0	－100.00
惠州城市职业学院	42	98	133.33
惠州工程职业学院	—	15	—
公安边防部队高等专科学校	0	0	0
广东茂名健康职业学院	0	0	0
广东茂名幼儿师范专科学校	16	20	25.00
广州卫生职业技术学院	5	5	0
湛江幼儿师范专科学校	0	0	0
广东南华工商职业学院	26	26	0
私立华联学院	0	0	0
潮汕职业技术学院	0	0	0
广东新安职业技术学院	0	8	0
广东亚视演艺职业学院	3	0	－100.00
广东岭南职业技术学院	360	420	16.67
广州康大职业技术学院	14	14	0
珠海艺术职业学院	0	1	0
广州涉外经济职业技术学院	27	27	0
广州南洋理工职业学院	4	4	0
广州科技职业技术学院	33	25	－24.24
惠州经济职业技术学院	13	1	－92.31
广东工商职业学院	30	30	0
广州现代信息工程职业技术学院	5	5	0

续附表 4－14

学校名称	2016 年	2017 年	增长率（%）
广州华南商贸职业学院	0	0	0
广州华立科技职业学院	1	2	100.00
广州珠江职业技术学院	0	0	0
广州松田职业学院	0	0	0
广东文理职业学院	0	0	0
广州城建职业学院	118	132	11.86
广东南方职业学院	0	0	0
广州华商职业学院	0	0	0
广州华夏职业学院	12	12	0
广州东华职业学院	31	16	－48.39
广东创新科技职业学院	1	33	3200.00
广东信息工程职业学院	2	2	0
广东碧桂园职业学院	0	0	0
广东酒店管理职业技术学院	0	0	0